Michael Faßnacht / Hermann Flothkötter / Bernhard Nacke (Hg.)

Im Wandel bleibt der Kern
Reflexionen – Ansätze – Ankerpunkte

W0172615

dialogverlag Münster

Michael Faßnacht / Hermann Flothkötter / Bernhard Nacke (Hg.)

Im Wandel bleibt der Kern
Reflexionen – Ansätze – Ankerpunkte

dialogverlag Münster

Bibliografische Information Der Deutschen Bibliothek
Die Deutsche Bibliothek verzeichnet diese Publikation in der Deutschen
Nationalbibliografie; detaillierte bibliografische Daten sind im Internet über
http://dnb.ddb.de abrufbar.

ISBN 978-3-937961-50-x

© 2007 by **dialog**verlag Münster

Gesamtherstellung: **dialog**verlag Münster

Inhalt

5

Einleitung

Manchmal legen es historische Daten nahe einzuhalten, um sich mit dem Prozess einer Entwicklung zu beschäftigen, inhaltliche Debatten nachzuvollziehen, Ergebnisse zu überprüfen und weiterführende Perspektiven zu entwickeln. In diesem Fall ist es weniger ein historisches als ein biografisches Datum, das den Anlass zum Innehalten und Reflektieren setzt: Im Januar 2007 vollendete der Münsteraner Religionspädagoge und Hochschullehrer Prof. Dr. Paul Schladoth sein 80. Lebensjahr.

Grund genug für Menschen, die sich ihm als Person sowie seinen Ideen und Themen verbunden fühlen, sich mit ihren gegenwärtigen Ideen und Themen zum Thema Religionspädagogik im weitesten Sinne in eine Publikation einzubringen, die Paul Schladoth in Respekt und Würdigung seiner Lehr- und Beziehungsarbeit gewidmet ist. Diese Publikation versammelt viele engagierte Menschen, ehemalige Studierende, KollegInnen, Freunde und WegbegleiterInnen, die die Gelegenheit dieses Geburtstagsjubiläums nutzen wollen, um sich auf diesem Weg zu bedanken für vielfältige Anregungen, für eine engagierte Lehre, für das verlässliche Angebot von Beziehung, für Unterstützung und kritische Reflexion, für Begleitung und Seelsorge, das offene Haus, das offene Ohr und das offene Herz, das Paul Schladoth vielen entgegengebracht hat und noch immer entgegenbringt.

Vor zwanzig Jahren (anlässlich des sechzigsten Geburtstages) entstand eine Publikation unter dem Titel „Dimensionen der Glaubensvermittlung in Gemeinde, Erwachsenenbildung, Schule und Familie"[1]. Dort untersuchten Religionspädagogen und Theologinnen die Bedingungen in verschiedensten Lebens- und Arbeitsbereichen, die die Möglichkeiten christlicher Glaubensvermittlung günstig oder weniger günstig beeinflussen. Auf der Grundlage der herausgearbeiteten Analysen wurden Ansätze, Modelle und Vorstellungen entwickelt, wie Glaubensvermittlung angelegt sein könnte und welche Wege dabei zu beschreiten wären. Diese Publikation erfolgte in eine Situation, in der in den Gemeinden hohes ehrenamtliches Engagement und recht gute Ausstattung mit hauptamtlichem Personal vorzufinden waren. In den Einrichtungen der Erwachsenenbildung sprudelten noch die öffentlichen und kirchlichen Fördergelder, mit deren Hilfe theologische Projekte aufgelegt und qualitativ hochwertig umgesetzt werden konnten. Damals „frische" Themen wie Lebensweltorientierung oder Beiträge aus der feministischen Theologie fanden sich ebenso wie Konzepte zur Neuorganisation der Sakramentenkatechese, Beiträge zu einer systematischen und nachhaltigen theologischen Erwachsenenbildung und neue Ansätze für den schulischen Religionsunterricht. Noch immer war die nachkonziliare Aufbruchstimmung spürbar und wirksam.

Zwanzig Jahre später ist Nüchternheit, wenn nicht gar Ernüchterung eingetreten. Die Rahmenbedingungen in den Gemeinden und in der Bildungslandschaft sind unter dem Druck spärlicherer finanzieller Möglichkeiten deutlich enger geworden. Alle Bistümer reagieren mit Fusionen und kooperativen Zusammenlegungen von Gemeinden auf die knapper werdenden Finanzen. Das Engagement vieler Laien hat sich abgeschwächt, auch durch Enttäuschung und Resignation im Konzert der Dienste in der Kirche. Das kirchliche Engagement konzentriert sich eher auf das „Kerngeschäft", wobei sehr unbestimmt bleibt, was das eigentlich ist und unterschiedliche Positionen dazu existieren, was für die Zukunft wichtig ist. Manche meinen: Das Interesse großer gesellschaftlicher Bereiche an Kirche sinkt stetig, trotz der sich etablierenden Eventkultur wie z.B. der Weltjugendtag. Es scheint sich eine Renaissance eines Slogans aus den 1960ern neu zu aktivieren, der damals unter der Prämisse „Jesus ja, Kirche nein" bereits eine Abkehr von der Institutionalform signalisierte, ohne damit gleichzeitig eine Abwendung von religiösen Bedürfnissen mitzuvollziehen. Im Schulfeld gibt es neue Konkurrenz zum Religionsunterricht und vielerorten mutiert der Religionsunterricht durch einen stetig wachsenden Handlungsbedarf, dass LehrerInnen zusätzlich sozialpädagogische Aufgaben erfüllen müssen, bevor unterrichtliches Handeln möglich wird, zum Ort sozialen Kompetenzerwerbs (unter diakonischen Gesichtspunkten vielleicht sogar nicht schlecht). Gesellschaftlich schreiten die Globalisierungs- und Individualsierungsprozesse stetig weiter und werfen vielfältige neue Fragen auf, die ebenso religionspädagogische Relevanz besitzen wie die Frage des Mit- oder Nebeneinanders verschiedener Religionen. So stellen sich für LehrerInnen, MitarbeiterInnen in der Pastoral, für Erwachsenen- und JugendbildnerInnen eine Fülle neuer Fragen, deren Beantwortung nicht leicht fallen dürfte.

Wir haben diese Entwicklung zum Anlass genommen, wiederum – wie schon vor zwanzig Jahren – Personen, von denen wir wissen, dass sie sich mit diesen Entwicklungen und Fragen beschäftigen zu fragen, ob sie etwas beitragen wollen, das die Diskussion weiterbringt, das differenzierte Sichtweisen zur Verfügung stellt und die kritische Auseinandersetzung anregt. Diese Anfrage hat erfreuliches Echo gefunden und bringt eine Sammlung unterschiedlichster Beiträge, deren Heterogenität wir begrüßen und von der wir uns viel Anregung für die Arbeitsfelder Gemeinde, Bildungsarbeit und Schule versprechen.

Zur Strukturierung wurden drei Gliederungspunkte gewählt: Reflexionen – Ansätze – Ankerpunkte. Diese Gliederung scheint uns hilfreich, um die Schwerpunkte der jeweiligen Beiträge anzudeuten.

Reflexionen:
Ortsbestimmungen leben von vielen Zugangsweisen je unterschiedlicher Art, wenn sie über den Tag hinaus weisen sollen.

Jürgen Werbick, Professor für Fundamentaltheologie aus Münster, reflektiert von II. Vatikanum kommend, in wie weit die Kirche Biotope christlichen Glaubens bietet. Hat sie seither ihre Hausaufgaben gemacht, als dienende und diakonale Gegenwart mitten unter den Menschen zu sein, maßnehmend an der Diakonie Jesu Christi? Trotz nervender Strukturdebatten fragt er: Wozu dienen die Strukturen? Sie müssten eine Seelsorge oder eine religiöse Bildung ermöglichen, die nahe an alltäglichen Leben der Menschen sind – lebensbegleitend, Räume eröffnend, subsidiär aufgebaut.

William J. Hoye, em. Professor für katholische Theologie und ihre Didaktik in Münster, stellt fest, an Thomas von Aquin anlehnend, dass der Glaube an sich keine freie Entscheidung darstellt und das Glauben die Dimension des Inhaltlichen und die Vorzüge des Glaubens ausmachen (christliches Glaubensleben als Weg). Bei der religionspädagogischen Analogie sieht er den Lehrer zuständig für ein Lernen, das prozesshaft vor sich geht.

Eckhard Nordhofen, Leiter des Dezernates Bildung und Kultur im Bistum Limburg, erinnert an die gemachten Gottheiten als spirituelle Interessensverstärker in der vor- und außermonotheistischen Welt, die die Macht theokratisch organisiert hat. Mit der biblischen eschatologischen Gewaltenteilung als Ursprung aller Gewaltenteilung erhält die Macht der Mächtigen ein Gegengewicht durch den Glauben an einen Gott, der zum Volk steht und der treu ist.

Unter der Überschrift: Moralische Tugenden im Nährboden des Glaubens, macht **Andreas Lob-Hüdepohl,** Professor für Theologische Ethik in Berlin, aufmerksam auf die riskanten Freiheiten von heute, die zur Pluralisierung von Sinnentwürfen führen können, wodurch den bisherigen moralischen Orientierungsmustern ihre naturwüchsige Geltung verloren gehen können. Erst in Krisensituationen treten oft die damit einhergehenden Unsicherheiten, Ängste und Bindungsverluste zutage. Nicht der Ruf nach Autorität und Werten bietet Antwort sondern, kommunitäre Lebensräume mit personalem Angebot, die Kirche, Schule und Religionsunterricht (im Gegensatz zum Ethikunterricht) bieten sollten.

Ansätze:

Von ganz unterschiedlichen Ausgangspositionen nähern sich die AutorInnen dem religionspädagogischen Feld. Der Theologe und Biologe **Ralph Bergold** und Direktor des Katholischen-Sozialen Instituts in Bad Honnef, beschreibt Erkenntnisse, die sich aus der neueren Hirnforschung ergeben, mit unerwarteten Auswirkungen auf den Bereich der Religionspädagogik.

Die Paderborner Professorin für Kulturwissenschaften **Rita Burrichter** geht dem Begriff der „Perspektive" nach und nimmt die LeserInnen auf einer „Tour de Ruhr" mit zu markanten Landmarken der Industriekultur, ermöglicht auf diesem Weg „Perspektivenwechsel" und schafft damit Zugang zu einem neuen religionspädagogischen Schlüsselbegriff.

Der Münsteraner Neutestamentler Professor **Karl Löning** greift die Lukanische Erzählung von der Aufnahme Jesu bei Marta und Maria auf und zeigt in seiner Exegese, dass diese Erzählung „selbst ein Zeugnis des Wandels der Tradierung des Glaubens in der ersten nachapostolischen Generation" ist.

Die Theologin und Tanzpädagogin **Hannelie Jestädt** aus Münster geht auf religionspädagogische Spurensuche jenseits der Worte und lädt ein, Sinnlichkeit und Körperausdruck als neu zu entdeckenden

Schatz der Glaubensweitergabe wahrzunehmen.

Die Theologin und Soziologin Dr. **Judith Könemann,** Leiterin des Schweizerischen-Pastoralsoziologischen-Instituts in St. Gallen, wählt bewusst einen soziologischen Ansatz für ihre Überlegungen zum Verhältnis von Religionsunterricht, Kirche und Öffentlichkeit, sortiert die verschiedenen Interessenlagen, beleuchtet die Bedeutung einer konturierten Identität und plädiert für einen Religionsunterricht, der eine wichtige Brücke der Kirche zur Öffentlichkeit darstellt.

Der Theologe und Pädogoge **Hermann Flothkötter,** seit vielen Jahren in unterschiedlichsten Kontexten als Erwachsenenbildner in der Diözese Münster engagiert, beleuchtet das Verhältnis von Glauben und Bildung und betont dabei die Bedeutung der Erfahrung von Beziehung für beide Bereiche.

Der Osnabrücker Pastoraltheologe **Dieter Emeis** weist in seinem Beitrag darauf hin, dass auch Erwachsene im Glauben Lernende bleiben, also auch eine religionspädagogische Zielgruppe darstellen, die sich weniger durch genaue Ortsbestimmungen (z.B. Gemeinde als Lernort), sondern mehr durch den Zustand „Teilhabe" beschreiben lässt.

Ankerpunkte:

Bei der Frage, worin der bleibende Kern des christlichen Glaubens zu suchen ist, fallen einem schnell bedeutsame Ereignisse, existenziell markante Situationen ein, in der die Suche nach Heil, nach Angenommensein, nach Geliebt- und Getragen-Werden bedeutsam sind. Den Begriff „Ankerpunkte" haben wir für diese Situationen als passend gefunden, denn damit lässt sich beschreiben, dass es um ‚Halt-Finden', ‚Grund-Haben' geht, um Situationen in denen Bedeutsames geschieht. Ankerpunkte sind notwendig für Wandlung, Wachstum und Reifung. Die Beiträge, die wir diesem Gliederungspunkt zugeordnet haben, erzählen von der Hoffnung auf gelingendes Leben, auf Leben in Fülle und von den Brüchen, die es dabei zu bewältigen gilt, aber auch von dem Unverhofften, das sich ereignen kann.

Der Pastoraltheologe und Psychoanalytiker **Carl Möller** aus Münster zeigt in eindringlicher Weise auf, wie groß die Hoffnung auf Heilung und Heil ist und wie sehr die Erfahrung von Heilung zur zentralen Kategorie von Glaubensweitergabe wird, ohne zu verschweigen, dass gerade die Kirche selbst nicht selten an schweren Verwundungen beteiligt ist.

Die Aachener Theologin **Vera Krause,** die für Misereor tätig ist, und der Münsteraner Pastoralsoziologe **Hermann Steinkamp** bringen einen großen Akkord zum Klingen, indem sie ihre Erfahrungen mit dem Begriff „Compassion" und seinen praktischen Umsetzungen beschreiben. Sie schaffen eine Verbindung zwischen Diakonie und Religionspädagogik, indem sie Compassion als diakonische Basiskompetenz und zugleich religionspädagogisches Lernziel verstehen.

Einen bedeutsamen Ankerpunkt, der sich in sehr frühen Lebensjahren findet, beschreibt der Münsteraner Weihbischof **Friedrich Ostermann** in seinen Überlegungen über die Möglichkeiten der Glaubensweitergabe in den katholischen Kindergärten.

Dagegen beschäftigt sich die Mauritzer Franziskanerin **Schwester Diethilde Bövingloh** mit einem Ankerpunkt, der am Ende des Lebens steht. Ihre langjährige Erfahrung in der Hospizarbeit führt in eine Welt, die von vielen Ängsten und nicht minder vielen Hoffnungen geprägt ist. Ihr Bild vom Hospiz als einem „Gasthaus auf dem Weg in eine andere Welt" ermöglicht den Sterbenden die konkrete Erfahrung, einen würdevollen letzten Lebensabschnitt zu erleben, frei von der Sorge, hilflos und alleine sterben zu müssen.

Zuletzt erinnert Pfarrer **Reinhold Waltermann,** der mit Paul Schladoth Mitbegründer und Initiator des „Freckenhorster Kreises" ist, an die Ideen und Interessen, die 1969 zur Gründung des „Freckenhorster Kreises" geführt haben, der seine Spuren bis heute innerhalb und außerhalb de Kirche hinterlässt.

Wir laden Sie ein, den Reflexionen nachzugehen, zu überprüfen, was für Sie relevant ist. Wir freuen uns, wenn Sie in den Ansätzen Anregungen und Überraschendes finden. Und wir wünschen Ihnen Zugänge zu den Ankerpunkten, zu den hier vorgestellten wie den eigenen. Prof. Dr. Paul Schladoth danken wir dafür, dass er es in seiner Arbeit verstanden hat, Reflexionen, Ansätze und Ankerpunkte miteinander in Beziehung zu setzen und damit immer wieder die Kernfrage aufgeworfen hat, „was der Glaube mit meinem Leben zu tun habe und umgekehrt?". Er hat tatsächlich Zugang zu „Froher Botschaft" geschaffen und dazu verlässliche Beziehung zur Verfügung gestellt, dafür danken wir ihm sehr und es bestärkt uns in der Überzeugung, dass trotz allen Wandels ein stabiler Kern bleibt, der sich in der lebensbejahenden, zur Freiheit ermutigenden Botschaft des christlichen Glaubens finden lässt.

Münster im Januar 2007

Michael Faßnacht
Hermann Flothkötter
Bernhard Nacke

Dieses Projekt konnte nur durch die großzügige Unterstützung von Schwester M. Diethilde, Mauritzer Franziskanerinnen, realisiert werden.

[1] Nacke, Bernhard (Hrsg.), Dimensionen der Glaubensvermittlung. In Gemeinde, Erwachsenenbildung, Schule und Familie. München 1987.

Reflexionen

Die Kirche: Biotope christlichen Glaubens

Eine kritische Positionsbestimmung vier Jahrzehnte nach
Abschluss des II. Vatikanischen Konzils

Jürgen Werbick

1. Das Zweite Vatikanum: Wendepunkt der Kirchengeschichte?

Vor einundvierzig Jahren ist das Zweite Vatikanische Konzil zu Ende
gegangen. Für viele kirchlich und theologisch wache Zeitgenossen war
und ist dieses Konzil ein entscheidender Einschnitt in ihrer kirchlichen
Existenz und in ihrer Kirchenerfahrung gewesen, so wohl auch für
Paul Schladoth. Kein Konzil der Kirchengeschichte war ja wie dieses
auf ein Thema konzentriert: auf das Selbstverständnis, die Strukturen
und die Sendung der Kirche. Aus heutiger Sicht mag man fragen: War
es gut, dass sich die Kirche selbst so sehr in den Mittelpunkt stellte? Es
war unerlässlich. Denn die Kirche war sich selbst und vielen Menschen,
die sich mehr oder weniger ausdrücklich zu ihr zählten, zum Problem
geworden. Welche Aufgabe hatte sie in der „Welt von heute", und wie
musste sie demnach ihr Verhältnis zur Welt bestimmen? War sie mit
ihrer Struktur nicht im Mittelalter stecken geblieben und gar nicht fähig, ihren Ort in der Welt von heute zu finden?

Diese Fragen sind in den mehr als vierzig Jahren seither nicht von
Tagesordnung verschwunden, auch wenn man vielleicht sagen muss,
dass in den letzten Jahrzehnten die Strukturfragen immer mehr in den
Vordergrund getreten sind. Die rasanten, krisenhaften Veränderungen
etwa in der Kirche Deutschlands erzwingen nachhaltige Strukturentscheidungen, will man Gemeinden und Bistümer zukunftsfähig machen. Aber Strukturentscheidungen allein können den Weg in die Zukunft der Kirche nicht bahnen, vor allem solche nicht, die sich vor den
wichtigsten Strukturfragen drücken und alles zur Disposition stellen,
nur nicht die Tabu-Fragen zur Gestalt des kirchlichen Amtes und zur
Mitbeteiligung der Laien an der Verantwortung für die Kirche.

Vom Zweiten Vatikanischen Konzil könnte man lernen, dass die

Strukturfragen von der Frage nach der Sendung der Kirche her bearbeitet werden müssen. Wozu ist die Kirche da? Das Konzil musste eine neue Antwort auf diese Frage finden, denn es war immer weniger einleuchtend, dass sich die Kirche als eine feste Burg verstand, in die die Menschen sich vor den Wirrnissen der Welt draußen flüchten müssen, um in ihr – und in ihr allein – auf sicherem Weg ihrem endzeitlichen Heil entgegen zu gehen. Dass Gottes Herrschaft – die Herrschaft seines guten Willens – nicht eine rein jenseitige Angelegenheit war und auch nicht eine rein kirchliche; dass die Kirche nicht der Wartesaal auf eine bessere, himmlische Zukunft sein konnte, diese Einsicht war kirchlich vielleicht im 19. Jahrhundert in den Hintergrund gedrängt worden. Nun aber verlangte sie gebieterisch ihr Recht. Gottesherrschaft beginnt hier und jetzt, wo die Menschen sich dafür in Anspruch nehmen lassen, die Wirklichkeiten ihres Lebens und der Welt auf ihre Gottes-Zukunft hin zu verändern, dem guten Willen Gottes Raum zu geben im Alltag des eigenen Lebens und der Geschichte, in der die Völker und Nationen ihren Weg suchen. Was ist dann die Aufgabe der Kirche – mitten in der Welt von heute?

Die Pastoralkonstitution über die Kirche in der Welt von heute **Gaudium et spes** widmet sich ganz dieser Frage; und sie ist in dieser Hinsicht ein Markstein auf dem Weg der Kirche ins 21. Jahrhundert geworden. Das Vorwort gibt den tragenden **Basso continuo** der ganzen Konstitution vor: Sie beschreibt die „engste Verbundenheit der Kirche mit der ganzen Menschheitsfamilie" in bewegenden Worten (Art. 1):

„Freude und Hoffnung, Trauer und Angst der Menschen von heute, besonders der Armen und Bedrängten aller Art, sind auch Freude und Hoffnung, Trauer und Angst der Jünger Christi. Und es gibt nichts wahrhaft Menschliches, das nicht in ihren Herzen seinen Widerhall fände. Ist doch ihre eigene Gemeinschaft aus Menschen gebildet, die, in Christus geeint, vom Heiligen Geist auf ihrer Pilgerschaft zum Reich des Vaters geleitet werden und eine Heilsbotschaft empfangen haben, die allen auszurichten ist. Darum erfährt diese Gemeinschaft sich mit der Menschheit und ihrer Geschichte wirklich engstens verbunden."

In dieser Solidarität weiß sich das Konzil dazu gerufen, „allen darzulegen, wie es Gegenwart (praesentiam) und Wirken der Kirche in der Welt von heute versteht" (Art. 2). Das Wort **Präsenz** fomuliert hier glücklich den theologischen Leitgedanken des gesamten Textes: Die Kirche bekennt sich zu ihrer Präsenz in der Welt von heute, zu ihrer Zeitgenossenschaft (sie „erfährt sich mit der Menschheit und ihrer Geschichte wirklich engstens verbunden"; Art. 1). Diese Zeitgenossenschaft fordert sie freilich zu ihrem spezifischen Dienst an der Welt hier und heute heraus: Sie will „nur dies eine: unter Führung des Geistes, des Trösters (lat.: Paracliti), das Werk Christi selbst weiterführen, der in die Welt kam, um der Wahrheit (besser: für die Wahrheit) Zeugnis zu geben; zu retten, nicht zu richten; zu dienen, nicht sich bedienen zu lassen" (Art. 3). Der Kontext des zuletzt zitierten Verses aus dem Markusevangelium, aber auch die geschichtliche Erfahrung wird es nahe gelegt haben, die Kirche in der Nachfolge Jesu Christi auf Diakonie – auf den selbstlosen Dienst – zu verpflichten und sie in Distanz zu bringen zu den Großen dieser Welt, die die Kleinen beherrschen und ausbeuten, statt ihnen zu dienen (vgl. Mk 10, 44 – 45). Die Sendung der Kirche ist **diakonale Präsenz** in der Welt: Sie leistet den Dienst des Zeugnisses für die Wahrheit, damit die Menschen zum Leben in Fülle finden können (vgl. Joh 10, 10). Aber sie leistet diesen Dienst nicht gleichsam von außerhalb oder als „Darüberstehende" von oben her, sondern in Zeitgenossenschaft und Solidarität mit denen, denen er gilt; sie leistet ihn, indem sie „in hoc mundo exsistit et cum eo vivit atque agit" (Art. 40), so sehr sie freilich aus Christus und dem Heiligen Geist und nicht aus der Welt ist.

Das Konzept der diakonalen Präsenz in der Welt und der Zeitgenossenschaft mit den Menschen der Welt von heute bringt es nach **Gaudium et spes** mit sich, dass nicht nur zur Sprache kommt, was die Welt der Kirche verdankt, sondern eben auch wie viel die Kirche „selbst der Geschichte und Entwicklung der Menschheit verdankt" (Art. 44). In ihrem Dienst an der Welt und für die Welt ist die Kirche auch empfangende; sie „bekennt sogar" – so der Kommentar von **Yves Congar** – „dass sie dem Widerspruch ihrer Gegner und Verfolger etwas zu verdanken hat. Diese Widerstände sind nicht nur negativ. Sie stellen auch Fragen an die Kirche dar; oft befreien sie durch das Feuer, durch viele Zerstörungen und Tränen hindurch die Kirche von dem Gewicht ihrer Oberflächlichkeiten, von den Fesseln ihrer Illusionen"[1]. Damit die Kirche sich solchen für sie förderlichen Erfahrungen in Geschichte und Gegenwart öffnen kann, müssen die Gläubigen „in engster Verbindung mit den anderen Menschen ihrer Zeit leben und sich bemühen, ihre Denk- und Urteilsweisen, die in der Geisteskultur zur Erscheinung kommen, vollkommen zu verstehen. Das Wissen um die neuen Wissenschaften, Anschauungen und Erfindungen sollen sie verbinden mit christlicher Sittlichkeit und mit ihrer Bildung in der christlichen Lehre, damit religiöses Leben und Rechtschaffenheit mit der wissenschaftlichen Erkenntnis und dem täglich wachsenden Fortschritt bei ihnen Schritt halten und sie so alles aus einer umfassenden christlichen Haltung zu beurteilen und zu deuten vermögen" (Art. 62). Dieses Sich-Einlassen der Kirche auf die Welt nimmt Maß an der Menschwerdung des Gottessohnes:

„Das Wort Gottes, durch das alles geworden ist, ist selbst Fleisch geworden und ist, auf der Erde der Menschen wohnend, als wirklicher Mensch in die Geschichte der Welt eingetreten, hat sie sich zu eigen gemacht und in sich zusammengefasst. Er offenbart uns ‚dass Gott die Liebe ist' (1 Joh 4, 8), und belehrt uns zugleich, dass das Grundgesetz der menschlichen Vervollkommnung und deshalb auch der Umwandlung der Welt das neue Gebot der Liebe ist. Denen also, die der göttlichen Liebe glauben, gibt er die Sicherheit, dass allen Menschen der Weg der Liebe offen steht und dass der Versuch, eine allumfassende Brüderlichkeit herzustellen, nicht vergeblich ist" (Art. 38).

Gaudium et spes greift also auf die Inkarnations-Christologie zurück, um das Mitleben der Kirche mit den Menschen im jeweiligen geschichtlichen und kulturellen Kontext zu normieren und ihr Zeugnis **in consortione** humani generis theologisch zu beschreiben. Inkarnation bedeutet christologisch, dass der Fleisch gewordene Logos, der „treue Zeuge" (Offb 1, 5) des guten Willens Gottes und seiner weltverwandelnden Macht, dem menschlichen Leben eben nicht äußerlich bleibt, sondern als wahrer Mensch an ihm teilnimmt, um den Menschen am göttlichen Leben – an der Liebe und der Hoffnung, die es den Menschen mitteilt – Anteil zu geben: als der „Hohepriester" (vgl. Hebr 4, 15; 5, 2), der mitfühlen kann mit unserer Schwäche und wie wir alle in Versuchung geführt wurde, der fähig ist, Verständnis aufzubringen für die Menschen in ihren Höhen und Abgründen. Kirche und Gläubige haben ihr Zeugnis abzulegen inmitten der „consortio", der Erfahrungs-, der Hoffnungs-, der Befreiungs- wie der Schuld- und der Scheiternsgeschichte der Menschen, in deren Mitte sie sich vorfinden. Und das ist nicht nur eine taktische Vorgabe: damit man sie besser oder überhaupt erst versteht und sich ihnen verständlich machen kann, sondern entscheidend deshalb geboten, weil sie nur so die vorbehaltlose Menschenzuwendung und Menschen-Aufmerksamkeit Gottes selbst bezeugen können.

Hat die Kirche seither ihre Hausaufgaben gemacht, die ihr von der Pastoralkonstitution ins Pflichtenheft geschrieben wurde? Oder hat sie sich wieder eher auf sich selbst zurückgezogen – auf strukturelle Selbstbehauptung oder eben auf die oft so nervenden Strukturdebatten? Hat sie ihre zentrale Aufgabe im Blick behalten: die dienende, diakonale Gegenwart mitten unter den Menschen, das Dasein in der Zeit- und Schicksalsgenossenschaft mit ihnen, das nicht immerzu danach schielt, wie sie selbst möglichst gut dabei wegkommt?

Soviel sollte auch in den gegenwärtigen Debatten um die Gestalt der Kirche in der Zukunft klar sein: Die Strukturen der Kirche haben Dienstfunktion. Wo das Festhalten an ihnen mehr oder weniger zum Selbstzweck wird, machen sich Kirchen und ihre Repräsentanten – gegen das Selbstverständnis etwa des Paulus – zu Herren des Glaubens, wo sie Diener und Dienerinnen der Glaubens- und Lebensfreude sein sollen (vgl. 2 Kor 1,24). Die kirchlichen Strukturen haben Dienstfunktion, weil Kirchen selbst nicht mehr und nicht weniger sein dürfen als Dienerinnen am Glaubenkönnen, an der Glaubens- wie an der Lebensfreude der Menschen. **Jacques Gaillot** hat es ihnen ins Stammbuch geschrieben: „Eine Kirche, die nicht dient, dient zu nichts."

Bevor wir über kirchliche Strukturfragen reden, müssten wir etwas genauer wissen, wozu und woraufhin die Kirche zu dienen hat, wofür sie gut ist – und davon ausgehend: wie die Strukturen der Kirche diesem Dienst dienen können. Die Neigung geht in der katholischen Ekklesiologie traditionellerweise in die entgegengesetzte Richtung: Sie sieht die Strukturen in der Einsetzung der Kirche durch ihren Herrn vorgegeben und bestimmt von den gegebenen Strukturen her, was das für ein Dienst sein soll, den die Kirche für sich beanspruchen darf. Jede andere Sichtweise wird als funktionalistisch abqualifiziert. Vielleicht könnte man hier besser als in der Vergangenheit falschen Alternativen aus dem Weg gehen. Von dem Herrn Jesus Christus, der mit seiner Kirche „den Anfang gemacht" hat, „indem er frohe Botschaft verkündigte, die Ankunft nämlich des Reiches Gottes" (**Lumen gentium** 5), ist der Kirche mit auf ihren Weg gegeben worden, dass sie zu tun und zu bezeugen hat, was Er getan hat; und es ist ihr deshalb der Heilige Geist mitgeteilt, in dem sie „die Sendung (empfängt), das Reich Christi und Gottes anzukündigen und in allen Völkern zu begründen. So stellt sie Keim und Anfang dieses Reiches auf Erden dar" (ebd.). Alles andere an kirchlichen Strukturbildungen dient dieser Sendung und hat von ihr her seine Legitimität. Das gilt von der konkreten Ausgestaltung des Verkündigungsdienstes wie der sakramentalen Vergegenwärtigung der Gottesherrschaft; es gilt für Katholikinnen und Katholiken auch im Blick etwa auf das Petrusamt, das der Einheit des Zeugnisses und der „Unverirrlichkeit" der Kirche in ihrer Sendung dient und so eine für sie unaufgebbare Bedeutung in der Kirche hat. Von vielen konkreteren Ausgestaltungen kirchlicher Strukturen gilt aber nicht: So musste es kommen, weil die Sendung der Kirche es genau so erforderte, sondern eher: So konnte es legitimerweise kommen; von manchen aber auch: So hätte es nicht kommen dürfen, wenn sich die Kirche an ihrer Sendung gemessen hätte.

Es ist natürlich unrealistisch, die Strukturdebatte im kirchlich luftleeren Raum zu führen und unabhängig von gegebenen Strukturen theologisch entwerfen zu wollen, wie die Strukturen „eigentlich" aussehen müssten, damit sie der Sendung der Kirche wirklich dienen. Aber es erscheint mir keineswegs unrealistisch, einem kirchlichen Strukturkonservatismus wie einem pragmatistischen Hang zur Strukturanpassung gegenüber daran zu erinnern, wofür die kirchlichen Strukturen da sind – damit etwas klarer werden kann, welche Veränderungen möglich, ja nötig sind und welche Anpassungen offenkundig in die falsche Richtung gehen, weil sie von der Sendung der Kirche wegführen. Mehr als ein paar heute vielleicht besonders dringliche Überlegungen hierzu erlauben die zur Verfügung stehende Zeit wie die anderen Aspekte des zu behandelnden Themas natürlich nicht.

2. Die Kirche: Dienerin des Evangeliums und der Menschen

Lassen wir uns von Paulus vorgeben, wozu die Kirche dient und wie die Menschen, die in ihr Verantwortung tragen, den Dienst und die Sendung der Kirche konkret wahrnehmen. „Helfer zu eurer Freude": Menschen, die das sein können, haben selber teil an der Freude, der sie dienen. Sie verlieren – auch in Zeiten des „Misserfolgs", der geistlichen Dürre und der geistlichen wie der leibhaften Kraftlosigkeit – nicht so schnell die Freude darüber, dass Menschen, denen sie Weggefährte und Weggefährtin sein dürfen, in ihr Leben hinein finden und dabei von Gott berührt werden, ob sie das selbst so deuten oder nicht. Wer sich darüber freuen kann, dem fällt auch die „Selbstlosigkeit" leicht, die den Dienst in der Spur des Diakons Jesus Christus erst wirklich fruchtbar macht. Freude ist selbstlos. Sie gönnt den anderen, was **ihnen** Freude macht und Lebendigkeit schenkt. Dann darf sie auch Freude darüber sein, dass **ich** daran beteiligt sein durfte. Solche Selbstlosigkeit lässt die geistliche Kraft von mir ausgehen, derer ich mich freuen darf, wenn sie mir denn geschenkt ist – und die ich erbitte, wenn ich sie nicht mehr in mir fühle. Sie lässt frei, was den anderen zugute kommen soll. Sie gibt es frei – und hofft darauf, dass andere mir ins Leben und zur Freude Gottes helfen werden, wenn ich ihrer bedarf.

Das ist wahrscheinlich zu groß vom kirchlich-alltäglichen Dienst an der Glaubens- und Lebensfreude der Menschen geredet. Es sagt mehr darüber aus, wohin wir möchten, als darüber, was wir jetzt tatsächlich leben. Aber wir möchten doch, dass diese geistlich-menschlich so unbestreitbare Wahrheit **Wirklichkeit** wird, im eigenen Leben und im Leben der Kirche. In diesem Sinne die Bereitschaft zu mehr ekklesial-diakonaler Selbstlosigkeit anzumahnen[2], das hat zuerst und vor allem, aber nicht ausschließlich spirituelle Bedeutung und Dringlichkeit. Es hätte auch eine nicht zu vernachlässigende gesellschaftliche und natürlich eine kirchlich-strukturelle Bedeutung. Wenn sich Institutionen auf dem Forum der **Zivilgesellschaft** präsentieren und engagieren, also da, wo öffentliche Präsenz und gesellschaftlicher Einfluss eben nicht mehr durch obrigkeitliche Machtausübung oder verwaltungsähnliches Handeln gewährleistet werden, müssen sie durch Glaubwürdigkeit und Sachgerechtigkeit ihres Angebots – ihres Dienstes – überzeugen. Glaubwürdig sind hier allein Institutionen, deren selbstloses

Handeln nachvollzogen und als wirklich hilfreich wahrgenommen wird. Man darf den Kirchen hier einiges zutrauen. Aber noch rechtfertigen sie dieses Zutrauen nur begrenzt; noch ist die öffentliche Wahrnehmung kirchlichen Handelns weithin von der Erfahrung mit kirchlicher Interessen- und Einflusspolitik bestimmt – und eben von einem Strukturkonservativismus, bei dem sich das „Publikum" oft ratlos bis aggressiv fragt, wozu der denn dient außer zur Selbstbehauptung und Einflusswahrung. Es wäre naiv, wenn man annähme, die Kirchen kämen ganz ohne solche Selbstbehauptungs-Politiken aus. Aber ebenso naiv wäre es, diese öffentliche Wahrnehmung für kirchlich und spirituell unproblematisch zu halten.

Das diakonisch-selbstlose Engagement kirchlichen Handelns, speziell der Verkündigung, der sakramentalen Feier der schon gegenwärtigen Gottesherrschaft und des leibhaft diakonalen Handelns wie des kirchlichen Engagements in religiösen Lernprozessen hat Maß zu nehmen an der Diakonie Jesu Christi selbst; in johanneischer Auslegung kann sie als die Grund-Vorgabe allen kirchlichen Handelns gelten: Wenn Er gekommen ist, damit die Menschen das Leben haben und es in Fülle haben (Joh 10,10), dann kann es der Kirche in all ihrem Handeln nur darum gehen, den Menschen zu helfen, in das Leben, das ihnen von Gott geschenkt und zugedacht ist, hineinzufinden und Zutrauen zu fassen, sodass es ihnen zum Versprechen wird und sie an das Wahrwerden dieses Versprechens glauben können, dass sie ihm selbst dienen können. Mit dieser christologischen Normierung wäre kirchliches Handeln davor gefeit, sich vor allem als gesellschaftliche Dienstleistung – etwa zur Abfederung der allgemeinen Lebensrisiken, zur „Kontingenzbewältigung" – profilieren zu wollen und sich damit strukturell und ideell in unsere Dienstleistungsgesellschaft und ihre Markt-Prioritäten einzupassen; wäre es aber auch davor gefeit, als bloß gruppen-interessebedingt wahrgenommen zu werden.

Glaubwürdigkeit gewinnt, wem man – wenigstens in kleinen Dosen – die Selbstlosigkeit, das **Von-sich-selbst-absehen-Können** ansieht. Die Unterstellung, hier werde nur auf besonders raffinierte Weise Reklame gemacht und Wasser auf die eigenen Mühlen geleitet, ist immer möglich. Aber es kommt schon darauf an, wie nachhaltig man dieser Pauschalunterstellung Nahrung gibt, mit der man jedes menschlichgesellschaftliche Engagement in Misskredit bringen und sich vor seinem Anspruch in Sicherheit bringen kann. „Kirchen-Menschen" stehen zuerst und entscheidend im Dienst Gottes. Aber dieser Gott ist nach biblischer Grundüberzeugung ein Gott für die Menschen, dazu entschlossen, ihnen ein Leben zu schenken, in dem sie finden können, wonach sie sich mit allen Fasern ihres Herzens sehnen. So sind die Diener und Dienerinnen Gottes in der Diakonie des Messias Jesus, für Gottes Entschlossenheit – für sein Lebens-Versprechen – in Dienst genommen und darauf verpflichtet, dass es ihnen im Entscheidenden um **nichts anderes** geht.

Das sagt sich so schnell, gerade auch dann, wenn die Menschen diese „Selbstlosigkeit" nicht mehr glauben und das Wort vom Dienst als Trick beargwöhnen. Es hilft nichts: Mit diesem Argwohn müssen die Menschen im Dienste Gottes leben. Sie können sich nur bemühen, ihm so wenig Nahrung zu geben wie irgend möglich, ohne sich von ihm manipulieren und zur Anpassung an das heute besonders hoch Geschätzte verführen zu lassen. Auch das kirchliche Handeln entgeht eben nicht dem gesellschaftlichen „Gesetz", dass nur denen eine gute Botschaft zugetraut wird, die nicht nur so reden, wie „sie müssen", weil das Eigen-Interesse und das Streben nach dem eigenen oder dem Gruppen-Vorteil sie im Griff haben. Die gute Botschaft ist eine Botschaft der „Freien", derer, die nicht so reden müssen, sondern selbst Beschenkte sind – so frei sind herzuzeigen und zu teilen, was ihnen geschenkt ist, was sie erfahren haben oder was sie schmerzlich vermissen, aber nicht verloren geben wollen. Ihr Dienst hat sich deshalb auch daran zu bewähren, dass die Menschen, denen er angeboten wird, diese Freiheit wahrnehmen und das Geschenk, das ihnen da gezeigt und angeboten wird, als Geschenk erfahren können; dass sie auch die ungestillte Sehnsucht noch als Geschenkt erfahren können. Verkündigung und die Praxis der Kirche im Ganzen werden von dem Geschenk des Glaubens Zeugnis geben können, wenn sie „Biotope der Ermutigung"[3] pflegen und gute Orte offen halten, an denen Menschen mit ihrer Freude und ihrer Trauer, mit ihrer Bedürftigkeit, ihrer Sehnsucht und ihrer Hoffnungslosigkeit, mit ihrem Zorn, ihrer Wut und ihrer Ratlosigkeit Aufnahme finden, eine „spirituelle Atmosphäre" – um ein Modewort aufzugreifen – in der ihnen etwa dies zugänglich werden kann:

- Orte der Achtsamkeit und des Verweilens, an denen wirklich sie vorkommen dürfen, nicht nur ihr Kunden- oder Selbstdarsteller-Ich, an denen sie willkommen sind mit dem, was sie bewegt und was sie einbringen können;
- Orte der „Un-Voreingenommenheit", wo man sich nicht dagegen schützen muss, missbraucht zu werden;
- Asyl-Orte für übergroßen Fragen und übergroße Hoffnungen, wo man nicht gleich wieder mit kleinen Antworten und „realistischen" Perspektiven abgespeist wird;
- Orte, an denen das Entmutigende nicht verschwiegen wird, der Trost nicht zu billig ist, aber auch nicht verschmäht wird; Orte, an denen die Reste von Mut und Hoffnung geteilt und erbeten werden, mit denen Menschen sich in das jetzt Anfangende hineinwagen; in Gottes gute Herrschaft, die darin anfängt;
- Orte, an denen sie dankbar feiern, was ihnen geschenkt ist;
- Orte, an denen Menschen mit der Leidenschaft für Gerechtigkeit angesteckt werden, sodass sie sich nicht mit „weniger" abspeisen und dafür in Dienst nehmen lassen, dass hier und jetzt schon mehr Menschen-Gerechtigkeit geschieht;
- Orte also, zuletzt gesagt, aber natürlich primär, wo ihnen die guten und wahren Worte des Evangeliums „gegeben" werden und nicht nur Steine, die ihnen geistlich und mitunter geradezu körperlich nur noch „im Magen liegen"; gute, zugängliche Orte, die den zugänglichen Gott Israels und Jesu Christi bezeugen.

Dazu dient die Kirche. Und wenn sie dafür nicht dient, verfehlt sie **heute** ihre Sendung, selbstverständlich unbeschadet dessen, dass in ihr strukturell und was die Lehre der Katechismen oder des hierarchischen Lehramtes angeht, alles „in Ordnung" sein mag. Dieses Richtigsein und Rechthaben ist offenkundig dramatisch zu wenig, wenn es um Dienst und Sendung der Kirche geht. Deshalb müssten – auch strukturell – die Bedingungen dafür bedacht werden, dass die Kirche nicht nur Recht hat, sondern der Glaubens- und Lebensfreude der Menschen dient, sodass sie das Wort des Schöpfers über seine Schöpfung mit sprechen und mit empfinden könnten: Ja, dieses Leben ist sehr gut und sehr schön (tov).

3. Jetzt also doch die Strukturen. Dienende Strukturen?

Dienende Strukturen, das bedeutet kirchlich: sie müssen dazu dienen, dass Menschen ihr Leben aus dem Glauben an das Evangelium in liebender Solidarität mit den Nächsten und den notleidenden Fernen auf Gottes gute Herrschaft hin leben können und Räume finden, in denen Gottes geist-volle Güte in ihr Alltagsleben – mehr oder weniger ausdrücklich sakramental – „einsickern" kann. Solcher Lebens-Nähe müssen alle kirchlichen Institutionen verpflichtet sein. Und das heißt sehr konkret: Sie müssten eine Seelsorge oder eine religiöse Bildung ermöglichen, die nahe am alltäglichen Leben der Menschen ist, lebensbegleitend und Räume öffnend oder bereit haltend, in denen wenigstens in Ansätzen geschehen kann, was von den guten Orten eben gesagt wurde. Man kann Zweifel daran haben, ob die gegenwärtigen Restrukturierungsüberlegungen und die entsprechenden Maßnahmen in den Diözesen dieser Priorität Rechnung tragen. Und man wird dann auch fragen, **wozu sie eigentlich dienen.** Das ist gewiss eine gefährliche Frage; sie wird leicht denunziatorisch, zur rhetorischen Frage, die in Wahrheit eine Unterstellung ist. Man sollte versuchen, diese Frage ehrlich zu fragen, auf allen kirchlichen Ebenen – und sich die Antwort nicht zu leicht zu machen.

Ich verrate kein Geheimnis, wenn ich davon spreche, dass in den Gemeinden vor Ort, die gewiss nicht so, wie sie sind, bleiben können und wohl auch nicht alle als selbstständige Gemeinden bleiben können, die eben gestellte Frage: Wozu dient das denn wirklich? ganz konkret an die übergeordneten kirchlichen Instanzen gerichtet wird. Das ist eine Frage „unterhalb" ekklesiologischer Richtigkeit, die man damit nicht bestreiten will. Wenn man es genauer wüsste, würde man natürlich zugeben, dass die episkopal-primatiale Struktur der Kirche unaufgebbar, weil von ihrem Herrn so gewollt ist. Aber gerade deshalb fragt man eben doch unverdrossen nach dem Warum und Wozu und bleibt relativ unbefriedigt mit der „richtigen" Auskunft, es müsse so sein. Wozu dient das? Vieles wäre hier zu erklären und würde dann auch mehr oder weniger eingesehen – wenn nur wenigstens ansatzweise die Erfahrung gemacht wird, dass es **dient**, was ja wesentlich mehr meint, als dass es funktioniert (was schon nicht wenig wäre und allzu oft ziemlich vermisst wird).

Dienende Strukturen: die kirchliche Soziallehre hat hier das Konzept der **Subsidiarität** entwickelt und im gesellschaftlichen Bereich mit Nachdruck gelten zu machen versucht. Schon **Papst Pius XII.** hat wiederholt die strukturelle Weisheit des Subsidiaritätsprinzips auch für die Strukturen der Kirche geltend gemacht. Ja, auch hier gibt es mit dem Primat des Papstes und der Gewissen den Primat der Selbstverantwortung, der es erfordert, nicht ohne Not in die Kompetenzen der „basisnäheren" kirchlichen Gemeinschaften einzugreifen. Der **Primat des Papstes** soll der Einheit im Zeugnis dienen. Der **Primat der Gewissen** soll die Freiheit der Christenmenschen in Kirche und Welt schützen. Der **Primat personaler Eigenverantwortung** soll das Engagement der Menschen in der Kirche und für die Kirche schützen; er soll verhindern, dass in der Kirche der Geist ausgelöscht wird, der in den Charismen der Glaubenden und um ihren Glauben Ringenden die Kirche zu einer geistlichen Wirklichkeit macht.

Die strukturelle Glaubens- und Lebens-Weisheit des Subsidiaritätsprinzips verpflichtet – kirchlich wie gesellschaftlich – zur Solidarität des Dienstes: Die kirchlichen Strukturen müssen so sein, dass sie die elementaren Glaubens, Lebens- und Lerngemeinschaften vor Ort – das sind nicht notwendigerweise und in jedem Fall die bisherigen Ortsgemeinden und die ihnen zugeordneten Lernorte – schützen, inspirieren und in der verheißungsvollen Wahrheit des Evangeliums halten. Die kirchlichen Strukturen müssen so sein, dass sie den hier gelebten, gelernten und gefeierten Glauben nicht unnötig uniformieren, damit die Glaubens- und Lebensfreude an der Kreativität des Gottesgeistes in den Menschen nicht Schaden leidet. Die kirchlichen Strukturen müssen so sein, dass die unverwechselbare Identität des Christlichen gegen die Zerfaserung des „Jeder nach seinem eigenen Geschmack" nachhaltig zur Geltung gebracht werden und das Zeugnis für die Güte und Menschenfreundlichkeit des Gottes Israels und Jesu Christi unmissverständlich bleiben kann. Kirchliche Strukturen müssen aber auch auf allen Ebenen so sein, dass sie den Menschen die Freiheit der Kinder Gottes erlauben, sodass man ihnen die Glaubensfreude ansieht und nicht den Gewissenszwang. Das ist nicht nur kirchlich-strukturell zu gewährleisten. Aber die Strukturen können so sein, dass man nahe daran ist, mit **Friedrich Nietzsche** zu sagen: „Bessere Lieder müssten sie mir singen, dass ich an ihren Erlöser glaube lerne: erlöster müssten mir seine Jünger aussehen!"[4] Kirchliche Strukturen müssen also – alles in allem und soweit es an ihnen liegen kann – die bestmöglichen Bedingungen dafür schaffen, dass in den Menschen Glaube, Liebe und Hoffnung wachsen können, dass Klein-Gläubige und Klein-Mütige so zusammengeführt werden, dass sie einander mit ihrem kleinen Glauben und ihrem kleinen Mut beistehen und ihren Mut zum Glauben aus Gottes Gnade erneuern.

4. Kirche: Gemeinschaft wechselseitiger Ermutigung

Vielleicht sind wir hier, und erst hier am zentralen Punkt: Menschen brauchen die Kirche, weil sie in ihr den Mut – die Ermutigung – finden können, sich in Gottes Zukunft hineinzuwagen. In ihr ist der Geist lebendig – will er lebendig sein –, der nach dem Neuen Testament „Paraklet" heißt: Ermutiger-Geist. Es wäre jetzt darüber zu sprechen, wohl auch darüber zu klagen, wie in der Kirche dieser Ermutiger-Geist so nachhaltig ausgelöscht wird, auch dadurch ausgelöscht wird, dass man die Charismen der Menschen vor Ort missachtet; entscheidend auch durch eine Atmosphäre der Kleinmütigkeit und Kleinkariertheit, des Misstrauens, der Bürokratie, eines immer noch nicht überwundenen Klerikalismus. Die Klage wäre wohl am Platz; aber man sollte sich ihr nicht zu ausgiebig hingeben. Sie kann nämlich den Blick dafür verstellen, wie dieser Geist eben doch wirkt, wie er Menschen Mut macht zu Schritten in eine Zukunft hinein, die wir wohl alle faszinierend fänden, wenn sie uns schon in den Blick gekommen wäre.

Ich will am Ende dieses Beitrags Menschen in den Blick rücken, an denen dieser Glaubens-Mut erfahrbar wird; zunächst sicher Menschen, die im Blickfeld der Öffentlichkeit stehen oder standen und Mut machen; die etwas davon herzeigen, was der Ermutigergeist in der Kirche bei Menschen erreicht, die sich von ihm inspirieren lassen. „Menschen der Überschreitung", „Offenhalter-Menschen" möchte ich sie nennen. Und ich versuche, mich – und Sie – an die „Offenhalter-Menschen" zu erinnern: solche, die ich selbst kennen gelernt habe, von Angesicht zu Angesicht oder vom Hörensagen durch Geschichten, in Bibel und Kirche. „Geht nicht gibt's nicht" war für sie kein starker Handwerkerspruch, sondern Lebens- und Glaubensweisheit. Weil Gott kommt, kann alles anders werden – und zwar jetzt schon. Wenn Gottes Zukunft kommt, geht alles, was gehen muss, wenn die Menschen Zukunft haben sollen. Es gibt die Mauern nicht, die „wir" nicht mit „unserem" Gott überwinden könnten (vgl. Ps 18, 30), die **sie** mit ihrem und unserem Gott nicht überwunden haben. Es gab die harten Grenzen des Faktischen, an denen sie – im begrenzten Blick dieser Welt – gescheitert sind. Aber das war für sie nie die unveränderlich-letzte Wirklichkeit. Sie haben darüber hinaus gelebt und geliebt; sie haben das Überschreiten gelebt – auch wo sie nicht über das hinweg kamen, was ihnen widerfuhr. Ich denke an Bischof **Oscar Romero**: Die Erfahrung der Not und der Unterdrückung hat ihn dazu gebracht, eine rückwärtsgewandte Gläubigkeit hinter sich zu lassen und sich denen zuzuwenden, für die ihm sein bischöfliches Amt Verantwortung übertrug. Er hat sich zu dieser letzten Überschreitung herausfordern lassen: auf sein Leben nicht ängstlich fixiert zu sein, wenn es darum ging, den ihm Anvertrauten mit der Wahrheit zu Hilfe zu kommen.

Im Blick habe ich **Frère Roger Schutz** aus Taizé. Wie hat er die Überschreitung des scheinbar Unabänderlichen gelebt, und wie lebt er sie immer noch! So glaubwürdig, dass ihm sogar der spätere **Papst Benedikt XVI.** beim Requiem für **Johannes Paul II.** in die Kommuniongemeinschaft der katholischen Kirche zuließ. Nur ein kleines Zeichen bei so viel Unheil und Auswegslosigkeit in unserer Welt. Nicht mehr ganz so klein, wenn man an die Verhärtungen denkt, die Frère Roger überwinden half. Wie schrecklich, dass wir diesen Menschen der Überschreitung nicht mehr unter uns haben. Aber wir dürfen daran glauben, dass ihn die große Überschreitung in seine Vollendung geführt hat. Ich habe im Blick **Rupert Neudeck**, Initiator des Notärztekommitees und der Aktionen von Cap Anamur, bei denen 11 000 Vietnamesen vor dem Ertrinken oder Verdursten auf See gerettet wurden. Menschenrechte sind unteilbar, überall auf unserer Welt unbedingt verpflichtend, auch wenn die Regierenden viele Unterschiede machen. Neudeck nimmt es wörtlich. Geht nicht gibt's nicht: Rupert Neudeck, ein Mensch der Überschreitung.

Ich denke auch an Lehrerpersönlichkeiten, die ihren Schülern und Schülerinnen – auch noch an der Universität – den Geist der Überschreitung erfahrbar machen; die so das Biotop bewässern und mit

Nährstoffen versorgen, in dem der Glaube durch gute Erfahrungen und die Erfahrungen von Mitglaubenden wachsen kann. Professor Schladoth habe ich nicht selbst als Lehrer erleben können. Aber ich weiß von zahlreichen seiner Schüler(innen), dass er ihnen in diesem Sinne ein „Offenhalter-Mensch" und ein „Mensch der Überschreitung" gewesen ist und immer noch ist.

Von solchen „Menschen der Überschreitung" möchte ich lernen, nicht klein bei zu geben, wenn ich **jetzt** noch nicht weiß, wie die schlimmen Dinge anders werden können, wie es etwa mit der Kirche weitergeht. Ich möchte von ihnen lernen, nicht selbst zynisch und mutlos zu werden, wenn die Apparatschiks in Welt und Kirche wieder einmal die Oberhand behalten. Vor allem aber möchte ich von diesen Menschen das Zutrauen darauf lernen, dass Gottes guter Ermutiger-Geist das Angesicht unserer Welt zu verwandeln anfängt – und dass ich dann geistesgegenwärtig genug bin, das jetzt möglich Gewordene zu tun. Es ist lebens- und geistnotwendig, sich an solche Menschen der Überschreitung zu halten, im Großen und im Kleinen. Für Christinnen und Christen ist es glaubensnotwendig und Glauben stiftend, immer wieder neu auf den zu schauen, der uns die Überschreitung – lateinisch: die **Transzendenz** – vorgelebt hat: Die Schrift nennt ihn den „Wegöffner" (archegos; Apg 3,15; 5,30f.; Hebr 2,10; 12,2), da er den Weg in Gottes Herrschaft öffnet. Mit ihm kam sie in die Welt. Wie er den Vater „im Himmel" bezeugte und erfahrbar machte, das öffnete den Menschen den Weg in Gottes Zukunft. Und wenn der Himmel – Gottes Reich – offen steht, so gibt es auch für uns Wege hinein.

Allzu oft kaum zu glauben – in den Räumen des Schweigens, die jede Hoffnung und auch die Klage noch verschlucken; angesichts der Unbeweglichkeit aus Angst vor dem, was noch kommen könnte. Dann kommt es darauf an, die letzten Reste von Glaube und Hoffnung zusammenzulegen. Vielleicht wird es für uns alle reichen – so wie es damals gereicht hat bei der Brotvermehrung, als die Hungernden das Wenige zusammenlegten, das sie noch hatten. Es wird reichen, denn Er hat uns den Weg geöffnet und den Geist mitgegeben, dass wir unterwegs nicht geistlich verhungern. Israel, das ersterwählte Volk hat diese Erfahrung in den schlimmsten Stunden gemacht: Es wird reichen, wenn wir teilen, was uns bleibt. Es kann kein Zufall sein, dass der alte

Ehren-Name dieses Volkes „Hebräer" mit dem Wortstamm für **Überschreitung** gleich lautet.

Der Ehrenname „Kirche" – wörtlich: dem Herrn gehörend und von ihm deshalb nicht und niemals verloren gegeben – könnte Christen ermutigen, von Israel und den Menschen der Überschreitung mitten unter uns zu lernen, was es heißt, den Mut, die Begabungen und die Schwächen zusammenzulegen, damit es für alle reicht auf dem Weg in Gottes Zukunft hinein; damit es für alle reicht in den Abgründen und Ausweglosigkeiten, in die wir unvermeidlich geraten. Wenn wir zusammenlegen, wird es reichen, denn Er schenkt uns und rettet, was wir da zusammenlegen. Er lässt es aufleben und eingeborgen sein in Seinem Geist. Dafür ist die Kirche da: dass der Ermutiger-Geist in ihr erfahren und geteilt wird und die Kirche so zum Biotop des Glaubens und der Hoffnung macht; dafür, dass er uns in Gott und seine Zukunft mitnimmt.

---

[1] Lexikon für Theologie und Kirche. Das Zweite Vatikanische Konzil, Bd. III, 418.

[2] Für den Religionsunterricht in der Schule hat Ottmar Fuchs diese ekklesiale Selbstlosigkeit als konstitutiv eingefordert. Aber sie müsste ein Grundzug aller ekklesialen Praxis sein, eben auch der Verkündigung. Vgl. von Ottmar Fuchs den Aufsatz: Der Religionsunterricht als Diakonie der Kirche!?, in: Katechetische Blätter 114 (1989), 848 – 855.

[3] Ich schließe mich hier an den Sprachgebrauch des Bischofsworts „Zeit der Aussaat. Missionarisch Kirche sein" vom 26. November 2002 an (Sekretariat der Deutschen Bischofskonferenz (Hg.), Die Deutschen Bischöfe, Nr. 68) an, wo in Ziffer III.4 „Biotope des Glaubens" bzw. „Biotope gelebter Christlichkeit" angesprochen werden.

[4] Also sprach Zarathustra II. Von den Priestern (Kritische Studienausgabe der Sämtlichen Werke, hg. von G. Colli und M. Montinari, München – Berlin 1980, Bd. 4, 118).

Der Glaube als zweite Natur

William J. Hoye

Der Glaubensbegriff ist mehrdeutig. In der Theologie hat man sich daran gewöhnt, den Glauben als eine selbstständige freie Entscheidung zu betrachten, das heißt als einen Aspekt des Lebens, den man selbst beeinflussen kann. Ich möchte mich hier mit einer anderen, tieferen Ebene des Glaubens befassen, nämlich mit der sogenannten Tugend des Glaubens, also mit dem Kern des Glaubens. Was bedeutet Glaubensweitergabe, wenn es um diesen Kern des Glaubens geht?

Die erste Äußerung des Katechismus der katholischen Kirche zum Thema Glaube ist unerwartet inhaltsreich und zugleich abstrakt. Im Sinne der traditionellen Lehre wird der Glaube zuerst als eine sogenannte theologische bzw. göttliche Tugend definiert: „Der Glaube [fides] ist jene göttliche Tugend, durch die wir an Gott und an all das glauben [credimus], was er uns gesagt und geoffenbart hat und was die heilige Kirche uns zu glauben [credenda] vorlegt. Denn Gott ist die Wahrheit selbst" (Nr. 1814). Da diese Lehre heute in unserem Bewusstsein nicht im Vordergrund steht, empfiehlt es sich, sie genau zur Kenntnis zu nehmen, bevor die Frage nach der Weitergabe des Glaubens gestellt wird.

Drei wesentliche Eigenschaften des Glaubens werden in dieser bündigen Aussage des Katechismus angeführt.

(1) Der Glaube ist eine Tugend. Eine Tugend ist ein Habitus. Ein Habitus ist eine Haltung, das heißt eine Fähigkeit, die weder eine naturgegebene Eigenschaft noch eine aktuell vollzogene Handlung ist, sondern die sozusagen zwischen beiden liegt. Er ist gleichsam eine zweite Natur, eine zusätzliche dauerhafte Fähigkeit, eine verinnerlichte Eigenschaft. Insofern kann der Glaube also nicht eine Entscheidung sein, zumal eine Entscheidung ein Akt und nicht ein Habitus ist. Mir scheint es wichtig, den Glauben (fides) und das Glauben (credere) deutlich voneinander zu unterscheiden, wie das im Lateinischen sprachlich geschieht. Der Glaube bezeichnet somit einen Habitus, während das Glauben aus Ak-

ten besteht.

(2) Der Glaube wird von Gott geschenkt, ‚eingegossen' — wie es bildhaft ausgedrückt wird. „Das Geschenk des Glaubens" (Nr. 1815) entsteht also nicht durch unser Tun, und dennoch sind wir gehalten, ihn [fides] „weiterzugeben" (Nr. 1816). Wenn wir nichts tun, ist der Glaube [fides] „tot" (Nr. 1815; Jak 2,26 wird zitiert: „Der Glaube [ist] tot ohne Werke"). Der Sinn solcher Weitergabe hängt ferner vom Heil ab: Dieser „Dienst und das Zeugnis für den Glauben sind heilsnotwendig" (Nr. 1816). Ihre Notwendigkeit ist also durch das Erlangen des Heils bestimmt.

(3) Der eigentliche Gegenstand des Glaubens ist Gott, und zwar als die Wahrheit selbst. Thomas von Aquin, der die Quelle dieser Glaubenslehre ist, fügt ausdrücklich hinzu, Gott sei der Inhalt des Glaubens gerade als nicht erscheinend.[1] Dabei hält Thomas sich an den Hebräerbrief(11,1), wo es heißt: „Glaube aber ist: Feststehen in dem, was man erhofft, Überzeugtsein von Dingen, die man nicht sieht." Der Glaube ist also eher eine Angelegenheit des Willens als des Verstandes. Es gehört also zur Definition des Glaubensbegriffs, dass man am Geglaubten festhält, obwohl das Geglaubte nicht gesehen wird.[2] Der Gläubige ist demzufolge nicht im Besitz der Wahrheit selbst. Gerade um diese bewusste Unwissenheit geht es im Glauben. Ist die Wahrheit selbst gegenwärtig, entfällt alsbald der Glaube.[3] Denn sobald das Objekt tatsächlich gesehen wird, ist der Glaube überholt; er hat sein Ziel erreicht. Dementsprechend hört der christliche Glaube mit dem Tod auf, besteht ewiges Leben doch in einer Gottesschau, das heißt in der Wahrnehmung der (bislang nur geglaubten) Wahrheit.[4]

Die Begründung für den Glaubensakt (oredere), der sich auf Gott und all das, „was er uns gesagt und geoffenbart hat und was die heilige Kirche uns zu glauben vorlegt", liegt, dem Katechismus gemäß, gerade darin, dass Gott die Wahrheit selbst ist (Nr. 1814)— ein bedenkenswerter Zusammenhang.

In Bezug auf den Glauben haben alle Gläubigen dieselben Voraussetzungen.[5] Es gibt keine individuellen Einfluss- oder Entwicklungsmöglichkeiten. Dementsprechend stellt der Glaube an sich, dem Aquinaten zufolge, keine freie Entscheidung dar[6]. Vielmehr bezeichnet Thomas ihn als einen Instinkt [interiorinstinctus][7], was aber nicht einen Gegensatz zum Willen impliziert, zumal der Gläubige sich in Übereinstimmung mit seiner eigenen (übernatürlichen) Natur befindet: Anima naturaliterchristiana. Die Unterschiede unter den Gläubigen beschränken sich auf die konkreten Einzelwahrheiten [vera], d. h. auf die Dimension des Inhaltlichen, der sog. Materialität des Glaubens.[8] Konkrete Glaubenswahrheiten repräsentieren mithin Explizierungen des Glaubens.[9] Sie sind nicht der eigentliche Glaube selbst. Nur wenn der eigentliche Inhalt des Glaubens als die Wahrheit begriffen wird, kann man verstehen, warum Thomas verlangt, dass jemand, dessen Gewissen es für falsch hält, an Christus zu glauben, gehalten ist, diesen Glauben zurückzuweisen. Verfällt man in den Irrtum, Christus von der Wahrheit abzulösen, so muss man sich unter dieser Bedingung an die Wahrheit halten, das heißt dem eigenen (irrenden) Gewissen gehorchen. Der Glaube an die Wahrheit ist die einzige Begründung des irrenden Gewissens. Das Entscheidende in bezug auf die Erlangung des Heils ist die Beziehung zur Wahrheit. Im Vergleich dazu bleibt alles andere sekundär.

Die Glaubensakte sind aber deshalb keineswegs überflüssig. Zwar bewirkt die Glaubenstugend [fides] die besondere Beziehung zu Gott, und zwar zu Gott als dem Heil. (Weder der Glaube noch das Glauben stellen den Anfang der Gottesbeziehung dar. Diese wird vielmehr vom Glauben im Sinne einer gottgeschenkten Tugend vorausgesetzt.)

Dennoch hat das christliche Glaubensleben die Form eines Weges. Unter der Voraussetzung, dass jemand sein Heil, das heißt seine Erfüllung, anstrebt, sind aktuelle Vollzüge des Glaubens unerlässlich. Ausschlaggebend bei der Frage nach der Bedeutung der Glaubensakte ist die Tatsache, dass der Mensch sein Heil als ein durch und durch geschichtliches Wesen sucht. Durch die individuelle Lebensgeschichte wird das individuelle eschatologische Heil bedingt.

Während das Glauben frei sein kann, liegt der Glaube auf einer tieferen Ebene im menschlichen Dasein als die möglichen Gegenstände einer Willensentscheidung. Er ist vielmehr die Ermöglichung der Freiheit. Hier beschränkt sich unsere freie Selbstbestimmung darauf, ob wir versuchen wollen, den Glauben zu verdrängen oder aufkommen zu lassen. Mit anderen Worten: ob wir uns verwirklichen wollen. Wir sind aber außerstande, ihn wirklich zurückzuweisen. Es geht dabei um eine Harmonie mit sich selbst, und nicht etwa um einen Glaubenssprung über die eigene Natur hinaus. Wenngleich sie übernatürlich ist, vollzieht sie sich im Innern des Menschen, wo Verwirklichungen der menschlichen Natur sich vollziehen. Dementsprechend stellt der Glaube an sich nach Thomas von Aquin keine freie Entscheidung dar.[10] Aber anhand von konkreten geoffenbarten Wahrheiten [oredibilla] können wir den Glauben frei und ausdrücklich nachvollziehen. Die Tugend des Glaubens liegt der Bejahung dieser Glaubenswahrheiten zugrunde. Wie schon gesagt, verhält er sich vielmehr wie ein Instinkt, was aber alles andere als Widerwilligkeit bedeutet, zumal der Gläubige sich in Übereinstimmung mit seiner eigenen (übernatürlichen) Natur befindet.

Für die Frage nun nach der Weitergabe des Glaubens ist der Gedanke des Thomas von Aquin hilfreich, dass die Lebenssituation insgesamt metaphorisch als eine Lernsituation charakterisiert werden kann, wobei der Mensch den Schüler und Gott den Lehrer — hier nicht, wohlgemerkt, die zu lernende Wahrheit — repräsentiert.[11] Wenn Thomas nicht die Frage nach der Notwendigkeit des Glaubens behandelt, betrachtet er Gott als den eigentlichen Inhalt bzw. Gegenstand des Glaubens, aber dann geht es um den Glaubenshabitus [fides] und nicht um den Glaubensakt [oredere]. Was im Deutschen durch den Glauben und das Glauben unterschieden wird, ist im Lateinischen deutlicher, zumal es kein Verb zu fides gibt. Fides ist eben selbst nicht ein Akt. Der der fides zugeordnete Akt heißt entweder oredere (innerlich) oder confiteri (äußerlich). Thomas bezeichnet die Wahrheit selbst [veritas prima][12], im Unterschied zu konkreten Einzelwahrheiten [Vera], als den Inhalt des Glaubens. Gott ist der Gegenstand, just weil er die Wahrheit ist[13]. Diese Lehre des Katechismus mag überraschen.

Bei der pädagogischen Analogie ist darauf zu achten, dass ein Lehrer nicht für jede Art des Lernens erforderlich ist, sondern nur für solches Lernen, das prozesshaft vor sich geht, beispielsweise das Erlernen einer bestehenden Wissenschaft. Demgemäß ist Glauben ein Weg.[14] Die aufgrund des Glaubens gewonnene Erkenntnis wird demnach in Form einer Entwicklung erworben. Eine solche Art des Lernens ist angewiesen auf einen vertrauenswürdigen Lehrer, der selbst bereits im Besitz der Grundsätze seiner Wissenschaft ist. Und gerade diese Analogie wählt Thomas, um die Notwendigkeit des Glaubens verständlich zu machen:

„Um zur vollendeten Schau der Glückseligkeit zu gelangen", sagt er, „ist es vorher erforderlich, daß der Mensch Gott (Dativ) so glaubt, wie der Schüler seinem Lehrer glaubt."[15]

Da die theologische Tugend sich auf die Wahrheit schlechthin bezieht, ist es klar, dass die christliche Theologie mehr beinhaltet als nur das spezifisch Christliche, das heißt mehr als die Offenbarung. Theologie ist mehr als nur das rezeptive Hören und Bedenken der Offenbarung. Sagen, Offenbaren, Vorlegen: Dieses Äußerliche ist aber nicht die Tugend des Glaubens, sondern ihre Vergegenwärtigung. Was von der Offenbarung und der Kirche stammt, sind credend[16], also nicht fides. Was nun die konkreten Wahrheiten angeht, so lehrt Thomas, dass die Glaubenswahrheiten Entfaltungen bzw. Explizierungen des Glaubens darstellen.[17] Dabei ist der Glaube für ihn nicht primär, sondern eigentlich nur sekundär mit der biblischen Offenbarung verknüpft: „Alles, was in der göttlich überlieferten Schrift enthalten ist", sagt er, „verhält sich auf beiläufige oder sekundäre Weise zum Gegenstand des Glaubens."[18] Die geoffenbarten Glaubenswahrheiten verhalten sich zum eigentlichen Glauben (fides) in der Weise, wie konkrete Beispiele sich zur allgemeinen Einsicht verhalten.[19] Sie sind nämlich Anlässe. Anhand weniger Beispiele fällt oft der Groschen, etwa wenn ein Lehrer sich bemüht, einem uneinsichtigen Schüler ein abstraktes Prinzip beizubringen, wie beispielsweise, dass der Teil immer kleiner als das Ganze ist, oder das Prinzip des ausgeschlossenen Dritten. Einzelne Glaubenswahrheiten lassen sich zwar nicht aus der Wahrheit selbst schlussfolgern, doch vergegenwärtigen sie diese Wahrheit. Wir glauben Gott (credere Dcc), just weil er die Wahrheit ist, an die wir glauben.

Thomas vergleicht den Inhalt des Glaubens mit der Gesundheit als Objekt der Medizin.[20] Einerseits ist Gesundheit alles, womit der Arzt sich beschäftigt, andererseits ist sie gleichsam nichts; sie ist nämlich das Fornialobjekt all seiner einzelnen Bemühungen. Wenn der Arzt Gesundheit wirklich will, muss er auch etwas Konkretes wollen und tun. Im Bereich der Erkenntnis ist das Formalobjekt das, wodurch etwas erkannt wird. Die Lichtanalogie ist hier hilfreich. Licht kann man als das Formalobjekt der Farben betrachten. Die Farben konkretisieren das Licht, sind nichts anderes als Licht, während das Licht selbst unsichtbar bleibt. Das Glaubenslicht [lumen fidei] verhält sich in analoger

Weise zu den einzelnen Glaubenswahrheiten. Die Einzelwahrheiten des Glaubens sind wie das Material [causa materialis]. „Im Gegenstand des Glaubens gibt es etwas gleichsam Formales, nämlich die Wahrheit selbst", stellt der Aquinate fest, „und etwas Materiales, nämlich das, zu dem wir aufgrund unseres Festhaltens an der Wahrheit selbst zustimmen."[21] Man kann dies mit der Bedeutung der Sätze, die Sie jetzt lesen, und der Tinte, mit der sie gedruckt worden sind, vergleichen. In Ihrer Hand halten Sie jetzt das Material, in Ihrem Denken haben Sie dessen Bedeutung. Der Glaube ist eine zustimmende Haltung, das heißt eine Willensbejahung, aber ohne dass man das erfasst, wozu man zustimmt. Man darf also die rettende theologische Tugend des Glaubens nicht mit dem Glaubensbekenntnis, das sich auf einzelne Glaubenswahrheiten bezieht, gleichsetzen. Mit anderen Worten: der Glaube und das Glauben muss klar voneinander unterschieden werden.

Im jetzigen Zustand geht es darum, dass der Wille auf Gott gerichtet ist, und diese Ausrichtung leistet der Glaube. Die Gottesbeziehung der Glaubenstugend findet im wesentlichen im Willen statt, ist also weder Gnosis noch Philosophie. In diesem Leben geht es nicht darum, Gott zu erkennen, geschweige denn zu erfahren, sondern ihn zu lieben, bzw. ihn nach und nach lieben zu lernen. Die Neuwortbildung ‚Glaubenserfahrung' die bei vielen Theologen als unangezweifelter Grundbegriff vorausgesetzt wird, ist eigentlich ein Oxymoron, wenn man sie auf den Glauben als theologische Tugend bezieht.

Wenn Thomas sich mit der Frage konfrontiert, warum es notwendig ist zu glauben, wird nun der Akt des Glaubens in den Blick genommen. Im Vergleich zu seinen früheren Behandlungen dieser Frage, bei denen er diese im Zusammenhang mit einer Abhandlung über Glauben im substantivischen Sinne, das heißt als fides, erörtert hat, repräsentiert dieser Ansatz, bei dem die Verbform, das heißt credere, zugrunde gelegt wird, eine neue Konzeption.[22] Genau genommen bezieht sich die Frage, warum es notwendig ist zu glauben, nicht mehr auf die Tugend des Glaubens (fides), sondern auf seinen zeitlichen, akthaften Vollzug (credere). Der Unterschied ist nicht unwesentlich. Glauben (als Verb) bezeichnet den konkreten Glaubensvollzug; und dieser konkrete Vollzug wird ermöglicht, so Thomas, durch die höchste Abstraktion. Es ist die Fähigkeit zu abstrahieren, das konkret Gegebene also zu umfassen und zu übersteigen, was die Gottesbeziehung ermöglicht.

Betrachten wir die Argumentation näher, so zeigt sie eine unerwartete Offenheit. Denn der springende Punkt liegt in der Tatsache, dass wir einen Wirklichkeitsbegriff haben. Bei jeder Wirklichkeit sind wir imstande, eine Transzendenz auf die Wirklichkeit selbst, also auf Gott, zu erkennen, darüber zu staunen und danach zu streben.[23] Die fundamentale Gottesbeziehung wird weder durch den Glauben erst begründet, noch schließt sie ihn aus. Glauben ist demnach nicht erforderlich, um überhaupt in Beziehung zu Gott zu treten, sondern erhält erst den Charakter einer Notwendigkeit für Thomas, wenn die Gottesbeziehung eschatologisch betrachtet wird.[24] So umfassend ist der Glaube, dass er alle Wirklichkeit umgreift, ist sein Horizont doch die Wahrheit selbst.

Glaube ist der erste bewusste, und damit menschliche, Kontakt zu Gott, und zwar nicht unmittelbar, etwa in einer Gotteserfahrung, sondern in der Bewegung zu Gott hin.[25] Gewiss, ein Glaubensakt kann sich an der Wirklichkeit Jesu Christi entzünden, aber er kann in rudimentärer Weise schließlich an jedweder Wirklichkeit entstehen. Thomas kennt die Idee des impliziten Glaubens — wobei es kaum eine Vereinnahmung oder Vergewaltigung ist, wenn man unterstellt, dass ein Mensch damit an die Wahrheit glaubt.[26] Die Aufgabe des aktiven Glaubens liegt somit in der beständigen Aufrechterhaltung des sich nicht zufrieden gebenden Suchens; der letzte Sinn dieser Aufgabe besteht allerdings im erstrebten Glück, das heißt im Heil. Der Glaube ist seinem Wesen nach etwas Vorläufiges; er wirkt auf seine eigene Aufhebung hin, nämlich in der ewigen Schau der Wahrheit selbst. Er ist genauso sterblich wie der Leib. Stirbt der Leib, so endet mit ihm der Glaube — Religion ist ja mehr als Glauben. Glauben macht zwar nicht glücklich, aber um wahrheitsgemäß in der Wirklichkeit — was nicht auf unser gegenwärtiges geschichtliches Leben eingeschränkt ist — glücklich zu werden, ist es eine notwendige Voraussetzung. Der Glaube bedeutet, dass man sich noch in einem Status des Unterwegsseins befindet. Glaube hat die Form von Verlangen, und zwar geschenktem Verlangen. Solange man sich im vorläufigen Zustand des Glaubens befindet, kann man keine endgültige Ruhe finden.

Vor diesem Hintergrund stellt sich nun die Frage, wie man einen Habitus, der von Gott stammt, weitergibt. Es ist anregend, zur Kenntnis zu nehmen, wie die alten Griechen, denen wir die Idee der Pädagogik verdanken, die Erziehung zu einem Habitus verstanden haben.

In seinem Höhlengleichnis schildert Platon den Weg der Erziehung zur Wahrheit. Es ist ein steiler Aufstieg, der nur mit Zwang und Schmerz gegangen werden kann. Selbst das Licht der Wahrheit tut zunächst weh, selbst bei der ersten einführenden Stufe:

„Nun denke dir, wie es ihnen ergeht, wenn sie frei werden, die Fesseln abstreifen und von der Unwissenheit geheilt werden. Es kann doch nicht anders sein als so. Wenn einer losgemacht wird, sofort aufstehen muß, den Hals wenden, vorwärtsschreiten und hinauf nach dem Licht schauen muß — das alles aber verursacht ihm natürlich Schmerzen, und das Licht blendet ihn so, daß er die Gegenstände, deren Schatten er bis dahin sah, nicht erkennen kann. [...] Und zieht man ihn gar den rauhen steilen Ausgang mit Gewalt hinauf und läßt nicht ab, bis man ihn hervor ins Sonnenlicht gezogen hat, so steht er doch Qualen aus, wehrt sich unwillig, und, ist er oben im Licht, so hat er die Augen voller Glanz und kann kein einziges von den Dingen sehen, die wir wirklich nennen."[27]

Wenn die Wahrheitsschau durch Gewöhnung schließlich zum Habitus geworden ist, wird der Befreite glücklich und will mit den Gefangenen niemals tauschen. Platon legt also Gewalt bei der Erziehung zugrunde.

Gleichfalls plädiert Aristoteles bezüglich der Erziehung zur Tugend bei Jugendlichen für die Anwendung von Zwang mit Hilfe von gesetzlichen Restriktionen. Er geht davon aus, dass ein Jugendlicher seine Einsicht kaum in die Tat umsetzen wird. „Ein junger Mensch [...] ist geneigt, den Leidenschaften zu folgen," konstatiert er, „und wird darum ohne Zweck und Nutzen zuhören, da ja das Ziel hier nicht die Erkenntnis, sondern das Handeln ist."[28] Der Appel an die Vernunft ist also von vornherein eitel. Man muss einen ungewöhnlich festen Charakter haben, wenn die eigene Einsicht mehr Einfluss auf den Willen als der Druck der Anpassung an die Umwelt haben sollte. Wie man vorzugehen hat, erläutert Aristoteles in einem klassischen Text:

„Rede und Belehrung werden wohl nicht bei allen Menschen wirken, sondern zuvor muß die Seele des Hörers durch Gewöhnung bearbeitet werden, daß sie sich in rechter Weise freut und haßt, so wie man die

Erde bearbeitet, die den Samen pflegen soll. Denn wer gemäß der Leidenschaft lebt, wird nicht auf warnende Worte hören, ja sie nicht einmal verstehen. Wie will man aber den umstimmen, der sich so verhält? Ganz allgemein scheint die Leidenschaft nicht dem Wort zu weichen, sondern nur der Gewalt. Es muß also der Charakter schon in gewisser Weise zuvor der Tugend verwandt sein, das Schöne lieben und das Schimpfliche verabscheuen. Aber von Jugend auf eine rechte Erziehung zur Tugend zu erhalten ist schwer, wenn man nicht unter entsprechenden Gesetzen aufwächst. Denn besonnen und abgehärtet zu leben ist für die meisten nicht angenehm, und erst recht nicht für junge Leute. Also müssen Erziehung und Beschäftigungen durch Gesetze geregelt sein. Denn das, woran man sich gewöhnt hat, ist nicht mehr schmerzlich. Aber es reicht vielleicht nicht, daß die Menschen, solange sie jung sind, die rechte Erziehung und Fürsorge erhalten, sondern da man auch als Männer diese Gewohnheiten weiter behalten soll, so bedürfen wir auch dazu der Gesetze und schließlich für das ganze Leben. Denn die meisten gehorchen eher dem Zwang als der Rede und Strafen eher als dem Edlen."[29]

Man gewöhnt sich an die durch Zwang vollzogenen Akte und verbessert dadurch die Rahmenbedingungen für das Entstehen des entsprechenden Habitus. Insofern gibt es eine gewisse Abhängigkeit des Habitus von den jeweiligen Akten.

Auch das Christentum kennt eine herausfordernde Erziehung. Im Gleichnis von den Talenten (Mt 25, 14-30) sagt der ängstliche Knecht, „Herr, ich wusste dass du ein harter Mann bist" — was sich dann auch als zutreffend erweist. Und mit dem jungen Mann, der zumindest scheinbar bereit war, sein Bestes zu geben, und Jesus fragt, was er noch tun könnte, ist Jesus beileibe nicht zimperlich umgegangen. Schließlich treibt die Antwort Jesu den jungen Mann mit Hilfe der sittlichen Gebote sehr konkret zur Kapitulation: „Als der junge Mann das hörte, ging er traurig weg" (Mt 19, 22). Und selbst die Jünger waren entmutigt: „Als die Jünger das hörten, erschraken sie sehr und sagten: Wer kann dann noch gerettet werden?" (Mt 19, 25) Eine sicherlich anspruchsvolle Pädagogik — für diejenige Person, die in der Lage ist, sie zu verkraften. Man kann sich hier auch den Text des Paulus in Erinnerung rufen: „Wen der Herr lieb hat, den züchtigt er; er schlägt jeden Sohn, den er annimmt. Zum Zuchtmittel dient es, was ihr zu ertragen habt; wie mit Söhnen verfährt Gott mit euch; denn wo wäre ein Sohn, den der Vater nicht erzieht?" (Hebr. 12, 6—7)

Ebenfalls der klassischen Aufklärung, die die Vernunft verherrlicht, ist das Problem von Zwang in der Erziehung zur Freiheit durchaus bekannt. Immanuel Kant etwa schreibt:

„Eines der größten Probleme der Erziehung ist, wie man die Unterwerfung unter den gesetzlichen Zwang mit der Fähigkeit, sich seiner Freiheit zu bedienen, vereinigen könne. Denn Zwang ist nötig! Wie kultiviere ich die Freiheit bei dem Zwange? Ich soll meinen Zögling gewöhnen, einen Zwang seiner Freiheit zu dulden, und soll ihn selbst zugleich anführen, seine Freiheit gut zu gebrauchen. Ohne dies ist alles bloßer Mechanismus, und der der Erziehung Entlassene weiß, sich seiner Freiheit nicht zu bedienen. Er muß früh den unvermeidlichen Widerstand der Gesellschaft fühlen, um die Schwierigkeit, sich selbst zu erhalten, zu entbehren und zu erwerben, um unabhängig zu sein, kennenzulernen."[30]

Selbst in der schönen Musik bleibt einem begabten Sänger ein „Leidensweg" nicht erspart. Junge Menschen können es schaffen, bemerkte Luciano Pavarotti nüchtern, „wenn sie richtig leiden und kämpfen müssen, um große Sänger zu werden". Bei guten Spielern gilt dieselbe Regel. Der ehemalige Bundestrainer der deutschen Fußballnationalmannschaft Jürgen Klinsmann mahnte die Spieler an, das Training müsse wehtun. Die Weitergabe des Glaubens weist außerdem Ähnlichkeiten mit der Weitergabe einer Muttersprache auf. Auch die Muttersprache ist ein Habitus. Von Natur aus hat man eine Veranlagung zur Sprache, aber die Muttersprache wird erlernt und verinnerlicht, sodass sie ein Teil der eigenen Person ist. Wie erzieht man ein Kind zur Muttersprache? Das ist wie die Frage, wie man einem Neugeborenen das Säugen beibringt. Jedenfalls darf man nicht zu liberal und tolerant sein. Es wäre widersinnig, zu warten — aufgeklärt und anti-autoritär —, bis das Kind alt genug ist, um seine Muttersprache selber frei zu wählen, hätte es dann bestimmt überhaupt keine Muttersprache, aber wohl schwerwiegende Geistesstörungen. Und außerdem wäre es völlig außerstande, eine Sprache zu wählen, da es keine Sprache hat und vermutlich so gut wie nichts versteht. Mehr oder weniger sanft, aber dezidiert und völlig autoritär wird ihm die Muttersprache Schritt für Schritt beigebracht. Jedes Wort sowie jede grammatikalische Struktur wird einfach auswendig gelernt — natürlich auch zuweilen mit Freude. Hat es eine Sprache einigermaßen beherrscht, kann es damit kreativ umgehen und Sätze bilden, die es selbstständig bestimmt. Hätte man keine Sprache gelernt, wäre das Leben eine Katastrophe. Zum Erlernen der Muttersprache selbst gehört aber Zwang. Daß im Islam so viel Wert darauf gelegt wird, Texte auswendig zu lernen, auch dann, wenn man Arabisch nicht versteht, könnte für Christen ein Anlass zum Nachdenken bieten.

Weder soll man den Willen des Kindes brechen, noch soll man seine Leidenschaften abtöten. Die Erziehung dient statt dessen der Begünstigung des Willens. Das Schlimmste und gerade das Gegenteil zum Glauben ist das Laster der Akedia, das heißt der Gleichgültigkeit bezüglich des Sinnes des Leben. Denn der Widerspruch zur eigenen Natur liegt tiefer als der Atheismus. Weitergabe des Glaubens als zweite Natur kann nur die Form eines Aufwachens haben. Werde, wer du naturgemäß bist. Ein Pädagoge, der die Wahrheit (im abstraktesten Sinne) nicht liebt, kann unmöglich den christlichen Glauben weitergeben und jemanden zum christlichen Glauben erziehen, einerlei wie gut seine praktischen Methoden sind. Christliche Werte sind nicht nur Überzeugungen, sondern Realitäten. Wenn sie für die nächste Generation nicht bloß Ideen bleiben, sondern zu einer Haltung, das heißt einem Habitus, werden sollten, dann müssen sie durch Gewöhnung einverleibt werden, auch schon bevor die Vernunft sie realisieren kann.

---

1 Vgl. Thomas von Aquin, De veritate, Frage 18, Artikel 3 corpus: "Ipsa enim veritas prima, prout est non apparens, est fidei obiectum."

2 Vgl. ders., Summa theologiae, 11—11, Frage 2, Artikel 10, zu 2; De veritate, Frage 14, Artikel 3, zu 6; ebd., Artikel 9 corpus: "Fidei obiectum proprie est id quod est absens ab intellectu. creduntur enim absentia, sed videntur praesentia."

3 Vgl. ders., De veritate, Frage 14, Artikel 3, ad6.

4 vgl. ders., De veritate, Frage 14, Artikel 8, zu 3; Artikel 9 corpus.

5 hac parte fides non diversificatur in credentibus, sed est una specie in omnibus." Ders., Summe theologiae, 11—El, Frage 5, Artikel 4.

6 Vgi. ebd., Frage 6, Artikel 1.

7 Vgl. ebd., Frage 2, Artikel 9, ad 3.

8 obiecto fidei est aliquid quasi formale, scilicet veritas prima super omnem natura-
lem cognitionem creaturae existens; et aliquid materiale, sicut id cui assentimus
inhaerendo primae veritatae." Ders., Summe theologiae, 11—11, Frage 5, a. 10. Vgl.
ebd., Frage 7, a. 1, ad 3; Frage 1, a. Ic.

9 "Explicatio credendoruni fit per revelationem divinam." Ebd., Frage 2, a. 6c.

10 Vgl. ders., Summa theologiae, 11—11, Frage 6, Artikel 1 corpus.

11 •

12 Vgl. u. a. ders., Surnma theologiae, 11—11, Frage 1, Artikel lc; De veritate, Frage 14,
Artikel 8. Alberto Galli, "L'oggetto della Fede secondo 5. Tommaso", Sacra Doctri-
na, 34(1989), 197—218, will veritas prima mit der Offenbarung verknüpfen, gibt
jedoch keine Textbelege für eine solche Einschränkung an.

13 "Ponitur actus fidei credere deo, quia, formale obiectum fidei est veritas prima, cui
inhaeret homo ut propter 14eam creditis assentiat." Thomas von Aquin, Summa
theoloqiae, 11—11, Frage 2, Artikel 2, corpus.

14 credendi". Ders., De veritate, Frage 14, a. lOc. Vgl. ebd., ad 3; In BoethiiDetrinitate,
Frage 3, a. Ic: "via fidei".

15 "Unde ad hoc quod homo perveniat ad perfectam visionem beatitudinis praeexigi-
tur quod credat Deo tamquam discipulus magistro docenti." Ebd.

16 VgI. Kathechismus der katholischen Kirche, Nr. 1814.

17 Vgl. Thomas von Aquin, Summa theologiae, 11—11, Frage 2, Artikel 6 corpus.

18 "Per accidens autem vel secundario se habent ad obiectum fidei omnia quae in
Scriptura divinitus tradita continentur." Ebd., Artikel 5 corpus.

19 Vgl. ders., in Boethii De trinitate, Frage 3, Artikel 1, zu 4.

20 Vgl. ders., Summa theo!ogiae, 11—11, Frage 1, Artikel 1.

21 Ebd., Frage 5, Artikel 1 corpus; ebd., Frage 7, Artikel 1, zu 3; ebd., Frage 1, Artikel 1 corpus; (nil! Sententiarum, dist. 24, Frage 1, Artikel 1, sol. 1, zu 1.

22 VgI. W. J. Hoye, "Der Grund für die Notwendigkeit des Glaubens nach Thomas von
Aquin", in: Theologie und Philosophie, 70(1995), 374—382.

23 Vgl. W. J. Hoye, Liebgewordene theologische Denkfehler (Münster 2006), 41—47.

24 Vgl. Thomas von Aquin, Summa theologiae, 1, Frage 1, ArtikelS corpus; 11—11, Frage 2, ArtikelS. In der Zukunftsorientiertheit, und nicht zum Beispiel in Gott oder
christus, geschweige denn in der Kirche, liegt das Spezifische der übernatürlichen
Tugend des Glaubens im unterschied zum Glauben im allgemeinen. Vgl. ebd., Frage 4, Artikel 1 corpus; Artikel 7 corpus.

25 "Actus fidei est primus motus mentis in Deum." Ders., In Boethii De trinitate, Frage 3, Artikel 2 corpus (5).

26 Vgl. ebd., Frage 1, Artikel 7; Frage 2, ArtikelS; Frage 5, Artikel 4 corpus; De veritate, Frage 14, Artikel 11.

27 Platon, Der Staat Buch vn.

28 Aristoteles, Nikomachische Ethik, Buch 1, Kap. 1.

29 Aristoteles, Nikomachische Ethik, Buch X, Kap. 10.

30 Kant, Über Pädagogik, herausgegeben von D. Friedrich Theodor Rink. Königsberg: Friedrich Nicolovius, 1803, A 32.

Starke und schwache Mystagogie

Zwei Wege, die sich treffen

Eckhard Nordhofen

I. Entmächtigung

Es gibt Obertöne, die selbst an der Grenze der Hörbarkeit liegen, für manche Ohren gar ganz unhörbar sind, von denen aber – das wissen Organisten und Orgelbauer – aller Glanz der Musik abhängen kann. Treffsicher haben Karl Rahner und Peter Knauer den Glauben mit dem Hören in ursächlichen Zusammenhang gebracht: Der Glaube kommt vom Hören.

Die Realität des Gottes, von dem die Bibel spricht, liegt wie ein Oberton über allem Geräusch und aller Musik. Diese Metaphorik verwendet auch Benedikt XVI., der bei seinem jüngsten Besuch in Bayern vom Hören gesprochen hat, von der Frequenz Gottes und von der Schwerhörigkeit. Der göttliche Oberton, durchgehalten wie das Grundrauschen des Alls.

Manchem mag er sogar wie ein Tinnitus lästig werden. Er ist in der Gefahr, vom Geräusch der religiösen Renaissancen übertönt zu werden. Die vielstimmigen religiösen Melodien, die sich gegenseitig überlagern und zu übertönen suchen, wie wenn vor dem Konzert im Orchester jeder eine andere Weise bläst, fiedelt und trommelt, vermischen sich zu einem anschwellenden Lärm.

Benedikt hat mit seiner provokanten Prägung von der „Diktatur des Relativismus"[1] den westlichen intellektuellen Mainstream herausgefordert. In den Feuilletons und Talkrunden regiert in der Tat ein Mentalitätstyp, der mit unwilligem Erstaunen nicht umhin kann, die „Wiederkehr der Religionen" zur Kenntnis zu nehmen, der aber aus einer zementierten Beobachterposition die jeweiligen Wahrheitsansprüche der einzelnen Religionen, mögen sie ausdrücklich erhoben oder performativ gelebt werden, registriert und ein Tableau von Gegenbesetzungen aufmacht, damit sie sich gegenseitig aufheben und damit entschärfen.

Die von Marx, Nietzsche und Freud inspirierten Prognosen und Totsagungen der Religion haben sich zwar nicht bewahrheitet, aber die ältere Säkularisierungsthese überlebt in einem affirmativen Relativismus, der sich mit der Persistenz des Religiösen irgendwie abfinden muss, sich angesichts des Plurals von Wahrheitsansprüchen aber berechtigt hält, die Wahrheitsfrage gerade nicht zu stellen. Odo Marquards „Lob des Polytheismus"[2] liefert das bekannteste Beispiel für die relativistische Gegenbesetzungstechnik. Wer Odo Marquards Schriften aufmerksam liest wird feststellen, dass es sich hier nicht um eine ernsthafte Theorie handelt, sondern um ein Gedankenspiel, das aus der Kontingenz von Marquards Lebensgeschichte verständlich wird. Marquard ist ein Angehöriger der „skeptischen Generation". Seine Skepsis ist habituell und zu einer philosophischen Position ausgebaut worden. In pervertierter Form hatte die NS-Ideologie den Singular gesteigert: „Ein Volk – ein Reich – ein Führer". Marquard war in diesem monistischen Glauben auf einer „Adolf-Hitler-Schule" erzogen worden, und fühlte sich mit Recht betrogen und verführt. Hinter seiner Skepsis steckte die Erfahrung eines mörderischen Totalitarismus, daraus kann die tief gegründete Überzeugung entstehen: Wahrheit im Singular ist böse. Die relativistische Gegenbesetzung wird wie eine Lebenskunstregel empfohlen, die es vermeidet, die Wahrheitsfrage auch nur zu stellen.

Hans Jonas, einer der Wortführer der laufenden Säkularisierungsdebatte, verteidigt die Legitimität und das Recht, Wahrheitsfragen nicht nur zu stellen, sondern auch zu beantworten mit dem starken Argument, dass Wahrheit und Kontingenz durchaus überein kommen können. Wer etwa in dem einen und einzigen Leben, das er bewusst und Entscheidungen treffend gestalten kann, seine Entscheidung für einen Lebenspartner trifft, den wird das Argument kaum beeindrucken, dass die Umstände, unter denen man sich begegnet ist, genauso gut auch hätten ganz andere sein können, dass somit die Partnerschaft kontingent und zufällig sei. Im Falle der Gottes-und Wahrheitsfrage kommt hinzu, dass der Mensch, der ein solches Gegenüber anerkennt, zu dieser Anerkennung nur bereit ist, wenn er davon überzeugt ist, dass dieses Gegenüber nicht eine Projektion seiner eigenen Wünsche und Bedürfnisse, sondern ein Gegenüber eigenen Rechts ist. Eine wirksam-wirkliche Wirklichkeit[3].

Der Singular des einen Gottes ist die Herausforderung der zeitgenössischen Religionsdebatten. Die Frage, wie sich Kontingenz der vielen Kulturen und der singuläre Wahrheitsanspruch zueinander verhalten, ist die zentrale theologische Frage der Moderne.

Diese zunächst theologische Frage hat sich längst als eine zutiefst politische entpuppt. Man muss kein Anhänger der Huntington-These vom Kampf der Kulturen sein, man muss auch nicht religiös musikalisch sein, um zu erkennen, welche Brisanz die Frage nach der Legitimation der Wahrheitsfrage hat. Der Verdacht, dass es einen konstitutiven Zusammenhang zwischen Religion und Gewalt gebe, scheint durch die vielen religiös motivierten Gewaltexzesse der Vergangenheit und der Gegenwart gut belegt zu sein. Diese Denkfigur macht die Vision plausibel, dass wer die Religion hinter sich lässt, die primäre Quelle der Gewalt zum Versiegen gebracht hat. Hier kann man auch deutlich sehen, welche Aktualität die Säkularisierungsdebatte hat. Wer wie Hans Joas, der mit dieser Überzeugung weiß Gott nicht alleine steht, der Ansicht ist, dass die ältere Säkularisierungsthese schon immer falsch war, oder wer darüber hinaus Religion für ein anthropologisches Proprium hält und, ironisch oder nicht, davon spricht, dass der Mensch „unheilbar religiös" sei, für den kann es kein ernsthaftes Argumentations-und Aktionsziel mehr sein, die Religion zu beseitigen, sondern er muss die Frage anders stellen. Wenn mit der Persistenz von Religion vorderhand noch oder überhaupt zu rechnen ist, dann heißt die Frage, ob der in der Geschichte sichtbare Zusammenhang von Religion und Gewalt ein notwendiger und zwingender ist. Anders formuliert, welche religiösen Traditionen sind mit Krieg und Gewalt verschwistert und welche nicht? Genauer: Gibt es einen Zusammenhang von Wahrheitsfrage und Gewaltbereitschaft? Wer die Bibel mit dem für solche grundlegenden Fragen geschärften Blick liest, wird Beispiele für beide Traditionen finden.

Aus der Perspektive eines Religionsgeschichtlers kann die Genese des Monotheismus im Alten Testament als das Ergebnis einer Religionskritik beschrieben werden. Die biblische Aufklärung geht dem Verdacht nach, dass die Götter des alten Kanaan wie überhaupt die Götter, die dann auch Götzen genannt werden, nicht existent, „Nichtse" sind, weil sie selbst gemacht sind. Sie sind durchschaut als Verlängerung menschlicher Interessen und Bedürfnisse. Der ganz andere und neue Gott des alten Israel, ist darin der „ganz Andere", dass er nicht selbst gemacht ist.

Im Verhältnis Gottes zu den Menschen steht das Erkenntnisproblem im Vordergrund. Genauer gesagt die vorenthaltene Erkenntnis. In der Paradiesesgeschichte steht der „Baum der Erkenntnis von Gut und Böse" (Gen. 2,9) für diese Vorenthaltung. Alleswissen und Alleskönnen hängen eng zusammen. Die All-Prädikationen „allmächtig" und „allwissend" haben eine gemeinsame Wurzel. Gott ist allmächtig, der Mensch aber nicht. Gott ist allwissend, der Mensch aber nicht. Dies ist die entscheidende, die entmächtigende Differenz. In dieser Differenz macht die Religionsgeschichte einen Qualitätssprung. Der Übergang von Polytheismus zum Monotheismus, der gewiss in vielen Stufen erfolgt ist und nicht von einem Tag auf den anderen, hat eine deutliche und gute lesbare Spur der Entmächtigung hinterlassen. Der Gott, dessen Offenbarung in der Mitteilung seiner Vorenthaltungen besteht, ist die zentrale Agentur der Entmächtigung. Durch den Gedanken, dass die Vorenthaltung der Eschata die Tat Gottes ist, dass Alleswissen und Allmacht göttliche Reservate bilden, dass Gott, der Hintergrund des Seins und Schöpfer der Welt ist, wird Gott zum Mysterium. An diese Tatsache muss die Religionspädagogik erinnert werden.

Ihre wichtigste Anstrengung muss es sein, dieses monotheistische Mysterium, den Glutkern des biblischen Gottesverständnisses in den Mittelpunkt ihrer Bemühungen zu stellen. Von daher ist es sehr zu begrüßen, dass der Begriff „Mystagogie" eine gewisse Renaissance erfahren hat.

2. Mystagogie

Bischof Franz Kamphaus hat in seiner bemerkenswerten Rede zum Islam am 15. November 2006 in Mainz den qualitativen Unterschied zwischen dem Christentum und den monotheistischen Religionen (hier dem Islam) herausgestellt, die von einer Gottespräsenz in der Schrift ausgehen. Die Orientalistin Annemarie Schimmel spricht von „Inlibration" oder „Illibration" und bildet den Begriff parallel zur christlichen Inkarnation. Kamphaus macht deutlich, dass es die Person Jesu ist, die als Maßgröße für das Christentum gilt. Die „Heilige Schrift" erst insofern, als sie das maßgebliche Dokument für das Leben Jesu darstellt. Er spricht vom Säurebad der historisch-kritischen Exegese, die das Christentum in den Stand setzt, mit den Rationalitätsanforderungen der Moderne Schritt zu halten und sie mit zu formulieren. In der Fixierung auf einen zeitbedingten Text des 7. Jahrhunderts, den Koran, hat der Islam so lange ein entscheidendes Modernisierungshindernis, wie es nicht gelingt, die hermeneutischen Standards, die aus der menschlichen, und nach christlicher Überzeugung auch göttlichen Vernunft, stammen, auch auf dieses Buch anzuwenden. Dies ist auch die Frage, die Papst Benedikt XVI. in seiner Regensburger Vorlesung gestellt hat[4]. Fides et ratio – wie verhält sich der Glaube zur Vernunft? Diese Prägung stammt schon von Johannes Paul II. und ist der Titel seiner bedeutenden Enzyklika aus dem Jahre 1998 zu diesem Thema. Entscheidend ist der Fortschritt in der Religionsgeschichte, der mit der Schriftkritik einhergeht und der in der Formulierung von Joh. 1,14 „Und das Wort ist Fleisch geworden" auf den klassischen Punkt gebracht wird. Der Ort Gottes ist nicht der Buchstabe, von dem Paulus sagt, dass er tötet, sondern der Mensch und sein „Fleisch". Der Mensch ist das eigentliche Gottesmedium, es ist möglich, Gottes Geist im Menschenfleisch präsent zu machen. Jesus hat es vorgemacht und alle, die ihn nachahmen, können versuchen, es ihm gleichzutun.

Dem Begriff Mystagogie und auch der Sache, die er meint, schlägt ein durchaus berechtigtes Misstrauen entgegen. Manche hören aus ihm eine Lizenz zum Obskurantismus heraus, und dieser Verdacht ist auch, mit Blick auf den antiken Ursprung des Begriffes, durchaus berechtigt. Die Mysterien von Eleusis und Samothrake waren Geheimlehren bzw. Geheimkulte, in welche der Mystagoge die Adepten einzuführen hatte.[5] Der entscheidende Unterschied zur Verwendung des Begriffs in der Theologie unserer Tage liegt im Begriff des Mysterions. Der den semantischen Kern des Wortes „Mystagogie" ausmacht. Der zweite Bestandteil ist aus der Parallelbildung „Pädagogik" gut bekannt. Das geheime Wissen und die Kenntnis des korrekten Rituals waren in der Tat lehrbar. Dieses Amalgam von knowing that und knowing how war nur der Öffentlichkeit vorenthalten, den Eingeweihten aber am Ende zugänglich. Für die Eingeweihten war das Geheimnis beseitigt. Das Mysterion im modernen (Rahnerschen) Verständnis geht aber von einer prinzipiellen Vorenthaltung aus, terminologisch ist meist vom eschatologischen Vorbehalt die Rede. Die Mystagogie im antiken Sinn hat die Form des Rätsels. Ein Rätsel ist lösbar. Mystagogie im Sinne der monotheistischen Aufklärung ist die angemessene Reaktion auf die göttliche Vorenthaltung. In diesem Sinn könnte man das Versprechen der Schlage in Gen. 3, dem ersten, dem paganen, antiken Typus von Mystagogie zuordnen. Das Versprechen, die göttliche Vorenthaltung überspringen und am Ende doch noch in den Genuss der Früchte vom Baum der Erkenntnis gelangen zu können, markiert genau den Unterschied.

Die Begrenzung des Wissens und Könnens gehört zu den grundlegendsten erkenntnistheoretischen Fragestellungen, auch in der Philosophie. Die Bestimmung der Grenzen von Vernunft und Wissenschaft ist etwa unter dem Titel „Abgrenzungsproblem" die zentrale Fragestellung in Karl Poppers „Kritischem Rationalismus". Er versucht, mit der Falsifikation ein Kriterium stark zu machen, das wie in einem Lackmustext Auskunft darüber gibt, ob ein Verfahren das Prädikat „vernünftig" oder „wissenschaftlich" verdient. Neben den empirischen Wissenschaften gibt es ganz selbstverständlich für den kritischen Rationalisten weite Bereiche unserer Realität wie Musik und Religion und Kunst, die diesem Kriterium legitimerweise nicht entsprechen. Philosophien, die dieses Nebeneinander von rationaler Vernunft und der außervernünftigen Welt kennen, sind deutlich von anderen philosophischen Ansätzen zu unterscheiden, die einen holistischen oder universalen Anspruch der Vernunft reklamieren. Die Trennung zwischen einem Feld regierbarer Realität und einem Bereich des Unregierbaren, das Nebeneinander von Garten und Wildnis, ist immerhin gefeit vor der Versuchung des Totalitarismus. Eine extreme und in ihrer Art eindrucksvolle Form versucht Ludwig Wittgenstein in seinem Tractatus logico-philosophicus. Seinem Freund Paul Engelmann versucht er die Eigenart dieser Arbeit durch folgenden Vergleich deutlich zu machen: Die Definition, um die es ihm gehe, gleiche der Küstenlinie einer Insel. Sie umschreibt das Feld dessen, was „klar gesagt werden kann".

„Mein eigentliches Interesse gilt aber dem Ozean." Am Ende des Vorworts heißt es: „Man könnte den ganzen Sinn des Buches etwa in die Worte fassen: Was sich überhaupt sagen lässt, lässt sich klar sagen;

und wovon man nicht reden kann, darüber muss man schweigen. Ich bin also der Meinung, die Probleme im Wesentlichen endgültig gelöst zu haben. Und wenn ich mich hierin nicht irre, so besteht nun der Wert dieser Arbeit zweitens darin, dass sie zeigt, wie wenig damit getan ist, dass diese Probleme gelöst sind."[6] In einer Fortsetzung des Wittgenstein'schen Inselvergleichs könnte der Fortschritt der empirischen Wissenschaften wie eine Art Polderwirtschaft oder Landgewinnung beschrieben werden. In der Tat sind die Erfolge der Naturwissenschaften, etwa auf dem Bereich der Biogenetik und der Hirnforschung außerordentlich eindrucksvoll. Zwar gibt es eine durchaus berechtigte Skepsis gegenüber den Glücksverheißungen, die von dem exponentiell wachsenden Wissen und der damit verbundenen Technologien der Naturbeherrschung ausgehen, die Nebenfolgen sind nicht zu übersehen. Andererseits wären viele von uns ohne den medizinischen Fortschritt längst tot, Indien kann sich inzwischen selbst ernähren, und viele Seuchen sind besiegt. Die Qualität dessen, was mit der eschatologischen Vorenthaltung[7] gemeint ist, tritt klarer zu Tage, wenn wir das, was die Schlange verspricht und was Adam und Eva dann gerade nicht erhalten, von dem deutlich unterscheiden, was Wissen im Sinne von Naturbeherrschung meint. Lösbare Fragen und Rätsel dürfen und sollen auch gelöst werden. Insofern ist die theologisch begründete Tabuisierung des wissenschaftlichen Fortschritts tatsächlich obsolet geworden.

3. Die politische Bedeutung des Mysterions

Das Mysterion ist als das Geheimnis Gottes auch eine entscheidende politische Größe. Eine genaue Inhaltsangabe dessen, worin das Geheimnis Gottes bestehe, heißt, es zu lüften.

Wenn dies ausgeschlossen ist, besteht die Gotteserkenntnis in nichts anderem als der Anerkennung seiner Existenz. Diese Anerkennung der Existenz Gottes heißt, die entscheidende Differenz zwischen Gott und Mensch anzuerkennen. Deswegen geht es zunächst und vor allem anderen um die Ausrufung seiner Existenz, seines Daseins. Diese Art des Daseins bezeichnet eine Singularität. Das biblische Tetragramm, wie es in dem berühmten Dialog Moses' mit der Stimme aus dem brennenden Dornbusch in Ex 3 sich offenbart, stellt denn auch eine semantische Singularität dar. Die geniale sprachlogische Maßnahme, die Ausrufung des Daseins „Ich bin der Ichbinda" als Namen auszugeben, verdient eine nähere Betrachtung. Ein Name bezeichnet eine Person oder ein Ding in der Welt. In der Bibel ist das Namengeben eine Art hoheitlicher Akt, der, wie wir es bei den Namens-Aitiologien der Jakobssöhne vorgeführt bekommen, der Mutter zukommt, die das Kind geboren hat. „Lea wurde schwanger und gebar einen Sohn. Sie nannte ihn Ruben (seht, ein Sohn!); denn sie sagte: ‚Der Herr hat mein Elend gesehen' (Gen. 29,32). Simeon heißt „Hörer", Levi heißt „Anhang", Juda schließlich „Dank". Als später Rahel merkt, dass sie bei der Geburt sterben würde, gab sie dem Kind den Namen Ben-oni (Unheilskind). Der Vater Jakob ändert den Namen dann freilich in „Benjamin", „Erfolgskind" (Gen. 25,16 – 20). An diesen Beispielen lernen wir, dass das Namengeben etwas mit dem Schicksal und mit dem Bedürfnis zu tun hat, auf dieses Schicksal einzuwirken. Im Märchen vom Rumpelstilzchen ist der volle Namenszauber außerbiblisch in aller Pracht zu sehen. Der Name dient in der Regel dazu, eine bestimmte Person oder eine bestimmte Sache unverwechselbar zu machen und sie unter funktionalen Gesichtspunkten einzuordnen. Dass Adam den Tieren Namen geben darf, hebt ihn heraus und gibt ihm die Sonderstellung unter den Geschöpfen, die ihm auch deshalb zukommt, weil er sein Leben dem göttlichen Atem verdankt. Das Tetragramm jedoch verweigert jede Auskunft, die eine funktionale Einordnung unter die Dinge oder Lebewesen der Welt ermöglichte. Er ist da. Das ist sein „Name", ein Name der, schon sprachlogisch gesehen, anders ist als alle anderen Namen.

Das pure X der Existenz entzieht sich dem Zugriff, wie er auf Dinge oder auch Personen möglich ist. Die Gottesoffenbarung wird in den biblischen Erzählungen regelmäßig mit dem Index des Entzugs versehen. Gott offenbart sich, während er sich entzieht. Die privative Begegnung des Entzugs begleitet alle Offenbarungserzählungen.

Die rätselhafte Begegnung am Jabbok, der Mann, der sich am Grenzfluss dem Jakob entgegenstellt und mit ihm kämpft, wird gewiss auf besonders intensive Weise wahrgenommen. Der Erzähler macht eine Gratwanderung. War das eine Gotteserkenntnis, hat Jakob Gott gesehen? Die Frage nach dem Namen wird ihm verwiesen. Und der Schlag auf die Hüfte wird Jakob für sein Leben zeichnen. Auch wird fortan der

Name „Israel", „Gottesstreiter", an ihm hängen. Doch bei Licht hat er ihn nicht gesehen, jedenfalls nicht richtig, denn der Kampf wird unterbrochen, weil die Morgenröte heraufzieht (Ex. 32,23 – 33). Die biblischen Erzähler versehen das Auftreten Gottes immer mit dem Index des Außerordentlichen, sogar des Unmöglichen. Der Dornbusch in Ex. 3 brennt und verbrennt nicht, die Koordinaten der Realität sind außer Kraft gesetzt. Mose, der Gott sehen will, wird von ihm in eine Felsspalte gestellt, und während Gott vorüberzieht und ihm den Rücken zukehrt, hält er ihm gleichzeitig die Hand vor Augen, „Mein Angesicht kann niemand sehen" (Ex. 33,23), eine kühne Choreografie, die überdeutlich die göttliche Vorenthaltung in Szene setzt.

Am Ende des Johannesprologs, dessen Verfasser gewiss die hebräische Bibel kannte, heißt es denn auch: „Niemand hat Gott je gesehen" (Joh. 1,18). Es geht aber nicht nur um das physische Sehen, sondern es geht auch um Erkenntnis im umfassenden Sinn. Dies gilt für die Szene im Garten Eden und das falsche Erkenntnisversprechen der Schlange. Es wird von Jesaja deutlich auf den Punkt gebracht: „Meine Gedanken sind nicht eure Gedanken, und eure Wege sind nicht meine Wege" (Jes. 55,8).

Der privative Monotheismus ist denn auch die religionsgeschichtliche Supernova. In der noch anhaltenden Monotheismusdebatte spricht Jan Assmann, der Ägyptologe[8], von der „mosaischen Unterscheidung" oder „mosaischen Entgegensetzung". Zwar kennt die Exegese eine stufenweise Entfaltung des Monotheismus aus Vorstufen wie der Jahweallein-Bewegung und dem Henotheismus. Im Ergebnis hat aber Jan Assmann recht, diese monotheistische Religion unterscheidet sich grundsätzlich von allem, was an religiösen Üblichkeiten rund um das Mittelmeer in Mesopotamien und überhaupt in der damals bekannten Welt an Religion bis dahin existierte.

Für Assmann ist das neue an der mosaischen Entgegensetzung, dass anders, als in den polytheistischen Religionen, ein Wahrheitsanspruch gestellt wird, der – dies liegt in der Logik des binären Wahrheitsbegriffs mit der Verwerfung falscher Religion verbunden ist.

Wer entschlossen ist, Religion nur daraufhin zu inspirieren, was ihre funktionalen Folgen für den einzelnen und die Gesellschaft sind, kann den Wahrheitsanspruch für so etwas wie einen Sündenfall halten, denn die Verwerfung von falscher Religion kann auch Unduldsamkeit und Intoleranz erzeugen. Von daher liegt der Verdacht nahe, dass mit dem erstmals erhobenen Wahrheitsanspruch das Böse in die Religionsgeschichte eingetreten ist.

An dieser Stelle kann nicht das funktionale quid pro quo diskutiert werden, dies ist anderenorts ausführlich geschehen. Im späteren Verlauf der Debatte hat Jan Assmann, einen Sprachgebrauch von Sigmund Freud aufgreifend, vom „Niveau von Geistigkeit" gesprochen, hinter das man nicht mehr zurück könne. Er hat damit auch eingeräumt, dass es tatsächlich so etwas wie eine biblische Aufklärung gegeben hat und damit angedeutet, was denn die Substanz der „mosaischen Entgegensetzung" ganz abgesehen von ihren gesellschaftlich positiven oder negativen Nebenfolgen gewesen sein könnte. Aufklärung hat mit Wahrheit zu tun, an der, alles was kritisiert und überprüft wird, gemessen werden muss. Wahrheit in diesem Sinne ist eine regulative Idee und kann nicht wie ein Objektwissen affirmativ besetzt und besessen werden. Nur wer dem Wahrheitsstern folgt, kann kritisieren. Und wer einmal den Punkt gesehen hat, dass eine Religion, bei der der Mensch einräumen muss, dass er sein göttliches Gegenüber nur fingiert und selbst gemacht hat, vom Wahrheitsanspruch scheitert, der kann hinter dieses „Niveau von Geistigkeit" tatsächlich nicht mehr zurück. Und es ist das Moment der Vorenthaltung, das den Monotheismus von aller funktionalen Religion unterscheidet. Dieser neue Monotheismus ist ohne Religionskritik nicht zu denken. Nicht erst bei Feuerbach, Freud und den Aufklärern des 18. Jahrhunderts stand Religion im Verdacht, das Ergebnis eines Betrugs, entweder eines Priesterbetrugs oder eines Selbstbetrugs, zu sein.

Die Religionswissenschaft kennt durchaus Parallelen. Jan und Aleida Assmann erfinden eigens eine neue Methodologie, die sie „Gedächtnisgeschichte" nennen, um die Idee Sigmund Freuds wiederbeleben zu können, dass der gegenüber der polytheistischen Volksreligion kritische heliozentrische Monotheismus in der kurzen Episode von Amenophis IV. bzw. Echnaton von Mose übernommen worden sei. Dass die Amarna-Periode (1390-1338 v. Chr.) eine kurze Episode in der langen Geschichte Ägyptens war und dass immerhin einige Jahrhunderte zwischen Echnaton und Mose liegen, war immer gegen Freud eingewandt worden. Es hatte sich, laut Assmann, ein Gerücht gehalten, das via negationis und im Untergrund weiter lebte, um dann eines Tages wieder an die Oberfläche zu treten. Es ist aber gar keine Überlieferungskette erforderlich, um über religionskritische Erkenntnisse sich für den Monotheismus bereit zu machen. Auch im Griechenland der Vorsokratiker meldet sich der Verdacht, die Götter seien selbst gemacht. Das berühmte Fragment des Xenophanes, wonach die Götter der Äthiopier stumpfnasig und schwarz, die der Traker hellhäutig und blond seinen und dass die Löwen und Stiere, wenn sie Hände und Werkzeuge hätten, sich Götter ihrer eigenen Gestalt entsprechend machen würden, gehört in diesen Zusammenhang[9]. Nirgendwo aber ist die Kritik an den selbst gemachten Göttern so deutlich ausgesprochen wie in der hebräischen Bibel. An vielen Stellen und in unterschiedlicher literarischer Form zieht sich die Kritik an den selbst gemachten Göttern wie ein roter Faden durch die Texte. Oft wird die Produktion eines Götterbildes bis ins Detail beschrieben, um die Herstellung durch Menschenhand besonders herauszustellen.

Aaron zeichnet die Umrisse des goldenen Kalbes, er hantiert mit der Messschnur, das Geschmeide der Kinder Israels wird eingesammelt, eingeschmolzen (Ex. 33,2 -4). Auch in Deuterojesaja werden einzelne Arbeitsschritte in mehreren Anläufen beschrieben, die zur Herstellung eines metallenen oder hölzernen Götterbildes führen. Die Materie, etwa das Holz, ist profan, denn sie dient auch zum Backen oder zum Heizen, sodass am Ende die Pointe entsteht, aus der einen Hälfte des Baumstammes schnitzt er sich einen Götzen, aus der anderen macht er sich ein Feuerchen (Jes. 44,9 – 20). Die Lächerlichkeit der Gottesproduktion und damit der Selbstbetrug soll deutlich herausgestellt werden. Diese Religionskritik ist nicht abstrakt, sondern performativ. Es wird der Umgang mit der Materie beschrieben, in der sich das menschliche Bewusstsein spiegelt, in die aber auch die menschliche Arbeit eingreift, um die Spiegelung selbst zu manipulieren und damit herzustellen. Ein Bild als möglicher Ort Gottes wird im Zweiten der Zehn Gebote ausgeschlossen.

Dieses Bilderverbot ist nicht zu verstehen ohne das neue Gottesmedium der Schrift, die kulturgeschichtlich gesehen, ein junges Medium war. Wohl erst seit sie selbst abstrakt genug und bilderlos geworden war, seit in dem Aleph nicht mehr ein Stierkopf erkannt werden kann, beschäftigt die Schrift nicht mehr die piktographische Fantasie, die eine Verwechslung von Urbild und Abbild ermöglicht. Sie wird zum neuen Königsmedium des Monotheismus. Sie ist dann auch hervorragend geeignet, die ubiquitäre Präsenz eines vollkommen andersartigen Gottes im Bewusstsein der Menschen zu erzeugen. Das große Konkurrenzdrama zwischen Gottesbild und Schrift wird in der Szene der Zermalmung und Pulverisierung des goldenen Kalbs deutlich. Im Zorn hatte Mose die von Gott selbst beschrifteten Steintafeln zerschmettert, und im Zorn hatte er das Kalb pulverisiert. Nun müssen die Kinder Israels in einer Inversion ihrer Gottesproduktion den Staub trinken, um sich einzuverleiben, was aus ihnen selbst herausgekommen war (Ex. 33,20). Um ihn trinkbar zu machen, hatte Mose den Goldstaub in Wasser geschüttet. Am Ende darf er nach dem Diktat Gottes die Tora neu schreiben (Ex. 34). Die Schrift hat gesiegt! Die Schrift hat für die Kritiker selbst gemachter Götter den großen Vorzug, dass ihre Art der Präsentation ausschließt, das Medium mit der Botschaft zu verwechseln. Der Schrift kann angesehen werden, dass sie nicht das ist, was sie bedeutet. Diese semantische Differenz macht sie zum Königsmedium des neuen Monotheismus.

Der nicht selbst gemachte Gott, der sich entzieht, ist das Andere des Funktionalismus, während die selbst gemachten Gottheiten alle und grundsätzlich funktional sind. Sie sind entweder Stadtgottheiten, d. h. Projektion kollektiver Identitäten, oder Adressen für menschliche Interessen. Sie haben ihre Zuständigkeiten und sind fiktive Partner einer Wechselwirkung von Tausch und Opfer. Sie sind dazu da, Bedürfnisse zu befriedigen.

Zwar sind sie keine Marionetten in den Händen derer, die sich in Kult, Ritus und Opfergaben an sie adressieren, aber sie sind doch beeinflussbar, korrumpierbar, bestechbar. Polytheistische Gottheiten sind beides, gut und böse, wie ein kurzer Blick in Homers Odyssee zeigt. Odysseus hat Athene zur Freundin und Poseidon zum Feind, um nur die wichtigste Konstellation zu nennen. Am Ende steht also der in vielen Ausprägungen und „Dialekten" um das Mittelmeer beheimatete Polytheismus einer neuen Religion gegenüber, die sich durch die mosaische Entgegensetzung (Assmann) aus der Kritik an den selbst gemachten Göttern heraus entwickelt hat. Der „ganz Andere" (Rudoph Otto, Paul Tillich) ist das Andere der funktionalen Gottheiten. Er ist kein Ding in der Welt, vielmehr der Hintergrund des Seins, das Vorzeichen vor der Klammer, die die Welt bedeutet. Dieses Vorzeichen ist positiv, das ist der Kern des Offenbarungsinhalts des biblischen Gottes, der insofern mehr ist als das reine X der Differenz. Gott liebt sein Volk. Hier wäre über den Bundespartner der hebräischen Bibel zu reden und über den persönlichen Gott des Neuen Testaments, den alle Menschen mit „Vater" anreden dürfen. Die Ausrufung des anderen Gottes, der das Andere des Funktionalismus ist, gibt der menschlichen Arbeit einen Rahmen und setzt ihr eine Grenze. Dies wird vor allem im Gebot des Sabbats deutlich. Der Begriff der Arbeit hängt eng mit dem der Funktion zusammen. Arbeiten heißt Zwecke verfolgen, und wer Zwecke verfolgt, muss die Mechanismen und Funktionszusammenhänge kennen, mit denen er seine Zwecke erreichen will. Dass alle sieben Tage, am Sabbat, nicht gearbeitet werden darf, heißt, dass die menschlichen Zwecke suspendiert sind. Der Sabbat ist eine Installation des privativen Monotheismus. An diesem Tag sind dem Menschen seine Zwecksetzungen gleichsam entwunden, er ist ihrer „beraubt" (Privatio = Beraubung, Vorenthaltung). Inzwischen wissen wir, wie gut es uns tut, die Arbeit systematisch zu unterbrechen. Der Tag des Herrn gibt Gott Raum und Zeit und öffnet den Horizont. Arbeit indes dient der Naturbeherrschung und hängt überhaupt mit Macht zusammen. Wir sehen hier sehr deutlich, dass der eigentliche, nämlich der privative Monotheismus, der sich von den funktionalen Religiositäten, die in der Verlängerung menschlicher Bedürfnisse bestehen, grundsätzlich unterscheidet, mit dem Begriff Entmächtigung auf den Punkt gebracht ist. Der eigentliche Monotheismus begründet die Tradition der Entmächtigung, er ist die Gegenkraft zur Ermächtigung und Bemächtigung. Unterbrechung und Entmächtigung sind Artikulationen des biblischen Gottes.

Dies wird alle verblüffen, die, wie zunächst auch Jan Assmann in seinem Buch von 1998, einen Zusammenhang zwischen Monotheismus und Gewalt sahen und sehen. Erstmals – so Assmann – sei in der Religion von wahrer und falscher Religion die Rede gewesen, erstmals sei aus religiösen Gründen gekämpft und Krieg geführt worden. In der

Tat berichtet schon die hebräische Bibel nicht nur beiläufig, sondern sehr ausführlich und eindrucksvoll von blutigen Kämpfen, in denen der Gott Israels seinem auserwählten Volk parteiisch als Bundesgenosse zur Seite steht. Das warf und wirft Fragen auf. Schon für die Kinder Israels selber musste die Ermächtigungstheologie höchst problematisch sein. Allein schon deshalb, weil es neben den Siegen auch deutliche Niederlagen gab und die große Katastrophe der Zerstörung des zweiten Tempels und das babylonische Exil – war es eine Niederlage Gottes?

War Gott etwa nicht mehr treu? Oder waren es die Kinder Israels, die durch ihre Missachtung der göttlichen Gebote den Zorn Gottes heraufbeschworen hatten? Dies sind jedenfalls die prophetischen Fragen. Israel selber war treulos wie eine Geliebte, die zur Hure wurde, so jedenfalls der eindrucksvolle Text des Propheten Ezechiel (Ez. 16,14 – 22).

Es gibt aber auch eine andere Deutung der Bundestheologie, die im Judentum bis heute eine große Bedeutung hat. In dieser privativen Deutung liegt das Gesetz des Handelns eindeutig und klar auf Seiten Gottes. Er ist es, der erwählt, und seine Wahl ist der Ausdruck seiner göttlichen Freiheit und gerade nicht die Folge eines Interaktionsmechanismus zwischen Gott und seinen menschlichen Partnern, oder der Vortrefflichkeit des Volkes.

Israels Propheten werden nicht müde darauf hinzuweisen, dass es einen solchen Mechanismus nicht gibt, denn das Volk ist undankbar und erweist sich der Wahl nicht würdig. Gott aber ist treu. Er kündigt den Bund auch dann nicht auf, wenn sich die Bundesgenossen als unwürdig erweisen. Auch darin zeigt sich die Souveränität Gottes, dass seine Entscheidung nicht in die Hand von Menschen gelegt wird, die sich so oder so verhalten. Die großen Gestalten, mit denen der Bund mit Gott unter Einschluss der Nachkommenschaft erstmals gestaltet und später bekräftigt wird, zeichnen sich denn auch dadurch aus, dass sie sich gleichsam durchlässig für den Willen Gottes machen: Abraham, Isaak, Jakob. Der polare Gegensatz zwischen autozentrischem Streben eines Vaters, der seinen Sohn liebt, und dem Bundesgenossen Gottes zeigt die Geschichte von der Bindung Isaaks, deren Schrecken in einer ersten Deutung durch die historisch-biblische Exegese weithin entschärft wurde, indem nämlich Jahwe und Elohim als zwei unterschiedliche Stadien des Gottesverständnisses auseinander genommen wurden. Ein im grammatischen Plural Elohim, noch des Polytheismus verdächtiger Auftraggeber befiehlt den Sohnesmord, während die Stimme Jahwes vom Himmel her Einhalt gebietet. Jürgen Ebach argumentiert einleuchtend gegen die Rückgewinnung eines lieblichen und liebevollen Gottes, der den Kinderopfern Einhalt gebietet[10]. Es ist die Theodizeé-Frage, für die wir nach der Empfehlung von Johann Baptist Metz eine Empfindlichkeit bewahren müssen, die davor bewahrt, „den Heiligen des Evangelii so lange zu interpretieren, bis etwas Vernünftiges dabei herauskömmt", um es mit den Worten Immanuel Kants zu sagen. Gott verteidigt in der Theodizeé-Frage sein Geheimnis. Israel wusste um die schreckliche und dunkle Seite eines Gottes, dessen Taten unkalkulierbar und der menschlichen Ratio prinzipiell entzogen waren.

Dies alles kann hier nur angedeutet werden, um deutlich zu machen, dass die Spur der Entmächtigung, die privative Deutung des ganz anderen Gottes, das eigentlich Neue der biblischen Aufklärung war. Göttliche Bundesgenossenschaft im ermächtigenden Sinn dagegen ist das Erbe des Polytheismus. Durch Opfergaben, Gebete und Riten galt es, einzelne Gottheiten für ganz bestimmte Interessen zu mobilisieren und sie zu Bundesgenossen der eigenen Interessen zu machen. Diese spirituelle Interessenverstärkung ist die Grundierung aller anthropogenen Religiosität. Die Usurpation des Göttlichen ist gleichsam der Normalfall. Die Götter dienen der Verstärkung der eigenen Bedürfnisse, sie verstärken die Arbeit und ihre Ziele, sie verstärken natürlich auch den Mächtigen, von daher ist in der vor- und außermonotheistischen Welt die Macht theokratisch organisiert. In allen alten Kulturen ist der Herrscher entweder ein Abkömmling der Götter, ein Sohn des Himmels oder doch wenigstens der oberste Priester und von der zuständigen Gottheit bestellt. Die Trennung von Religion und Macht ist eine monotheistische Innovation. Dass der Wille des Herrschers, des Staates und der Politik, nicht automatisch der göttliche Wille ist, wird im alten Israel ausreichend an vielen Beispielen dargetan. Welcher Höfling am Hof des Pharao oder in den kaiserlichen Villen des alten Rom hätte sich vor seinen Herrscher stellen können und ihm die Leviten lesen können, wie Nathan der Prophet es mit David getan hat (2 Sam 12). Für die Spitze des Staates bedeutet es einen Qualitätssprung, der kaum überschätzt werden kann, wenn sie gezwungen ist, eine Instanz anzuerkennen, die ihr zwar nicht den Thron streitig macht, aber an deren Gesetze sie gebunden ist und deren Propheten sie erdulden muss.

Diese eschatologische Gewaltenteilung ist der Ursprung aller Gewaltenteilung. Hier bietet die Spur der biblischen Aufklärung ein Argumentationspotential, das in unseren Debatten über das Verhältnis von Staat und Kirche oder die europäische Verfassung längst nicht ausgeschöpft ist.

4. Eine neue Religionsfreundlichkeit

Es ist eine entscheidende theologische Frage unserer Tage, ob sich die entmächtigende Spur eines privativen Gottesverständnisses, wie es aus der biblischen Aufklärung stammt, gegen eine Religiosität der Ermächtigung, der Bedürfnisbefriedigung und der Usurpation durchsetzen kann. Die derzeitige Renaissance der Religion hat viele Gesichter. Allen Beobachtern ist aufgefallen, dass die gewachsene Bereitschaft, religiöse Fragen zuzulassen und zu stellen, noch keineswegs einen nennenswerten Zustrom zu den traditionellen Großkirchen bedeutet. Religiosität ist, so lautet eine außerordentlich mehrheitsfähige Grundüberzeugung, zunächst einmal das, was „jeder für sich selbst entscheiden muss".

Auch nach dem biblischen Menschenbild hat der Mensch die Freiheit, Ja oder Nein zu sagen, darf es in der Religion keinen Zwang geben. Das biblische Menschenbild, aus dem dieser Freiheitsgedanke stammt – darin liegt eine besondere Pointe – geht allerdings einher mit dem Ideal, von dieser Freiheit im Sinne einer göttlichen Wahrheit Gebrauch zu machen.

Wenn ein Christ im Vaterunser betet: „Dein Wille geschehe", liegt in der Logik dieser Bitte, die Selbstverpflichtung, den Willen Gottes, herauszufinden, der sich zunächst vom eigenen durchaus unterscheidet. Die Kritik an der bedürfnisorientierten Religiosität des Polytheismus liegt auch darin, dass alle Gottheiten letztlich als Verlängerung menschlicher Interessen gedeutet werden können. Der gegenwärtige Trend zur psychohygienischen Wellness konsumiert auch gerne alteritäre Kulte und Riten, nachdem er ihre Ernsthaftigkeit entschärft hat.

Sie werden zum ästhetischen Ornament. Die Kirchen, die als antinormale Installationen von Alterität den Hauptzweck hatten, heilige Räume zu sein, werden musealisiert und zu stimmungsvollen Locations für Konzerte, Kunstausstellungen oder ähnlichem umfunktioniert. Eine Kirche, deren Hauptzweck ist, der Abwesenheit von Zwecken und der Anwesenheit des ganz Anderen Raum zu geben, macht sich nun nützlich. Auch andere sakrale Ausgrenzungen wie Friedhöfe sollen sich nützlichen Zwecken öffnen, nämlich Erholungsraum, Park, Biotop oder grüne Lunge zu sein.

Das 19. und frühe 20. Jahrhundert neigte zu negativen Funktionalisierungen der Religion. Sie war „Opium des Volkes" (Marx), eine Selbsttäuschung und, indem sie die Starken daran hinderte, von ihrer Stärke gegen die Schwachen ungebremst Gebrauch zu machen, ein Hindernis der Evolution (Darwin, Nietzsche). In der zweiten Hälfte des 20. Jahrhunderts wird der Blick der Soziologen und Analytiker freundlich. Religion ist eine Hilfe bei der Kontingenzbewältigung (Hermann Lübbe). Sie ist auch gesund, sie stabilisiert die Gesellschaften etc. Wenn Religion der psychosomatischen Wellness und anderen menschenfreundlichen Zwecken dient, ist klar, dass es hier um Bedürfnisbefriedigung, um Verstärkung und um Ermächtigung geht[11].

5. Was diese Überlegungen für die Religionspädagogik bedeuten

Es liegt auf der Hand, dass bei einem „linken Monotheismus" der Entmächtigung, d. h. einer Betonung der privativen Innovation, die mit der biblischen Aufklärung einhergegangen ist, die Notwendigkeit deutlich hervortritt, das Geheimnis Gottes stark zu machen. In ihm und seinen Artikulationsformen liegt das entmächtigende Potential und die freiheitserzeugende Kraft der eschatologischen Vorenthaltung. Dies bedeutet, dass wir einen neuen und frischen Blick auf alle Installationen der Heiligkeit werfen, die ja die Grundfigur der Offenbarungsgeschichte beschreibt, wie sie Mose vor dem brennenden Dornbusch erlebt: „Zieh deine Schuhe aus, dem der Ort wo du stehst ist heiliger Boden" (Ex. 3,5). Hier wird ausgegrenzt und Alterität ausgerufen. Alles, was mit Kult und der Semantik der Alterität zu tun hat, wird nun nicht mehr als überkommenes Traditionsgut unter den Generalverdacht des Obskurantismus gestellt, wie er in der Tradition der Kultkritik an Aberglauben und „Afterdienst" am deutlichsten in Kants Religionsschrift artikuliert wird. Es gibt so etwas wie einen aufgeklärten, durch die biblische Aufklärung inspirierten neuen Blick auf die Liturgie. Für Religionspädagogen ist eines wichtig: Das Geheimnis Gottes ist weniger durch verbale mystische Artikulationen anzusprechen als durch Erlebnisse zu vermitteln. Hier gibt es eine Konvergenz mit einer handlungs- und erlebnisorientierten Pädagogik. Der Blick auf Performanzen, wie er in der Literatur, auch der evangelischen Religionspädagogik, deutlich geworden ist, bietet hier neue Möglichkeiten[12].

Dies alles kann an dieser Stelle nicht im Einzelnen ausgefaltet werden. Im Bistum Limburg versucht ein „Grundschulprojekt" die Möglichkeiten zu ermitteln, die es für den schulischen Religionsunterricht gibt, in dem ja bestimmte liturgische Hochformen keinen Platz haben können. Dennoch gibt es so etwas wie eine Art Alphabet des Alteritären und eine Einübung in die nonverbale „Sprache" der Liturgie. Sie hat den großen Vorzug, dass sie gleichzeitig die Nähe zur Gemeinde und die Nähe zum Gottesdienst der Gemeinde herstellt, ein Anliegen, das gerade ein Religionsunterricht besonders akzentuieren muss, der erkannt hat, dass er vielfach die Chance zu einer Erstbegegnung mit Religion für die Kinder und Jugendlichen bietet, die in ihrem Elternhaus wenig religiöse Sozialisation erfahren. Alte Abgrenzungsdiskussionen, bei denen die Gemeindekatechese und der schulische Religionsunterricht wie getrennte Reviere ihren Claim abstecken, sind nicht mehr aktuell.

An dieser Stelle ist ein mystagogischer Grundauftrag zu sehen, der das große Pensum für die Religionspädagogik in der nächsten Zukunft darstellt. Diese Mystagogie nenne ich starke Mystagogie, weil sie ihren Grund im genuin biblischen Gottesverständnis hat. Von schwacher Mystagogie kann und muss dort die Rede sein, wo wir es mit anthropogener Religiosität zu tun haben. Hier ist die Versuchung groß, wegen des Kitschverdachtes, unter den manche Praktiken gestellt wurden, das Kind mit dem Bade auszuschütten. Ein Religionsunterricht, in dem Bäume umarmt, Steine gestreichelt und Tücher gelegt werden, der Stilleübungen und unthematische Meditationsexerzitien durchführt, ist nur dann in Frage zu stellen, wenn er es bei diesen Praktiken belässt. Psychohygienische Wellness ist ein flottes Schimpfwort, aber

Wellness kann durchaus auch in einem Heilszusammenhang gesehen werden. Natürlich sind alle funktionalen Vorzüge, die auch und gerade die katholische Form der Religionsausübung zweifellos hat, in diesem Zusammenhang zu erwähnen. Natürlich fühlt man sich nach einer Beichte wie frisch gewaschen, selbstverständlich kann die Religion auch in der Familie ein warmes und heimeliges Gefühl der Zusammengehörigkeit herstellen. Hier gibt es, gerade auch in kirchlichen Kreisen, die sich von Folklore und Volksreligiosität absetzen möchten, eine Kritik, die nicht immer unberechtigt ist. Sie ist vor allen Dingen dann berechtigt, wenn die äußeren Formen innen hohl sind und wenn die großen Kruzifixe in Wirtshäusern und an Wegesrändern in Bayern die unchristlichen Praktiken derer, die sie aus Gründen des Tourismus etc. aufgestellt haben, nur kaschieren sollen. Aber abusus non tulit usum, man kann alles missbrauchen, doch der Missbrauch ist noch ein Argument dagegen, das alte Prinzip der erfüllten Form, einen Wesenszug des Katholizismus hochzuhalten. Dennoch empfiehlt sich der kritische Blick auf alles, was funktionale Religiosität ist, eine Spannung zwischen starker und schwacher Mystagogie bleibt bestehen. Aber dennoch plädiere ich dafür, auch der schwachen Mystagogie ihren Platz in der schulischen Praxis zu belassen. Denn der methodische Reichtum, der sich im Gefolge der symboldidaktischen Konjunktur, die wir hinter uns haben, ergeben hat, sollte nicht einfach verschleudert werden. Es kommt schließlich nur darauf an, eine Symboldidaktik von einer Sakramentendidaktik zu unterscheiden, das eine zu tun, ohne das andere zu unterlassen. Es gilt, wie so oft, ein katholisches et-et. Starke und schwache Mystagogie sind keine Gegensätze, so wenig wie Anthropologie und Theologie Gegensätze sind.

6. Der transzendentale Aspekt

Das große theologische Programm, das sich mit dem Namen Karl Rahners verbindet, ist wirkungsgeschichtlich die inzwischen klassische Zusammenführung von Theologie und Anthropologie. Karl Rahner hat in einer Zeit, als es darum ging, den formalistischen und juridisch eng geführten Heilspartikularismus der Kirche aufzubrechen, den Blick geweitet. Die Möglichkeit, Gotteserfahrungen zu machen, ist im Menschen immer schon angelegt und keineswegs ein exklusiver

Besitz einer Heilsagentur. Er ist es auch, der den Begriff Mystagogie aktualisiert hat und auf ihn berufen sich auch einige Religionspädagoginnen und Religionspädagogen. Mirjam Schambeck plädiert für eine „Transzendentale Mystagogie" in diesem Sinne: „Mystagogische Wege zu beschreiten, heißt demnach, Räume und Zeiten zu eröffnen, über die eigene Tiefen-und Welterfahrung zu staunen, sie als Ort der Gotteserfahrung verstehen und deuten zu lernen und sie zu gestalten."[13] Das Zweite Vatikanische Konzil hat das anerkannt, was die guten christlichen Missionare über Jahrhunderte mit großem Erfolg praktiziert hatten, nämlich die anthropologischen Dispositionen anderer Völker und Kulturen und darüber hinaus auch ihre jeweiligen religiösen Traditionen nicht zu perhorreszieren, sie vielmehr als Widerlager für die anknüpfende Predigt vom christlichen Anbruch des Gottesreiches genutzt.[14] Viel Wertvolles hat sich in anderen Kulturen der Menschheit vorfinden lassen. Im Nachhinein haben sich in der Debatte über Inkulturation und Mission auch die Europäer daran erinnern müssen, dass die europäische Ausprägung des kirchlichen Christentums ein Amalgam orientalischer und heidnisch-germanischer und griechischer Erbschaften war. Die Wertschätzung anderer Religionen und Kulturen, die das Konzil schließlich gegen manche Widerstände zu Papier brachte, war gewiss nicht denkbar, ohne Theologen, die wie Karl Rahner die Religion in den Tiefen der menschlichen Existenz verankert hatten. Im neuen Jahrhundert besteht diese theologische Herausforderung nicht mehr. Die Inklusions-/Exklusionsthematik wird inzwischen an einer anderen Linie entlang diskutiert.

Die Offenheit für eine theologische Vielsprachigkeit, die Bereitschaft zur Anerkennung existentieller „Keime des Ultimaten" (Oser) ist weit verbreitet. Pluralistische Religionstheologien provozieren im Gegenteil die Frage, was denn das Christentum überhaupt noch legitimiere, sich selbst als einen religiösen Singular in Szene zu setzen und Andersdenkende und Andersgläubige zu missionieren. Die Soziologen und Analytiker der „Wiederkehr des Religiösen" unterscheiden denn auch sorgfältig zwischen einer Bereitschaft zur religiösen Sinnsuche, die sich auch in einer neuen Unbefangenheit gegenüber den Symbolwelten der Religionen äußere und zwischen einer kirchlichen Tradition, die sich in einer erkennbaren und gestalteten Ausprägung auf die biblische Großerzählung und insbesondere auf die Person Jesu Christi beruft. Der Trend scheint vorderhand an den Kirchen vorbei zu laufen. Die Sinnsucher, die neuerdings den alten Pilgerweg nach Santiago bevölkern, versichern mehrheitlich, dass der Weg das Ziel sei und sie keineswegs auf dem Weg zur Kirche seien. Dennoch steht eine Kirche am Ende des Weges. Man kann diese von mir so genannte „schwache Mystagogie" stark machen. Das würde jeder gute Missionar auch tun, aber wenn er ein Missionar ist, würde er darauf hinarbeiten, dass das, was sich auf den verschlungenen Wegen nach Santiago und anderswohin, in den Tiefen der menschlichen Existenz oder wo auch immer regt, am Ende die Taufe empfängt. Für den Religionsunterricht gibt es überhaupt keinen Grund, die mit der biblischen Großerzählung, insbesondere der des Neuen Testamentes verbundenen Schätze einer alteritären kirchlichen Semantik auszusparen. Ihr großer Vorzug besteht darin, dass sie unmissverständlich auf diese große Großerzählung verweisen. Zu dieser Semantik gehört alles was verbal erzählt, aber auch alles, was nonverbal auf das Mysterium der Gottnähe und der Vorenthaltung Gottes verweist: Kirchenräume, die Gesten, die Liturgie, die christlichen Feste, das Tischgebet, der ganze verachtete Fundus des Äußerlichen.

Mirjam Schambeck unterscheidet verschiedene Begriffe von Mystagogie, nämlich eine liturgische, eine katechetische und eine transzendentrale. Wenn man wie sie in der Rahnischen Tradition von einer transzendentalen Mystagogie spricht, so kann damit noch keine bestimmte Erlebnissphäre gemeint sein. Wenn es Gott ist, der allen Kulturen, in allen Erlebnissphären den Menschen anrühren kann, dann ist in der Tat die Extension einer transzendental gedeuteten Mystagogie sehr weit gespannt. Von keinem Ort in dieser weiten Welt können wir sagen, dass dort Gott nicht ist. Gotteserfahrung wird von Gott gemacht und nicht von Mystagogen. Was aber können Mystagogen machen?

Erfahrungen haben mit Erlebnissen zu tun und Erlebnisse mit bestimmten Bedingungen, unter denen sie gemacht werden können. Jeder Lehrer erinnert sich gerne an bestimmte Sternstunden, d. h. Unterrichtsstunden, in denen die Schüler mit roten Ohren oder angehaltenem Atem auf blitzartige Einsichten reagierten. Der erfahrene Schulmeister weiß aber auch, dass er solche besonderen Lernerfahrungen, wie sie im „Club der toten Dichter" gemacht werden, nicht nach Rezept fabrizieren kann. Oft kommt es vor, dass die Unterrichtsplanung für eine besonders gelungene Stunde, wenn sie unter fast gleichen Bedingungen noch einmal exekutiert werden soll, zu einem enttäuschenden Ergebnis führt.

Mir ist eine Unterrichtsstunde in Erinnerung, bei der die Lehrerin in ihrem Entwurf tatsächlich als Lernziel angegeben hatte: „Die Schüler sollen eine Gotteserfahrung machen können". Sie hatte großformatige Fotos mitgebracht, auf denen eine Wüstenlandschaft in eindrucksvoller Weite, ein einsamer Baum, zwei Kinderhände, eine schwarze und eine weiße, die ineinander griffen, etc zu sehen waren. „Was fällt euch dazu ein?" Die Jugendlichen, welche, wie sich hinterher herausstellte, ziemlich genau wussten, was von ihnen erwartet wurde, wollten aber partout keine Gotteserfahrung dokumentieren. Alles was ihnen zu diesen stimmungsvollen Bildern einfiel, waren Assoziationen wie „Urlaub", „Heimweh" – alles Mögliche, nur nicht der liebe Gott. Aus dieser Stunde hat die Referendarin dann schließlich etwas anderes gelernt, dass nämlich die Schule für die tiefste und grundlegendste aller Erfahrungen kein programmierbarer „Lernort" ist. Gott ist überhaupt nichts, was man lernen könnte.

Der Wissenschaftstheoretiker Paul Feyerabend hat eine wichtige, auf das Erkenntnissubjekt bezogene Unterscheidung getroffen. Er spricht in „Erkenntnis für freie Menschen"[15] von einer Beobachterperspektive und einer Teilnehmerperspektive. Im Religionsunterricht sind beide Perspektiven von großer Bedeutung. Ältere Schülerinnen und Schüler sprechen gerne, auch wenn man im konfessionellen Religionsunterricht „unter sich" zu sein scheint, von „den Christen", „der Kirche", und „den Gläubigen". Sie nehmen eindeutig eine Beobachterperspektive ein, weil über Phänomene der Kirchengeschichte, über theologische Positionen, die auf dem Prüfstand stehen, über religiöse Phänomene, die ihnen fragwürdig erscheinen, gesprochen wird. Das schließt nicht aus, dass sie auch wie Teilnehmer in der ersten Person sprechen können. Der performative Religionsunterricht möchte die Teilnehmerperspektive stark machen, das Sprechen in der ersten Person, das sich am Ideal jener performativen Verben misst, die gleichzeitig sind, was sie bedeuten. Diese hohe Form der Authentizität immer und um jeden

Preis anstreben zu wollen, kann auf eine Überanstrengung hinauslaufen. Dennoch ist inzwischen klar, dass der klassische Subjekt-Objekt-Dualismus, wie er in den Naturwissenschaften die Regel ist, – ein Subjekt erkennt ein Objekt – immer dann defizitär ist, wenn die Objekte der Erkenntnisse andere Menschen sind oder wenn es sich gar um Selbsterkenntnis handelt. In der Ethnologie, der Erforschung indigener Kulturen, ist längst die teilnehmende Beobachtung der favorisierte methodologische Zugang. Auch die Wissenschaften von der Religion, die Theologie und die phänomenologischen Religionswissenschaften, die sich nach dem Schema Teilnehmer- oder Beobachterperspektive sortieren ließen, sind längst nicht mehr in der traditionellen Weise getrennt. Viele Theologen nehmen wenigstens heuristisch eine deskriptive Phänomenologenperspektive ein, während die Religionswissenschaftler längst nicht mehr den Anspruch erheben, wertneutrale Beobachter zu sein. Wenn Erkenntnis mit Erfahrung zu tun hat, und wenn es bestimmte Erfahrungen gibt, die bestimmte Settings und Konditionen erforderlich machen, dann lassen sich im Prinzip Rahmenbedingungen denken, die auch religiöse Primärerfahrung ermöglichen. Ob die Schule hierfür den geeigneten Rahmen bietet, kann man bezweifeln.

Doch zurück zu der Frage, welche Rolle ein Mystagoge im Lichte von Gottes freier Offenbarung überhaupt haben kann und wie allenfalls ein mystagogisches Vorgehen aussehen könnte. Für die Religion in der biblischen Tradition steht im Mittelpunkt aller Bemühung der Gott, der seine liebende Präsenz offenbart, indem er da ist, sich aber gleichzeitig entzieht. Wir haben oben gesehen, dass diese Vorenthaltung in engem Zusammenhang mit seiner Freiheit steht, die ihn unabhängig von menschlichen Konditionierungen macht, die aber auch dem Menschen einen Freiheitshorizont eröffnet.

Die Offenbarung dieser Singularität war von Anfang an von einer alteritären Zeichengebung begleitet. Es geschehen Dinge, die nicht normal sind, sie weichen von der funktionalen Üblichkeit der Verhältnisse signifikant und lesbar ab. Alle Offenbarungsgeschichten sind insofern Wundergeschichten. Eine besondere Richtung nimmt die monotheistische Alterität, indem sie sich in die kultischen Traditionen der Herkunftsreligiositäten einträgt. Ein besonders schönes Beispiel für das

Zusammenwirken von anthropogener und theogener Religion ist der Opferkult, ohne Zweifel ein Relikt aus polytheistischen, d. h. heidnischen Zeiten. Er wird nicht abgeschafft, sondern transformiert bis zum Ende aller Opfer, als das die Ereignisse um Tod und Auferstehung Jesu interpretiert werden. Weil diese Geschichte einzigartig ist und von anderen Geschichten unterschieden werden muss, müssen wir den christlichen Kult und Ritus, der diese Spur zieht, ebenfalls deutlich von anderen Symbolwelten unterscheiden. Wenn wir die Kinder sensibilisieren und die Eigensprachlichkeit der Dinge, das Wasser, das Licht und andere Ursymbole mit ihnen besprechen und sie dafür empfindsam machen, dann muss der Qualitätssprung deutlich werden, wenn aus dem Wasser, dem allgemeinen Symbol des Lebens und der Fruchtbarkeit, schließlich das Zeichen für die Aufnahme in das neue Leben als Christ und in die Gemeinschaft der Christen die Taufe wird. Gleichzeitig muss deutlich werden, was das eine mit dem anderen zu tun hat. Dieses alteritäre Zeichensystem gleicht einem Alphabet. In der Schule wird alphabetisiert. Das ist die Aufgabe der Schule, mit Kulturtechniken, mit Sprachen und Symbolen in einer einweisenden, benutzerfreundlichen Weise bekannt zu machen. Wer mit einer Schulklasse bespricht, was eine Kirche ist, der aus dem Kontinuum der Zwecke herausgesprengte, nicht-funktionale Raum, in dem die Anwesenheit des „ganz Anderen" gefeiert werden kann, dann gehört dazu das leibgebundene Alphabet „der kleinen Zeichen", die Gebrauchsanweisungen: So betritt man eine Kirche! So wird eine Kniebeuge gemacht. „So geht katholisch", so heißt eine solche Gebrauchsanweisung, die August Heuser, der Dommuseumsdirektor, in Frankfurt entwickelt und zu einer Installation aufgebaut hat, die inzwischen vielerorts gezeigt wurde.[16] Wo wird eine Kniebeuge gemacht und warum? Was bedeutet das rote Licht? Was ist der Tabernakel, und was enthält er? Und vieles andere mehr.

Wer im Sportunterricht nur Trockenschwimmen durchnimmt, ohne je das Gefühl zu erleben, wie es ist, wenn das Wasser trägt, weiß nicht was Schwimmen ist. Wer nur Noten lesen lernt, weiß nicht, was Musik ist, und so gibt es viele Sujets, die nicht im Modus der Subjekt-Objekt-Analyse erkannt werden können. Hier muss Mystagogie ansetzen, wenn sie denn das „Agogein", das Einführen ernst nimmt. So wie bestimmte Musikerlebnisse erfordern, dass man in einen Konzertsaal geht oder doch die Stereoanlage anstellt, so gibt es Rahmenbedingungen, die hergestellt werden können, für die Erlebnisse, um die es in der Religion geht. Das können Anweisungen sein, bestimmte Orte aufzusuchen, das kann die Anleitung sein, bestimmte Gebete oder auch Gebetsformeln zu sprechen, kurzum: das Vertraut-machen mit dem oben mehrfach erwähnten alteritären Alphabet des Monotheismus.

Mirjam Schambeck hat den Vorschlag gemacht, von transzendentaler Mystagogie zu sprechen. Dies kann als wertvoller Hinweis gelesen werden, bei aller Hinführung das Agogische nicht in der Weise zu deuten, dass die Freiheit Gottes, sich in einer Erfahrung, die diesen Namen auch verdient, zu offenbaren, übersehen wird. Über alle Mystagogie, welcher Mittel sie sich auch bedient, steht ein transzendentaler Vorbehalt. Es liefe aber auf einen Kategorienfehler hinaus, diese Interpretationsebene von Mystagogie mit einem bestimmten Verfahren zu verbinden. Die Offenheit und Weite, die in der maximalen Extension transzendentaler Mystagogie liegt, enthebt christliche Mystagogen nicht der Bemühung um die Singularität der biblischen Offenbarung, insbesondere der Singularität des Christus. Die Weite der transzendentalen Betrachtungsweise, qualifiziert auch das, was oben schwache Mystagogie genannt wurde. Auch bei Stilleübungen, die noch keinerlei biblische Semantik enthalten, können Erfahrungen existentieller Art gemacht werden.

Umgekehrt gibt es in dem Alphabetisierungsprogramm der alteritären Zeichensysteme, die zur biblischen Großerzählung gehören, keinerlei Garantie, dass Gott sich offenbart. Dennoch haben wir als Christen, mit Blick auf Christus, allen Grund, alle unsere religiösen Erlebnisse, wo immer sie auch gemacht werden, auf ihn zu beziehen. Christliche Mystagogie – es ist im Grunde eine Tautologie – muss christozentrisch sein. Daher ist den Wegen der Vorzug zu geben, die zu Christus führen.

Vorwort:

Traktatus logico – philosophicus

„Man könnte den ganzen Sinn des Buches etwa in die Worte fassen: Was sich überhaupt sagen lässt, lässt sich klar sagen; und wovon man

nicht reden kann, darüber muss man schweigen."
„Ich bin also der Meinung, die Probleme im Wesentlichen endgültig gelöst zu haben. Und wenn ich mich hierin nicht irre, so besteht nun der Wert dieser Arbeit zweitens darin, dass sie zeigt, wie wenig damit getan ist, dass diese Probleme gelöst sind."
Ludwig Wittgenstein, Logisch-philosophische Abhandlung, Traktatus logico – philosophicus. Kritische Edition, hrsg. von Brian McGuinness, Frankfurt/M. 1989. Zu einer Anmerkung zu Karl-Heinz Kohl: Ethnologie – Die Wissenschaft vom kulturell fremden. Eine Einführung. Hier insbesondere VI. 5. Ausblick auf neuere theoretische Entwicklungen. S. 162 ff.
Anmerkung: Odo Marquard „Lob des Polytheismus. Über Monomethy und Polymethy. In: Abschied vom Prinzipiellen. Stuttgart 1981, S. 91 – 116.

1 Vgl. Predigt von Kardinal Ratzinger bei der Konklave-Eröffnungsmesse am 19. April 2005.

2 Odo Marquard, Lob den Polytheismus. Über Monomythie und Polymythie, in: Abschied vom Prinzipiellen. Stuttgart 1989, S. 91-116.

3 Vgl. Hans Joas. Kontingenz und Gewissheit. Religion und das Ende der Säkularisierungsthese. In: INFO 04/2006. 35. Jahrgang. S. 4 – 10.

4 Abgedruckt in: Verlautbarungen des Apostolischen Stuhls Nr. 174. Bonn 2006. S. 72 – 84.

5 Für die historische Einbettung der frühchristlichen Arkandisziplin in die Tradition antiker Mysterienkulte vgl. Tebartz van Elst, Franz Peter, „Liturgie ist gesungene Dogmatik" Glaubensinhalte im mystagogischen Kontext, in: Theologie im Dialog. Festschrift für Harald Wagner, Hrsg. von Peter Neuner und Peter Lüning, Münster 2004, S. 249-269.

6 Ludwig Wittgenstein, Logisch-philosophische Abhandlung, Traktatus logico-philosophicus. Kritische Edition, hrsg. von Brian McGuinness, Frankfurt/M. 1989.

7 Der Begriff der eschatologischen Vorenthaltung ist dem Terminus „eschatologischer Vorbehalt" vorzuziehen. Ein Vorbehalt bezeichnet nach dem geläufigen Verständnis eine Schranke, die unter bestimmten Umständen sich hebt, ein Hindernis, das

beseitigt werden kann. Man hört bei „Vorbehalt" auch die Bedingung, unter der eine bestimmte Sache zugesagt werden kann. Wer etwas unter Vorbehalt ersteigert, kann sein Schnäppchen durchaus in Empfang nehmen, wenn der Vorbesitzer dem Ergebnis der Auktion zugestimmt hat. So gesehen ist der eschatologische Vorbehalt dem ersten paganen Typus des Mysterions vergleichbar.

8 Mose der Ägypter. Entzifferung einer Gedächtnisspur. München 1998.

9 Vgl. Diels, H.: Die Fragmente der Vorsokratiker. Bd. 2. Hrsg. von W. Kranz. Berlin 1973.

10 Ebach, Jürgen: Theodizee: Fragen gegen die Antworten. Anmerkungen zur biblischen Erzählung ovn der „Bindung Isaaks" (1. Mose 22). In: F. Hermanni/V. Steenblock (Hrsg.): Philosophische Orientierung (FS zum 65. Geburtstag von Willi Oelmüller). München 1995. S. 215 – 239.

11 Bei einer zweiten weniger harmlosen Variante einer usurpatorischen und ermächtigenden Theologie handelt es sich um das, was gemeinhin mit Fundamentalismus bezeichnet wird. Hier gibt es einen auffälligen Zusammenhang mit dem Gottesmedium der Schrift. Es ist eine besondere Versuchung der Frommen, den Willen Gottes in einer heiligen Schrift enfach nachlesen zu können. Diese Versuchung hat Jesus in seinem Dauerstreit mit den Schriftgelehrten bekämpft.

12 Vgl. Dressler, Bernhard. Bildung – Religion – Kompetenz. In: ZPT 56 (2004). 258 – 263. Englert, Rudolf. „Performativer Religionsunterricht?" Anmerkung zu den Ansätzen von Schmidt, Dressler und Schobert. In: rhs 45 (2000). 32 – 36.

13 Vgl. Mirjam Schambeck. SF Religion lernen – Überlegungen zum mystagogischen Lernen angesichts des Fremdwerdens des christlichen Glaubens. In: Ludwig Rendle (Hrsg.) Mehr als reden über Religion... Donauwörth 2006. S. 49 – 66.

14 Die dunkle Spur christlicher Mission im Windschatten des Kolonialismus soll nicht unterschlagen werden.

15 Vgl. Paul Feyerabend, „Erkenntnis für freie Menschen", Frankfurt 1976.

16 Vgl. „Info – Informationen für Religionslehrerinnen und Religionslehrer", Nr. 3/2004

Moralische Tugenden im Nährboden des Glaubens

Andreas Lob-Hüdepohl, Berlin

1. Krisenphänome des Moralischen

Nach dem brutalen Mord dreier türkischer Brüder, die sie an ihrer Schwester wegen der unverzeihlichen Verwestlichung ihres Lebenswandels verübten, setzte in Berlin erneut eine Debatte über eine möglichst effektive Werteerziehung in der Schule ein. Denn nicht nur der Mord als solcher erschütterte die Öffentlichkeit, sondern vor allem auch die Sympathiebekundungen, die eine erhebliche Anzahl von Schülerinnen und Schüler mehr oder minder unverhohlen für diese Tat äußerten. Solche und ähnliche Auswüchse menschenverachtender Gewalt und Einstellungen gelten in unserer Gesellschaft als Indizien für einen gravierenden Werteverfall, dem man nur mit einer offensiven Wertevermittlung wirksam begegnen kann.

Die empirische Sozialforschung wie etwa die zweijährlich veröffentlichten Shell-Jugendstudien legen jedoch andere Schlussfolgerungen nahe. So bezweifeln sie einen nennenswerten Verlust von Werten. Stattdessen stellen sie sogar eine „Inflation am Wertehimmel"[1] fest, bei der traditionelle Wertorientierungen wie Partnerschaft, Familienleben, Ehe, Eigenverantwortung, Freundschaft, Gesetz und Ordnung, Toleranz und soziale Hilfsbereitschaft nicht nur nicht untergehen, sondern nach wie vor eine höhere Wertschätzung erfahren als etwa typisch individualistisch-moderne Werte wie Lebensgenuss, Durchsetzungskraft, hoher Lebensstandard oder Macht und Einfluss.[2] Was sich freilich in der deutschen Wertelandschaft – übrigens nicht nur bei Jugendlichen – verändert hat, ist hingegen das Folgende: Erheblich zugenommen hat Widerstreit zwischen Wertorientierungen, die für sich genommen ihr legitimes Eigenrecht besitzen, die aber miteinander vermittelt werden müssen. Es ist schwieriger geworden, Familie *und* Erwerbsarbeit, konkurrierende Leistung am Arbeitsplatz *und*

Solidarität mit Schwächeren oder berufliche Mobilität *und* längerfristige Verbindlichkeiten in Partnerschaften und Gemeinschaften miteinander zu vereinbaren. Diese Vereinbarkeitsleistungen werden gerade bei Jugendlichen zunehmend durch pragmatische Behelfs- und Zwischenlösungen realisiert. Im Konfliktfall gilt als Maxime – zugespitzt formuliert – nicht mehr ein entschiedenes *Entweder-oder*, sondern ein fließendes *Sowohl-als-auch,* das mitunter beträchtliche Abstriche an den prinzipiellen Wertoptionen zu machen bereit ist. Dieses pragmatische Sowohl-als-auch verabschiedet sich unter der Hand vom Prinzipiellen. Der Abschied vom Prinzipiellen lässt zugleich den Sinn fürs Unbedingte verdunsten. Dieser Sinn fürs Unbedingte zeigt sich etwa dort, wo Wertoptionen auch gegen den Strom des vorherrschenden Trends umgesetzt und im Alltag praktisch wie kontrastreich gelebt werden. Er zeigt sich in der bewussten Unterstützung schwacher, behinderter oder ökonomisch wenig ertragreicher Menschen ebenso wie im couragierten Eingreifen bei gewalttätigen Übergriffen auf Mitmenschen oder im Protest gegen die Zumutungen einer leistungsbetonten Mehrheitsgesellschaft, die ihre Minderheiten durch Alimentierungen unterschiedlichster Art lediglich ruhigstellt. Wo im Zeichen von Behelfs- und Zwischenlösungen wirklich befriedigende Lösungen ohnehin unerreichbar bleiben, schwindet die persönliche Bereitschaft, sich für fundamentale Wertoptionen auch bei gesellschaftlichem Gegenwind voll und ganz, also unbedingt einzusetzen.

Wenn wir von Krisenphänomenen des Moralischen sprechen wollen, dann ist es folglich weniger eine Krise der Werte, sondern eine Krise von Wert*haltungen*. Fundamentale Werthaltungen verdichten sich in moralische Tugenden. Tugenden setzen das Bewusstsein für Werte, besser: für moralische Optionen voraus, suchen sie aber in stabilen *Grundfiguren praktisch gelebter Überzeugungen*[3] für das Handgemenge widerstreitender Notwendigkeiten alltagstauglich zu machen. Tugenden sind solche Handlungsfiguren eines Menschen, die seinen Umgang mit moralisch gehaltvollen Fragestellungen und Alltagssituationen prägen. Sie sind so etwas wie „Haltung[en] moralisch-kreativer Kompetenz"[4]. Tugenden müssen eingeübt werden, müssen wachsen und sich im praktischen Lebensvollzug bewähren. Sie können auch in Krisen geraten. Solche Krisen spiegeln in der Regel keinen mangelnden guten Willen der Betroffenen, sondern eher die Schwierigkeit, in einer zugleich unübersichtlichen wie riskanten Lebenswelt einen geeigneten Nährboden wie Bewährungsraum für praktisch gelebte Wertüberzeugungen zu finden.

Diese Krise praktisch gelebter Wertüberzeugungen ist eine entscheidende Herausforderung, an der sich die Weitergabe des christlichen Glaubens bewähren und bewahrheiten kann und muss. Denn die Weitergabe des Glaubens besteht nicht, wenigstens nicht in erster Linie, in der Weitergabe kognitiver Glaubensinhalte. Sie besteht vor allem in dem Weitergeben jenes hoffenden Vertrauens in eine heilsam-rettende Wirklichkeit, die Christen als ihren Gott bekennen und die in dessen Sohn unter Menschen gelebt und umfassendes Heil gestiftet hat. Die Weitergabe des Glaubens vollzieht sich in der Stiftung von grundlegenden Lebensdispositionen, die in der Art und Weise persönlicher Lebensführung praktisch werden. „Am Anfang des Christseins", so Benedikt XVI. in seiner Antrittsenzyklika *Deus caritas est*, „steht nicht ein ethischer Entschluss oder eine große Idee, sondern die Begegnung mit einem Ereignis, mit einer Person, die unserem Leben einen neuen Horizont und damit seine entscheidende Richtung gibt."[5] Dieses heilsam-rettende Beziehungsereignis ‚im Rücken' führt nicht zur Erkenntnis neuer oder gar exklusiv christlicher Werte.[6] Wohl aber setzt sie eine Handlungsdisposition des Menschen frei, die ihn gerade in den Konflikt- und Krisensituationen moralischer Lebensvollzüge zu radikal-innovatorischen Handlungen befähigt und damit eine entscheidende Gestaltungsressource praktisch gelebter Überzeugungen bildet.[7]

2. Moralische Tugenden: Grundfiguren praktisch gelebter Überzeugungen zwischen moralischer Sensibilität und couragiertem Engagement

Die Kompetenz sittlicher Lebensführung besteht nicht allein in einer moralischen Erkenntnis- und Urteilsfähigkeit, sondern vor allem in einer moralischen Handlungs- und Gestaltungskompetenz. Heinrich Roth bemisst in seiner einflussreichen pädagogischen Anthropologie die moralische Persönlichkeit eines Menschen nicht so sehr am Standard seiner (möglicherweise sogar hoch lobenswerten) Gesinnungen, sondern an seiner konkreten Handlungsfähigkeit im Umgang mit alltäglichen normativ gehaltvollen Lebenskonflikten.[8] An diese basa-

le Einsicht zu erinnern ist hilfreich, da sich unter dem Eindruck wirk-
mächtiger Theorien etwa zur Entwicklung des moralischen Bewusstseins die moralpädagogische Debatte allzu schnell auf den – zweifellos
wichtigen – Aspekt kognitiv-moralischer Urteilsniveaus verengt hat.[9]
Sie greift zugleich ein zentrales Motiv der moralphilosophischen Tradition Kants auf. Denn auch Kants praktische Grundfrage war bekanntlich nicht ‚Wie soll ich moralisch denken?‘, sondern ‚Was soll ich tun?‘.

Mindestens vier Grundkomponenten gehören zu einer moralischen
Handlungsfähigkeit. Eine erste Grundkomponente besteht in der *Sensibilität* für moralische Konflikte, mehr noch: für Beschädigungen und
Versehrungen menschlicher Würde. Sensibilität umfasst eine Empfindlichkeit für Leid, für Ungerechtigkeit oder für das schmerzhafte
Scheitern von Lebensplänen ebenso wie eine Empathie im Sinne des
Anteilnehmens und Sich-hinein-Versetzens in die bedrohliche Lebens-
lage eines in seiner Würde bedrohten Anderen. Eine zweite Komponente moralischer Handlungsfähigkeit besteht in der Fähigkeit zu einem
kritischen Blick. Kritik meint hier die abwägende Beurteilung moralischer Konflikte im Lichte jener sittlich relevanten Güter und normativen Verbindlichkeiten, die der Handelnde im konkreten Fall berührt,
vielleicht sogar beschädigt sieht. Diese moralische Urteilsfähigkeit
umfasst selbst ein umfangreiches Repertoire an Einzelleistungen, die
man als Fähigkeit persönlicher Gewissensbildung zusammenfassen
kann.[10] Eine dritte Grundkomponente moralischer Handlungsfähigkeit besteht in der Fähigkeit zu kreativen Entscheidungen. Kreatives
Entscheiden ist nicht identisch mit der Fähigkeit zu kritischen und
klugen Urteilen. Sie verknüpft das kluge und abwägende Urteilen mit
der Suche nach angemessenen, vor allem aber auch nach innovativen
Handlungsalternativen – insbesondere bei aussichtslos erscheinenden
Handlungsblockaden. Kreatives Entscheiden setzt moralische Phantasie voraus. Diese erfindet aussichtsreiche Handlungsoptionen nicht
immer neu, sondern macht sich auch den Erfahrungsschatz geschichtlich geronnener Traditionen zu Nutze. Sie fahndet nach solchen Hand-
lungsmodellen, die für die aktuell zur Lösung anstehenden Fragestellungen wegweisend sein können.

Eine letzte Grundkomponente besteht in der Fähigkeit zu coura-
giertem Handeln. Sie rundet die moralische Handlungsfähigkeit eines

Menschen ab. Zwar mag die Umsetzung einer gewissenhaften Entscheidung in das konkrete Handeln als selbstverständlich erscheinen. Sie ist es aber faktisch nicht. Schon unter gewöhnlichen Bedingungen stellt sich nicht nur in Ausnahmefällen das Performanzproblem; der Schritt von der Einsicht zur konkreten Tat ist die Achillesferse moralischer Handlungsfähigkeit. Denn was im Normalfall vielleicht nur Routine ist, erfordert in Situationen, in denen das moralisch Vernünftige mit Gegenwind und Ablehnung durch den gesellschaftlichen Mainstream rechnen muss, Mut und Entschlossenheit. Hier ist couragiertes Engagement gefragt, und dieses Moment macht in besonderer (nicht ausschließlicher) Weise das spezifisch Christliche menschlicher Sittlichkeit ansichtig. Denn darin besteht das, was mit Nachfolge des Gekreuzigten bezeichnet werden kann. Das vernünftigerweise moralisch Gebotene als das wirklich Menschendienliche in die Tat umzusetzen, ist oftmals gefährlich – jedenfalls immer dann, wenn es nicht mit dem entgegenkommenden Verständnis der sozialen Mitwelt rechnen oder sogar schroff mit dem gesellschaftlichen Zeitgeist kollidiert. Zu tief sind subtile oder sogar offene Machtinteressen und Selbstbehauptungsbedürfnisse in den Alltag menschlicher Lebenswelten eingewoben, zu unheilvoll haben sich Menschen in wechselseitigen Ausgrenzungen und Anfeindungen, in Misstrauen und taktischen Kalkülen verstrickt, als dass wir von vorneherein günstige und gefahrlose Ausgangsbedingungen für das vernünftigerweise gebotene Handeln unterstellen dürften. In solchen Situationen nährt das Widerfahrnis des heilsam-rettenden Gottes im Rücken die Hoffnung und die Zuversicht, sich allen Verzagtheiten und Gegenwinden mit dem Trotzdem des Vernünftigen und Menschendienlichen zu widersetzen.[11]

3. Riskante Freiheiten: moralische Tugenden unter Druck

Unabhängig von solchen Grenzerfahrungen, denen sich unsere moralische Handlungsfähigkeit immer wieder ausgesetzt sieht, stehen stabile Grundfiguren praktisch gelebter Überzeugungen wie die Tugenden der Gerechtigkeit, der Solidarität, der Achtsamkeit usw. in spätmodernen Gesellschaften unter dem Vorzeichen riskanter Freiheiten und damit unter einem besonderen Druck. Denn, gibt Erich Fromm zu bedenken, die „Struktur moderner Gesellschaften prägt den Menschen zeitgleich in doppelter Weise: Er wird zunehmend unabhängig, selbstsicher und kritisch, und er wird zunehmend isoliert, einsam und verängstigt."[12]

Dieses Diktum aus dem Jahre 1941 hat nichts an Aktualität verloren. Längst sind die Ambivalenzen spätmoderner Lebenswelten vermessen.[13] Die Individualisierung der Lebensläufe nötigt den modernen Menschen zur Selbstorganisation seiner sozialen Netzwerke, deren Bindungen und Beziehungen ganz wesentlich zum Gelingen eines glückenden Lebens beitragen. Die Pluralisierung handlungsorientierender Lebensentwürfe, über die der moderne Mensch relativ unproblematisch verfügen kann, nötigt ihn zur Selbstorientierung im Geflecht der Sinnentwürfe. Zugleich werden solche Selbstorientierungsprozesse zunehmend aus dem Bereich des Öffentlichen verdrängt und privatisiert. Diese Privatisierung begünstigt eine Selbstzentrierung der Sinnerschließung, die den modernen Menschen aus den Gemeinschaften, in denen gemeinsam Sinnentwürfe des Lebens erschlossen und aufeinander abgestimmt werden können, auskoppelt. Die damit einhergehende Ausdifferenzierung faktisch gelebter Lebensentwürfe korrespondiert mit dem persönlichen Selbstanspruch wie mit der gesellschaftlichen Erwartungshaltung, die biographische Einzigartigkeit bzw. authentische Besonderheit eines jeden selbst erzeugen zu müssen.

Individualisierung, Pluralisierung, Privatisierung wie Ausdifferenzierung nötigen den modernen Menschen zur „Bastelexistenz"[14], die die eigene Biographie je neu entwirft und inszeniert. Solche Bastelexistenz kann gelingen; sie kann aber auch gründlich misslingen. Sie stellt nämlich hohe Anforderungen an den modernen Menschen. Wir müssen mit anspruchsvollen Kompetenzen ausgestattet sein, um an unseren Biographien zu basteln, unseren Alltag selbst zu inszenieren, Enttäuschungen zu verarbeiten, längerfristige Lebensplanungen zu entwerfen, zu entscheiden, zu organisieren usw. Der Preis solcher Freiheiten ist dabei aber nicht automatisch der unwiederbringliche Verlust von Bindungen und eine wachsende Vereinsamung. Individualisierung führt durchaus zu neuen, womöglich sogar zu festeren und verbindlicheren Vergemeinschaftungsformen. Was mit moderner Freiheit freilich unweigerlich verbunden ist, ist der Verlust jener *unzerbrüchlichen Sicherheiten*, die die traditionellen Lebensrhythmen und festgefügten Lebensentwürfen zweifelsohne bereithielten. Ähnlich sind mit der Pluralisierung von Sinnentwürfen auch nicht die moralischen Orientierungsmuster unseres Lebens verdunstet. Sie sind und bleiben da, und zwar in einer bislang unbekannten Vielzahl und Reichhaltigkeit. Was in modernen Gesellschaften hingegen verloren geht, ist deren naturwüchsige Geltung. Dieser Verlust von vorfindlichen Sicherheiten und Stabilitäten erhöht das Risiko des Scheiterns einer Bastelexistenz und damit das Risiko einer Verunsicherung, die überfordert und missbraucht werden kann.

Jede Biographie kennt Situationen großer Verunsicherung, nicht nur in der Kindheit und Adoleszenz, sondern bis ins hohe Alter. In der Regel bilden sich im Verlauf der eigenen Biographie ausreichende Fähigkeiten zur Krisen- und Konfliktbewältigung aus, die diese Verunsicherungen produktiv verarbeiten. Diese Fähigkeiten helfen zugleich, das menschliche Urbedürfnis nach Stabilität, nach Schutz und nach Sicherheit zu befriedigen. Fehlen aber diese Fähigkeiten, dann liegt die Flucht in die (vermeintliche) Sicherheit einer Autorität nahe, von deren Weisung oder Nähe eine wirksame Unterstützung bei der Bewältigung von bedrohlichen Lebenslagen erhofft wird. Diese Flucht in die Sicherheit suggerierende fremde Autorität kann man „autoritäre Reaktion"[15] nennen. Nun sind autoritäre Reaktionen in der kindlichen Lebensphase weder außergewöhnlich noch schädlich. Mit zunehmendem Alter jedoch werden sie gefährlich und irrational – nämlich dann, wenn die Flucht und die Bindung an eine Autorität gebietende Person oder Peer-group *kritiklos* erfolgt und die eigenen Ich-Schwächen allein durch die emotionale Unterwerfung unter die Autorität kompensiert wird; dann, wenn der verunsicherte Mensch das eigenverantwortliche Denken und Handeln Preis gibt und ganz mit den Denk- und Handlungsmustern der fremden Autorität gleichschaltet – eben weil er seine eigene Aussichtslosigkeit und Angst, ja letztlich seinen freien Selbststand und seine Freiheit nicht (mehr) ertragen kann.

Es ist offensichtlich, dass autoritäre Reaktionen, so nachvollziehbar sie aus der Binnensicht einer zutiefst verunsicherten Person auch sein mögen, dem Wesen und dem Gelingen moralischer Tugenden bzw. Grundfiguren praktisch gelebter Überzeugungen diametral entgegenstehen. Denn solche autoritären Reaktionen unterscheiden sich von vernünftig begründeter Bindung an eine Autorität gerade darin, dass sie auf bloße emotionale Unterwerfung und nicht, wie letztere, auf einer bewussten und vernunftgeleiteten Entscheidung beruhen.[16] Das Gegenteil eines autoritären Menschen, der sich durch seine Unterwerfung Schutz und Stabilität seiner verunsicherten Existenz verspricht, ist nach Auskunft von *Erich Fromm* der reife Mensch, dessen Kraft zur gelingenden Lebensführung sich auf Vernunft und Liebe stützen kann. Liebe versteht Fromm als „die Verbundenheit und das Einssein mit der Welt unter der Bedingung der Erhaltung der eigenen Unabhängigkeit und Integrität (...). Der liebende Mensch ist mit der Welt verbunden; er ängstigt sich nicht, denn er ist in der Welt zuhause. Er kann sich vergessen, gerade weil er sich seiner sicher ist."[17]

4. Zuversichtliche Gemeinschaften: moralische Tugenden im Nährboden kommunitärer Lern- und Lebensräume

Deshalb kann dem Risiko moderner Freiheiten nicht durch eine ‚Rolle rückwärts' in die Zeiten vormoderner Gesellschaften gegengesteuert werden, um den Druck auf moralische Tugenden abzubauen sowie die für die moralische Handlungsfähigkeit eines Menschen konstitutiven Grundfiguren praktisch gelebter Überzeugungen stabilisieren zu wollen. Es verbieten sich alle Strategien, die beispielsweise der Versuchung zur Restauration verbindlich vorgegebener traditioneller Lebensmuster erliegen. Die (vielleicht sogar selbstbewirkte) Zwangseinweisung eines Menschen in feste Rollen und Lebensentwürfe mag zwar auf den ersten Blick gewisse Sicherheiten und Stabilitäten versprechen. Sie hätte aber in jedem Fall einen hohen Preis: Sie zerstörte die geschichtliche Dynamik wie die kreative Offenheit aller individuell-persönlichen Lebensläufe, die die menschlichen Lebenswelten von der Totenstarre eines Mausoleums unterscheiden. Ähnlich ungeeignet ist der immer wieder laut vorgetragene Ruf nach vermehrter moralischer Belehrung. Nochmals: Die Welt ist voll von hehren Imperativen und Appellen, die gewusst und verinnerlicht sind und über die im Kopf und auf den Lippen Einvernehmen herrscht. Und dennoch fruchten sie für sich allein genommen wenig. Mit Blick auf eine Vielzahl von Menschen, die tief verunsichert sind und sich um sich ängstigen, gilt nach wie vor das Diktum *Theodor W. Adornos* und *Max Horkheimers:* „Um sie im Ernst zu verändern, wird es darum nicht genügen, sie zu belehren oder ihnen andere Überzeugungen beizubringen, sondern es gilt, bei ihnen durch tiefgreifende erzieherische Prozesse die Fähigkeit zu bilden oder wiederherzustellen, ein spontanes und lebendiges Verhältnis zu Menschen und Dingen zu gewinnen."[18]

Die (Wieder-)Erzeugung sozialer Nähen, in denen Menschen zu sich und anderen Spontaneität wie Liebe erleben, erlernen und weitergeben können, ist deshalb eine entscheidender Ansatzpunkt, in denen moralische Tugenden als Grundfiguren praktisch gelebter Überzeugungen sich auszubilden und zu stabilisieren vermögen. Damit wird das fundamentale Gewicht solcher kommunitären Lebensräume und Gemeinschaften offenkundig, in denen die Grundfiguren einer reifen Sittlichkeit nicht nur theoretisch erörtert, sondern vor allem praktisch erlebt und gelebt, gefordert und gefördert, erfahren und erlernt werden können; kommunitäre Lebensräume und Gemeinschaften aber auch, in denen Achtung wie Gerechtigkeit, Empathie wie Solidarität, couragiertes Engagement wie besonnene Verantwortlichkeit, kurz: in denen Moralität durch die Erfahrung eigener Geborgenheit, eigener Achtung, eigener Wertschätzung anerkannt und genährt werden; Erfahrungen, die kaum mediale Zwischenschaltungen oder künstliche Chatrooms dulden, sondern sich erst im konkreten Vollzug des Von-Angesicht-zu-Angesicht, sozusagen im Dialog der sehnsüchtigen wie bestärkenden Blicke zwischen leibhaftigen Personen einstellen können.[19] Solche kommunitären Lebensräume und Gemeinschaften sind durchaus vielfältig: Familien, Schulen, Nachbarschaften, Vereine, Freundeskreise, Bürgerrechts- und Umweltgruppen usw. Sie sind für die (Wieder-)Erzeugung sozialer Nähen und folglich für moralische Tugenden dann ‚nahrhaft', wenn ihre zwischenmenschliche Beziehungen nicht nur überschaubar, sondern auch die Qualität persönlicher Vertrautheit und intimer Interessiertheit besitzen. Besonders in diesen kommunitären Gemeinschaften können Menschen ihre Lebenskonflikte und Lebenskrisen, ihre Furcht und Sorge ebenso zur Sprache bringen, wie sie über ihre Sehnsüchte und Hoffnungen berichten, über ihre Lebensoptionen und Lebenspläne streiten oder auch kreative Handlungsmodelle erproben.

Es besteht kein Zweifel, dass auch kirchliche Gemeinden und Gemeinschaften, ja dass Kirche insgesamt diese entscheidende Infrastruktur kommunitärer Gemeinschaften im Grundsatz besitzen und damit stabile Grundfiguren praktisch gelebter Überzeugungen generieren und unterstützen. Mehr noch: Das semantische Potential des christlichen Gottesbekenntnisses hält für die lebensgeschichtliche Realisierung moralischer Tugenden eine spezifische Ressource bereit. Das *proprium christianum*[20] in Fragen der Moralität besteht ja nicht in der Exklusivität bestimmter Normen oder Tugenden, sondern in den Ermöglichungsbedingungen ihrer individuell-persönlichen Realisierung im Kontext von Geschichte und Gesellschaft.

Christlich gelebte Sittlichkeit vollzieht sich wesentlich als Nachfolge des Gekreuzigten. Zwar mag die Nachfolge des Gekreuzigten gelegentlich zum Kreuz des Argwohns, der Ausgrenzung oder sogar des sozialen und physischen Todes führen. Das Geschick Jesu erinnert jedoch daran, dass die Nachfolge des Gekreuzigten niemals in oder mit dem Kreuz *endet*. Jesu Tod *und* seine Auferweckung von den Toten ist die Konsequenz von beidem: von der Machtbesessenheit seiner Widersacher wie vom Vertrauen des Sohnes in die letztlich obsiegende Liebe und Errettung seines Vaters, der ihn durch alle Anfeindungen und selbst durch den Kreuzestod hindurch die Treue hält; der ihn dem endgültigen Tod entreißt und zum endgültigem Leben in Liebe und Gemeinschaft führt. Jesu Tod und Auferweckung besiegeln das endgültige Ja Gottes zum Leben gegen die todbringenden Mächte menschlicher Machenschaften und Herrschaften; die dann das moralisch Vernünftige und Gebotene als das Menschendienliche zu kreuzigen beabsichtigen, wenn es ihr Macht- und Interessenkalkül zu durchkreuzen droht.

Dieses unbedingte Ja Gottes zum Leben, so bekennt das Geheimnis der Erlösung auch, gilt nicht nur Jesus, dem Christus, sondern zugleich uns und den vielen. Es vermittelt uns zwar keine Sicherheit, gleichwohl aber die hoffnungsfrohe Zuversicht, in solchen Situationen selbst nicht verlassen, sondern in der lebensspendenden Zuwendung Gottes gehalten zu sein, in denen wir oder andere durch ein konsequentes und couragiertes Handeln in dem gefährlichen Gestrüpp moralischer Alltagskonflikte zu straucheln und unterzugehen drohen. Diese Zuversicht erlöst und befreit Menschen von der zunächst sehr verständlichen Sorge um sich selbst. Und es befreit zu einem wahrhaft innovatorischen Handeln, das allen Erscheinungsformen der Unvernunft menschlicher Lebenswelten, die den Sinn des moralisch Vernünftigen zu dementieren drohen, das Trotzdem des moralisch Vernünftigen und Gebotenen entgegensetzen; ein Trotzdem, wie es im vergebenden Handeln jenes Opfers sichtbar wird, das dem Täter verzeiht, ohne vorher die widerfahrene Verletzung gesühnt zu wissen; oder das Trotzdem des vertrauenden Handelns, das wider aller Enttäuschung einseitig Vertrauensvorschuss zu leisten bereit ist; und nicht zuletzt das Trotzdem des widerständigen Handelns, das sich nicht auf den bequemen Komfort fauler Kompromisse oder moralischer Zwischenlösungen einlassen will, sondern beharrlich für seine innere und gewissenhafte Überzeugung eintritt.

5. Ethik oder Religionsunterricht: ein Nachruf aus aktuellem Anlass

Dieses Potenzial christlichen Glaubens wird in den kommunitären Gemeinschaften der Kirche keineswegs nur mental erinnert und erzählt, sondern sozusagen handgreiflich bekannt und bezeugt und darin praktisch bewährt und bewahrheitet wird.[21] Diese Konfessionalität im eigentlichen Sinne des Wortes impliziert die Notwendigkeit, über dieses semantische Potenzial christlicher Gottesrede nicht nur aus der Sicht einer *dritten* Person (Singular oder Plural) zu berichten oder zu räsonieren, sondern aus der Perspektive, besser: in der Lebensdimension einer *ersten* Person (Singular und Plural) bekennend und bezeugend *zur Sprache zu bringen* – ob im Modus erläuternder Rede oder im Modus eines stummen Zeugnisses der bestärkenden und Unterstützung signalisierenden, innovatorischen Tat.

Dieser Aspekt ist im Übrigen in der derzeit erhitzten Debatte um das Pflichtfach Ethik und die faktische Ausgrenzung des konfessionellen Religionsunterrichts an den öffentlichen Schulen im Land Berlin von entscheidender Bedeutung.[22] Selbstverständlich ist unter sachlichen Gesichtspunkten die Behauptung „Werte brauchen Gott"[23] völlig abwegig. Ebenso abwegig ist der Vorwurf, mit der bloßen Einführung eines Pflichtfaches Ethik maße sich der Staat eine Kompetenz an, die im eklatanten Widerspruch zum Gebot weltanschaulicher Neutralität stehe. Ein erster Blick in die einschlägigen Schulgesetze aller Bundesländer in Deutschland lehrt, dass die Vermittlung elementarer moralischer

Werte und Werthaltungen aus guten schul- wie moralpädagogischen Gründen zum genuinen Auftrag von Schule insgesamt gehört[24] und in allen Unterrichtsfächern – in welcher Form auch immer – zu verwirklichen ist.[25]

Im Unterschied zu den etablierten Schulfächern lehnt sich das Unterrichtsfach Ethik am nichttrivialen Verständnis philosophischer Ethik an[26]. Das heißt: Es setzt sich reflexiv zu der Vielfalt von Sinnentwürfen, die der menschlichen Lebensführung heute zur Verfügung stehen, ins Verhältnis; es stellt die unterschiedlichen Erschließungsformen vor und diskutiert die diversen Aspekte ethischer Begründungsformen und Argumentationstypen. Damit grenzt sich dieses Fach eindeutig gegen alle Versuche ab, durch eine suggestive Einübung von moralischen Handlungs- und Lebensmodellen die Lebenswelt von Kindern und Jugendlichen zu kolonisieren. Was im Unterrichtsfach Ethik aus der Perspektive einer dritten Person Singular oder Plural erschlossen und diskutiert wird, erhält in einem konfessionellen Religionsunterricht, in dem Lehrende wie Lernende zu denselben Inhalten aus der *ersten Person* Singular wie Plural Position beziehen[27], eine unvergleichbare Dichte wie Authentizität. Auch im konfessionellen Religionsunterricht· geht es keineswegs um eine suggestive Unterweisung der Schülerinnen und Schüler und damit um die Kolonisierung ihrer Lebenswelten. Im Gegenteil, die ausdrückliche und darin erwart- wie berechenbare Identifikation der Unterrichtsakteure mit einer Wirklichkeit, die nicht in des Menschen Hand ist, diese Identifikation konstituiert eine Dichte und Authentizität praktisch gelebter Überzeugungen, an denen sich andere überhaupt erst affirmativ wie kritisch abarbeiten und daran eigene kreativ-offene Grundfiguren praktisch gelebter Überzeugungen bilden können.

Deshalb ist der schulische Religionsunterricht eine wichtige Gelegenheitsstruktur, in der besonders Jugendliche in der Phase ihrer Adoleszenz durch die kritische wie kreative Verarbeitung *authentisch präsentierter* Modelle gelingenden Lebens ihre eigene Lebensform und die sie tragenden Sinnentwürfe profilieren können. Denn gerade die Adoleszenz ist, worauf Werner Helsper aufmerksam macht, geprägt von einer „spannungsvollen Auseinandersetzung mit sozialisatorisch erworbenen Glaubensvorstellungen, religiösen Ritualen und Bildern",

in der Transzendenzentwürfe wie religiöse Praktiken und Deutungsmuster ebenso zur Debatte gestellt, „verworfen, aber auch neu konfi-
guriert werden" [28]. Die Verbannung des konfessionellen Religionsunterrichts aus der öffentlichen Schule würde – da sich andere Lernorte
weitgehend aufgelöst haben – eine zentrale Ressource austrocknen,
aus der sich moralische Tugenden als Grundfiguren praktisch gelebter
Überzeugungen wie die moralische Handlungsfähigkeit Heranwach-
sender insgesamt nähren und entwickeln können.

Dieser schul- und moralpädagogischen Begründung korrespondiert
auch eine religionspädagogische Begründung des konfessionellen
Religionsunterrichts – insbesondere mit Blick auf die Weitergabe des
Glaubens. Parallel zur Entwicklung des moralischen Bewusstseins entwickelt sich auch das religiöse Bewusstsein in bestimmten Stufen und
Phasen.[29] In der Adoleszenz kommt es mit der Entdeckung der eigenen
Subjektivität zur Distanzierung vorgegebener Bindungsmuster an eine
transzendente Größe und mit ihr an religiöse Riten, Verhaltenserwar-
tungen usw. Für den Fortgang der religiösen Entwicklung des Jugendli-
chen ist es von entscheidender Bedeutung, dass in dieser Phase der Jugendliche in eine aktive, ja sogar provozierende Kommunikation über
Fragen des Religiösen gezogen wird. Nur so können seine Selbstabklä-
rung und ein religiöses Lernen gelingen, dessen Ausgang durchaus
offen ist. Die religiöse Kommunikation wie Praxis droht, sich in der
Familie wie der jugendlichen Lebenswelt insgesamt zu verflüchtigen.
Dieses Schweigen über das Sakrale und Heilige ist verhängnisvoll.
Denn wenn die Kommunikation über Fragen des Religiösen ausfällt,
dann besteht die Gefahr, dass sich die religiöse Entwicklung von der
allgemeinen kognitiven Entwicklung entkoppelt. Insofern bieten gerade Fragen der Lebensführung und der Lebensentwürfe inmitten der
schulischen Alltagswelt von Kinder und Jugendlichen einen wichtigen
Anknüpfungspunkt, gegen das große Schweigen über Gott durch eine
offensive (nicht bedrängende!) *verbale* Kommunikation im Modus erläuternder und erzählender Rede wie durch eine *nonverbale* Kommunikation im Modus symbolische Gesten und Rituale das Sinnpotential
christlichen Glaubens zu erschließen und zu tradieren.

[1] So *Yvonne Fritsche:* Moderne Orientierungsmuster: Inflation am Wertehimmel. In: *Jugend 2000* Bd. 1,

[2] Vgl. *Helmut Klages/Thomas Gensicke:* Wertwandel und bürgerschaftliches Engagement an der Schwelle zum 21. Jahrhundert. Speyer 1999, S.48f.

[3] Vgl. *Dietmar Mieth:* Die neuen Tugenden. Ein ethischer Entwurf. Düsseldorf 1984, S.17f.

[4] *Jean-Pierre Wils:* Warum „Tugend"? In: Ethik und Unterricht 6 (1995, S.-2-7, hier: S.2.

[5] DCE 1. Schon 1968 hält der Theologe Joseph Ratzinger in seiner *Einführung in das Christentum* fest: „Christlicher Glaube ist nicht Idee, sondern Leben, nicht für sich seiender Geist, sondern Inkarnation, Geist im Leib der Geschichte und ihres Wir." (zitiert nach der 7. Auflage, München 1968, S.69.)

[6] Diese Einsicht hat die nachkonziliare Moraltheologie erneut ins Bewusstsein gehoben. Vgl. nach wie vor richtungsweisend *Alfons Auer:* Autonome Moral und christlicher Glaube. Düsseldorf 2. erw. A. 1984

[7] Ich habe das an anderer Stelle ausführlicher entfaltet etwa in *Andreas Lob-Hüdepohl:* ‚Moralisch handeln um der Menschwerdung des Menschen willen!' Zum Profil Theologischer Ethik. In: *Barbara Henze (Hg.):* Studium der Katholischen Theologie = UTB 1894, Paderborn 1995, S.195-230.

[8] Vgl. *Heinrich Roth:* Pädagogische Anthropologie Bd. II: Entwicklung und Erziehung. Grundlagen einer Entwicklungspädagogik. Hannover 1971, bes. S.379ff.

[9] Vgl. insbesondere die wegweisenden Studien von *Lawrence Kohlberg* und ihre vielfältigen Rezeptionen in der moralpädagogischen Debatte.

[10] Zu den Dimensionen persönlicher Gewissensbildung vgl. ausführlicher *Andreas Lob-Hüdepohl:* „Widersagt Ihr dem Bösen?" Zur Widerständigkeit des Gewissens. In: *Rainer Kampling (Hg.):* Deus semper maior. Eine Festschrift für Georg Kardinal Sterzinsky. Berlin 2001, S.117-137

[11] Vgl. ausführlicher weiter unten meine Ausführungen zum Aspekt Kirche als kommunitäre Gemeinschaft praktischen Bewährens und Bezeugens.

[12] *Erich Fromm:* Escape from Freedom, New York N.Y. 1941, S. 104.

[13] Vgl. etwa *Ulrich Beck/Elisabeth Beck-Gernsheim:* Individualisierung in modernen Gesellschaften – Perspektiven und Kontroversen einer subjektorientierten Soziologie. In: *Dies. (Hg.):* Riskante Freiheiten, Frankfurt/M. 1994, S.10-39.

[14] Vgl. *Ronald Hitzler/Anne Honer:* Bastelexistenz. Über subjektive Konsequenzen der Individualisierung. In: *Ulrich Beck/Elisabeth Beck-Gernsheim*, a.a.O., S.307-315.

[15] *Detlev Osterreich:* Autoritäre Persönlichkeit und Gesellschaftsordnung. Weinheim

1993, S.26ff.

[16] Diese wichtige Unterscheidung von *Erich Fromm* ist gerade heute aktuell. Vgl. *Ders.:* Die autoritäre Persönlichkeit. In: Deutsche Universitätszeitung 12 (1957) Nr. 9, S.3-5.

[17] Ebd., S.3.

[18] *Theodor W. Adorno/Max Horkheimer:* Vorurteil und Charakter. Ein Bericht. In: *Max Horkheimer:* Gesammelte Schriften VIII. Frankfurt/M. 1986, S.68-76.

[19] *Zygmunt Bauman* nennt dies mit Verweis auf Emanuelle Levinas die vorgesellschaftlichen Quellen der Moral. (Vgl. *ders.:* Dialektik der Ordnung. Die Moderne und der Holocaust. Frankfurt/M. ²1994, S.185ff.)

[20] Ich verstehe hier das *proprium christianum* als *proprium inclusivum* im Sinne von Profil gebenden Elementen, die in jedem Fall zu einer christlich gelebten Sittlichkeit dazugehören, ohne zu behaupten, diese seien alle *exklusiv* christlich.

[21] Vgl. dazu ausführlich *Edmund Arens:* Christopraxis. Grundzüge theologischer Handlungstheorie = Quaestiones Disputatae 139. Freiburg/Brsg. 1992.

[22] Der Streit ist so facettenreich, dass ich ausschließlich ein zentrales Argument einer systematischen Würdigung unterziehe. So unterstreitig es meines Erachtens ist, dass sich hinter der politischen Linie des Berliner Senats und Abgeordnetenhauses faktisch einer antireligiöse wie antikirchliche Linie verbirgt, so ist ebenfalls zu bedauern, dass die politische Auseinandersetzung für den konfessionellen Religionsunterricht in der öffentlichen Schule gelegentlich mit Argumenten geführt wird, die weit hinter den schulpädagogischen, den philosophie-didaktischen wie hinter den religionspädagogische Diskussionsstand zurückfallen.

[23] So der Slogan einer evangelischen Elterninitiative, die sich gegen ein verpflichtendes Unterrichtsfach Ethik in Berlin wendet.

[24] So formuliert das Schulgesetz für das Land Berlin seit langem: „Ziel muss die Heranbildung von Persönlichkeiten sein, welche fähig sind, der Ideologie des Nationalsozialismus und allen anderen zur Gewaltherrschaft strebenden politischen Lehren entschieden entgegenzutreten sowie das staatliche und gesellschaftliche Leben auf der Grundlage der Demokratie, des Friedens, der Freiheit, der Menschenwürde, der Gleichstellung der Geschlechter und im Einklang mit Natur und Umwelt zu gestalten." (§ 1 [Auftrag der Schule] SchG)

[25] So orientieren sich beispielsweise die Rahmenpläne aller Fächer der Sekundarstufe I in Berlin am normativ hoch gehaltvollen Grundsatz: „Die Lernenden erweitern ihre interkulturelle Kompetenz und bringen sich im Dialog und in der Kooperation mit Menschen unterschiedlicher kultureller Prägung aktiv und gestaltend

ein. (...) Die Lernenden übernehmen Verantwortung für sich und ihre Mitmenschen, für die Gleichberechtigung der Menschen ungeachtet des Geschlechts, der Abstammung, der Sprache, der Herkunft, einer Behinderung, der religiösen oder politischen Abstammung (...)." (Entnommen dem Berliner Rahmenplan für die Sekundarstufe 1 – Deutsch)

[26] An diesem Grundsatz wären die Details der Unterrichtsfachs Ethik zu prüfen. In den Details der Lehrpläne gibt sich dann die tendenziöse Ausrichtung des real intendierten Ethikunterrichts an der Berliner öffentlichen Schule zu erkennen, wenn es zwar das Ziel ist, auf die beschädigenden Aspekte von Religionen hinzuweisen, die Lehrpläne aber mit keinem Wort auf die Religion als Sinn konstitutive und damit Leben stiftende Ressource eingehen.

[27] Nur der Vollständigkeit halber sei erwähnt, dass sich der Religionsunterricht (wie ja Religion oder das Christentum) keinesfalls auf die *moralischen* Aspekte einer gelingenden menschlichen Lebensführung beschränkt.

[28] *Werner Helsper:* Jugend und Religion. In: *Sander/Vollbrecht:* Jugend im 20. Jahrhundert. S.282.

[29] Vgl. *James W. Fowler:* Glaubensentwicklung. Perspektiven für Seelsorge und kirchliche Bildungsarbeit. München 1989.

Ansätze

Voneinander lernen

Religionspädagogik und Glaubensweitergabe aus der Sicht der Hirnforschung

Ralph Bergold

1. Das Gehirn ist keine Maschine

Die heutigen Möglichkeiten der Tomografie erlauben es, Einblicke in das Gehirn zu gewinnen, seinen Aufbau zu analysieren und Prozesse sichtbar und beschreibbar zu machen. Diese neue Technik war so etwas wie ein Quantensprung in der modernen Hirnforschung.

Insbesondere die Beobachtung von strukturellen Umbauprozessen im Gehirn von Erwachsenen stellte radikal die bisherige Annahme von der Unveränderbarkeit der einmal herausgebildeten Nervenzellenverschaltung in der kindlichen Frühphase in Frage. Das Gehirn des Menschen erwies sich als weitaus plastischer und anpassungsfähiger als bisher angenommen. Das Gehirn ist keine komplizierte Maschine sondern in ständigen Wandlungs- und Entwicklungsprozessen.

Der nächste technologische Quantensprung erfolgte dann, als man in der Lage war, die im Gehirn ablaufenden Erregungsprozesse als funktionelle Aktivierungsbilder darzustellen. Jetzt sah man nicht nur, wie das Gehirn strukturell beschaffen ist, sondern man konnte erkennen und lokalisieren, was im Gehirn eines Menschen passiert, wenn er z.B. seine rechte Hand hebt oder sich vorstellt, er fahre Fahrrad.

Beflügelt von der Vielfalt der Einstellungsmöglichkeiten ihrer funktionellen bildgebenden Verfahren, haben Hirnforscher in letzter Zeit auch Phänomene untersucht, die den eigenen Wissenschaftsraum der Gehirnforschung überschritten. Besonders intensiv wird derzeit die Debatte über die Nutzbarkeit neurowissenschaftlicher Erkenntnisse für den Bereich der Bildung und Pädagogik geführt.[1]

2. Gehirnforschung und Religion

Die Neurowissenschaft ist aber auch auf der Suche nach den biologischen Grundlagen menschlicher Religiosität und scheint in einem Gehirnareal auch fündig geworden zu sein. Religiöses Erleben, Transzendenzphänomene, meditatives Entrücken und Erscheinungen lassen sich im rechten Schläfenlappen lokalisieren und sogar durch elektrische Impulse evozieren. So wird in der populärwissenschaftlichen Zeitschrift „Geist und Gehirn" darüber diskutiert, ob Gott vielleicht im rechten Schläfenlappen sitzt und somit als reines Hirngespinst entlarvt werden kann.[2] Der in Kalifornien lehrende Neurobiologe Vilaynur Ramachandran[3] spricht von einem Gottesmodul im menschlichen Gehirn.

Ist menschliche Religiosität, Gotteserfahrung, ja Gott selbst, also lediglich ein gehirnphysiologischer Vorgang und damit ein Konstrukt unseres Gehirns? Der Radiologe Andrew Newberg, ebenfalls ein Amerikaner, gab seinem Buch den provozierenden Titel: „Der gedachte Gott. Wie Glaube im Gehirn entsteht".[4] Neurobiologen, überwiegend aus dem amerikanischen Raum, beschäftigen sich in der letzten Zeit verstärkt mit Themen, die man vorher von Naturwissenschaftlern nie erwartet hätte, nämlich mit Gott, mit religiösen Erlebnissen und übernatürlichen Phänomenen.

Religiosität wird zunehmend zu einem neurowissenschaftlichen Forschungsgegenstand. Dabei wird oftmals der Begriff „Neurotheologie" verwendet, der jedoch unpräzise ist und mehr Verwirrung als Klarheit schafft. In der Neurotheologie geht es nämlich keineswegs um Theologie im eigentlichen Sinne, sondern um das Erforschen bestimmter „religiöser" Erfahrungen mittels moderner neurobiologischer Techniken.[5]

Gießt man alle Aussagen und Erkenntnisse der Hirnforschung über Religion, Gotteserfahrung, Meditation und religiöse Erfahrung durch ein Sieb, so gewinnt man im Extrakt die Aussage, dass jeder menschliche Bewusstseinsakt eine neurophysiologische Grundlage hat. Dies gilt auch für religiöses Erleben. Dieser Sachverhalt kann sicherlich mit Hilfe der Gehirnforschung hirnexperimentell differenzierter nachgezeichnet werden. Aber führen Versuche, religiöse Gefühle in bestimmten Hirnrealen zu lokalisieren, zu einem optimierten Verstehen von Glaubensvorstellungen?

3. Gehirnforschung und die Religionspädagogik

Wenn also die Gehirnforschung aufgrund ihrer Erkenntnisse Aussagen über das Feld Religion, Religiosität, Religiöses Erleben einerseits macht und andererseits Rezepte für richtiges Lernen und moderne Konzeptionen der Pädagogik entwickelt, dann wäre zu fragen, ob andersherum Erkenntnisse der Gehirnforschung eine Hilfe darstellen könnten für religionspädagogische Überlegungen über die heutige Form und Gestalt religiöser Bildungsprozesse in Gemeinde, Schule und Erwachsenenbildung.

Eine wesentliche und immer wieder neu zu stellende Frage der Religionspädagogik ist, wie religiöses Lernen geschieht. Dabei gibt es Unterschiede zwischen dem allgemeinen Lernen und dem religiösen Lernen. Nicht allein die Inhalte oder die Lehren sind es, die religiöses Lernen oder Bildung ausmachen. Wer Religion verstehen und sich aneignen will, muss ihre Symbole, ihre Bilder und Rituale verstehen und nachvollziehen können. Aber genau da liegt in der heutigen Zeit die Schwierigkeit. Wirkliche Einsicht, ohne die es keine echte Religion gibt, kann kaum direkt gelehrt werden, sie erfolgt viel eher subjektiv sehr verschieden nach Situation und Vorerfahrung, oft auch spontan und ungeplant. Wie also soll religiöses Lernen geschehen? Wie sehen die Möglichkeiten und Wege der Aneignung aus?

Im Blick auf die Erkenntnisse der Gehirnforschung lassen sich hierbei Aspekte entdecken, die für diese religionspädagogischen Grundfragen einen neuen Impuls geben können.

4. Relevante Vorgänge im Gehirn[6]

Halten wir zunächst einige für unsere Fragestellung wichtige Erkenntnisse der Gehirnforschung kurz fest. Es sind aus meiner Sicht vier entscheidende Vorgänge.

> Die strukturelle Verankerung von Erfahrung

Die Neurobiologie belehrt uns, dass das menschliche Gehirn kein Aktenschrank ist. Lernen ist ein hochkomplexer Vorgang, der etwas mit Vernetzung zu tun hat. Unser Gehirn ist also nicht einfach ein großer Speicher, sondern ein riesiges Netzwerk.

Jede Nervenzelle ist mit bis zu 10.000 anderen verbunden und tauscht mit ihnen elektrische Impulse aus. Aber: und das ist neu: Lernen bedeutet nicht Aufbau und Zuwachs von Vernetzung, sondern Abbau! Es wird zunächst in dem sich entwickelnden Gehirn ein Überschuss an Nervenzellen, Fortsätzen und Synapsen produziert. Erhalten bleiben im weiteren Verlauf des Reifungsprozesses davon jedoch nur diejenigen, die funktionell genutzt und auf diese Weise stabilisiert werden. Dieser Prozess der nutzungsabhängigen Strukturierung wird letztendlich von den unter jeweiligen und spezifischen Bedingungen gemachten Erfahrungen bestimmt. Die strukturelle Verankerung von Erfahrungen ist eng an die Aktivierung emotionaler limbischer Hirnregionen geknüpft. Zu einer Aktivierung dieser Bereiche kommt es immer dann, wenn etwas Neues, Unerwartetes wahrgenommen wird. Bei Bedrohung (Angst) und Belohnung (Freude) werden Signalstoffe ausgeschüttet, die die Bildung und Bahnung synaptischer Verschaltungen stimulieren. Man spricht hierbei auch von einem „emotionalen Gedächtnis".

> Die strukturelle Verankerung von Vorstellungen
Aufgrund seiner individuell und sozial gewonnenen und im Gehirn verankerten Erfahrungen gelangt jeder Mensch im Laufe seines Lebens zu bestimmten Annahmen und generiert bestimmte Vorstellungen über die Welt und seine Beziehung zu dieser Welt. Diese Vorstellungen werden als innere Orientierungen und Leitbilder im Gehirn verankert. Sie bestimmen seine Entscheidungen, kanalisieren seine Aufmerksamkeit und filtern seine Wahrnehmung. Die jeweiligen entstandenen und gefestigten neuronalen Verbindungen und Verschaltungsmuster verleihen dem betreffenden Menschen seine individuellen Begabungen, Fähigkeiten und Fertigkeiten, die sich von anderen Menschen unterscheiden.

> Die Entstehung „innerer Bilder"
In den am stärksten vernetzten Bereichen des Gehirns (Stirnlappen, frontaler Cortex) werden im Laufe der Entwicklung diejenigen Bilder generiert und als charakteristische Aktivierungsmuster gebahnt und gefestigt, die für die höchste Leistung des Gehirns entscheidend sind: Die Fähigkeit einer Vorstellung von sich selbst (Ich-Bild) und seiner

eigenen Wirkungen zu entwickeln, sich in andere Menschen hineinzuversetzen (Du-Bild), seine Handlungen zu planen und seine inneren
Impulse zu kontrollieren und in eine bestimmte Richtung zu lenken.
Mit Hilfe dieser inneren Bilder entscheidet ein Mensch, was ihm wichtig ist, worauf er seine Aufmerksamkeit richtet und wie er seine Vorstellungen umsetzt.

> Die Bedeutung von Vorbildern
Alles Wissen, alle Erfahrungen, Fähigkeiten und Fertigkeiten, alles das,
was einem Menschen hilft, sich in seiner Welt zurecht zu finden, muss
von anderen Menschen übernommen werden. Keine der kulturspezi-
fischen Leistungen ist angeboren. Andere Menschen helfen uns beim
Aufbau der für diese Leistungen erforderlichen Verschaltungsmuster.
Diese generiert das Gehirn nicht aus sich selbst heraus. Hier braucht es
von außen kommende Impulse, Signale, Reize, die von anderen Menschen (zu Beginn über die Mutter, Eltern und Verwandtschaft, dann
Freunde bis hin zu Erziehungs- und Bildungsinstitutionen) ausgehen.
Ohne sie wären wir nicht in der Lage, eine Sprache zu sprechen, wir
könnten nicht schreiben, lesen und rechnen, weder singen und tanzen.
Alles dies und noch vieles mehr können wir nur von anderen Menschen lernen und uns von anderen Menschen aneignen.

5. Religionspädagogisch relevante Erkenntnisse der Gehirnforschung
Ausgehend von diesen neurobiologischen Prozessen und Strukturie-
rungen im Gehirn möchte ich im Folgenden exemplarisch vier Aspekte näher beleuchten und dabei die religionspädagogisch relevanten
Spuren nachzeichnen.

1.1. Die Musterbildung
Wie zuvor bemerkt, belehrt uns die Neurobiologie, dass Lernen nicht
Aufbau und Zuwachs von Vernetzung bedeutet, sondern Abbau. Bei
der Frage, wie das Wissen der Welt in unser Gehirn gelangt und dort
verankert wird hat man bei den Untersuchungen festgestellt, dass
unser Gehirn Muster bildet, um der Reizüberflutung zu entgehen. In
sogenannten Ereignisfeldern im Gehirn werden Bedeutungskarten angelegt. Spuren werden nachhaltig gebildet. Man kann sich das vorstel-

len wie bei einem Bildhauer, der etwas aus dem Stein schlagen muss, Furchen anlegt, um etwas entstehen zu lassen.

Diese Musterbildungen basieren auf Erfahrungen. Das Gehirn wird nicht als statisches Organ mit Wissen und Inhalten gefüllt, sondern es passt sich selbst dynamisch an Erfahrungen an. Es werden Gedächtnisspuren angelegt, Landkarten, Muster, die für unser Lernen und unsere Erkenntnis prägend sind.

Wenn das Gehirn nun also in Lernprozessen Landkarten, Spuren generiert, so stellt sich aus religionspädagogischer Sicht die Frage, wie in religiösen Lern- und Bildungsprozessen religiöse Spuren angelegt werden können. Dabei geht es hier nicht um die Frage einer religiösen Indoktrination, sondern – wie in der räumlichen Orientierung – um religiöse Orientierung.

Die neuro- und kognitionswissenschaftlichen Erkenntnisse zeigen, dass Wissen grundsätzlich, und das gilt eben auch für religiöses Wissen, nicht übertragen werden kann (beispielsweise von der Lehrperson zur Lernperson), sondern im Gehirn eines jeden Lernenden neu geschaffen werden muss. Das Gehirn, so die Hirnforscher, bildet seine Regeln selbst. D. h. der Schüler lernt das Allgemeine nicht abstrakt, sondern dadurch, dass er Beispiele verarbeitet und aus den Beispielen Regeln selbst produziert. So generiert beispielsweise jedes Kind beim Sprachelernen unbewusst die Grammatik der Muttersprache ohne Grammatikunterricht.

Übertragen wir diese Erkenntnis auf den religionspädagogischen Kontext, dann wird deutlich, wie entscheidend das Umfeld beispielsweise für katechetische oder religiöse Lernprozesse ist. Der Tübinger Religionspädagoge Albert Biesinger geht in seinem Buch mit dem Titel „Kinder nicht um Gott betrügen"[7] davon aus, dass Kinder von innen heraus religiöse Menschen sind. In dieser grundlegenden religiösen Befindlichkeit werden Muster gebildet, religiöse Spuren gelegt, nicht durch Wissensvermittlung, sondern zunächst und grundlegend indem wie bei der Sprache eine Grammatik des Glaubens generiert wird. Wer sich beispielsweise als Vater oder Mutter mit seinen Kindern auf die Beziehung mit Gott einlässt, der bietet einen Kontext, in dem Kinder religiöse Spuren anlegen können.

Es kommt also auf das kontextuelle Umfeld an. Wer mit Kindern katechetisch arbeitet, muss auch begleitend die Eltern im Blick haben. Kinderkatechese ohne gleichzeitige Elternbildung wird auf Dauer, wenn sie erfolgreich sein soll, nicht mehr möglich sein. Hier entsteht eine neue Chance, wie auch Institutionen der Katechese und der Erwachsenenbildung wieder neu in einen Zusammenhang kommen.

Exemplarisches Lernen darf nicht heißen, an einem Beispiel alles lernen, sondern an vielen Beispielen das Eine lernen. Die Gehirnforschung macht uns z. B. für katechetische Prozesse Mut zur Redundanz. Wir brauchen nicht ständig neue Angebote, neue Modelle, neue Konzeptionen! Wiederholungen, das immer wieder Reden von der Zusage Gottes, für uns Menschen da zu sein, hier heraus können religiöse Muster gebildet werden. Das darf natürlich, wie ich schon sagte, nicht als religiöse Indoktrination missverstanden werden.

Hier öffnet sich ein weites und religionspädagogisch spannendes Feld, das noch bearbeitet werden muss. Wir müssen wegkommen von dem Anspruch und der Perspektive in religiösen Lern- und Bildungsprozessen den Menschen dort abholen zu wollen, wo er steht. Aufgrund der pluralen und pluriformen Standorte ist das gar nicht mehr leistbar. Aber wir sollten Kontexte schaffen, die den Menschen, egal wo sie stehen, eine Chance bieten, zu folgen.

Und was bedeutet dies für religiöse Lern- und Bildungsprozesse in der Schule? Religionsdidaktisch folgt daraus, dass es im Religionsunterricht maßgeblich um Beispiele und nicht um abstrakte Inhalte gehen muss. Was Kinder und Schüler brauchen, sind Beispiele und Vorbilder. Lernen, religiöses Lernen erfolgt an Beispielen, immer wieder kehrende gute und richtige Beispiele.

Das religiöse Lernen anhand von Vorbildern (nicht nur die großen Heiligen oder Stars, sondern auch die „Local Heroes", wie der Passauer Religionspädagoge Hans Mendl sie bezeichnet und z. B. in einer Datenbank der sog. kleinen Heiligen im Alltag auflistet[8]) bietet eine Hilfe zur Selbstkonstruktion des Glaubens.

Es braucht eine stärkere Kontextualisierung der Inhalte und nicht so sehr eine didaktische Reduzierung, wie sie oftmals in den Unterrichtsplanungen vorgenommen wird. In das Curriculum müssen stärker biografische Lernansätze Eingang finden. Lernen an Lebensbeispielen kann religiöse Orientierungsmuster generieren, aus denen, und das zeigt die Gehirnforschung, die entsprechenden Kenntnisse gewonnen werden.

So wie Kinder die Muttersprache nicht vermittelt bekommen, sondern sie sich erschließen, so lernt man z. B. im schulischen Religionsunterricht nicht die religiös erschlossene Welt, sondern man lernt das Erschließen der religiösen Welt. Die Gehirnforschung mit ihren Erkenntnissen des musterbildenden und Regel generierenden Gehirns ermutigt uns in religiösen Lern- und Bildungsarrangement auf diesen selbstbildenden Effekt zu vertrauen.

1.2. Kritische Fenster

Die Hinforschung zeigt, dass das junge Gehirn eine größere Plastizität als das eines Erwachsenen hat. Der Grund liegt darin, dass bereits vor der Geburt zwar alle rund 100 Millionen Nervenzellen im Gehirn ausgebildet, aber nur wenige miteinander verbunden sind. In einem ersten Schritt bildet sich auf eine zufällige Art eine Vielzahl von Verbindungen. Die Verknüpfung verfolgt dabei zunächst kein spezielles Ziel: Wichtig ist nur, möglichst viele Verknüpfungen herzustellen. Bei diesem Durcheinander setzt dann in einem zweiten Schritt ein Prozess ein, der das Netz wieder lichtet. Nur die Verbindungen bleiben erhalten und werden ausgebaut, die auch häufig benutzt werden. Mit rund 18 Jahren existiert dann ein weniger dichtes, dafür aber ein schnelles und leistungsfähiges Netzwerk. Allerdings sind die Bahnen, auf denen wir denken und lernen, damit weitgehend festgelegt. Neue Fähigkeiten oder Sachverhalte lernen wir jetzt wesentlich schwerer.

Hirnforscher sprechen hier von „kritischen Fenstern". So haben z. B. Babys noch das Potential, alle Laute sämtlicher Sprachen dieser Welt zu hören und von sich zu geben. Sie wachsen jedoch in einer Umgebung auf, in der sie meistens nur die Laute einer bestimmten Sprache hören. In ihrem Gehirn werden damit lediglich die für diese Laute notwendigen Nervenverbindungen ausgebaut. Schließlich hat sich die Netzstruktur so gefestigt, dass der erwachsene Mensch nur noch die ihm vertrauten Laute wahrnimmt und nicht mehr die fremden. In der chinesischen Sprache gibt es z. B. keine Worte, die zwischen einem l und einem r unterscheiden. Als Folge nimmt ein Chinese diesen Unterschied nicht wahr und kann den r-Laut dementsprechend auch nicht aussprechen. Nun gibt es innerhalb der Hirnforschung die Diskussion, wie kritisch, d. h. abgeschlossen die Fenster sind.

In unserem Zusammenhang wirft aber der Aspekt des Kontextes ein neues, oder besser ein stärkeres Licht auf die Frage der Lehr- und Lernbarkeit von Religion. Der Glaube selbst ist aus theologischen Gründen heraus nicht lehrbar. Er kann immer nur unter den kulturell gebräuchlichen Zeichen, nämlich Sprache, Symbole etc. kommuniziert werden, also in der „Gestalt" von Religion. Zu dieser sichtbaren Religion aber kann erzogen werden. Wo keinerlei religiöses Wissen, religiöses Leben und religiöse Praxis bekannt ist, können kaum religiöse Identifikationen stattfinden.

Die neurowissenschaftlichen Erkenntnisse über „kritische Fenster" bei der Entwicklung von Lernen sind auch religionspädagogisch relevant. Die Frage ist: Bieten wir in unseren religionsdidaktischen Settings die zeitgemäßen Symbole, Bilder, Erzählungen, Inhalte an? Ein Mensch, der in seiner Biografie in frühen Jahren keine Verknüpfung beispielsweise des Gottesbildes mit seinen Vater- oder Elternerfahrungen und damit mit seinem Eltern- oder Vaterbild vornehmen konnte, wird es später schwer haben, ein tragfähiges umsorgendes väterliches oder elterliches Gottesbild aufzubauen.

Es gibt auch für die religiöse Entwicklung kritische Zeitfenster, die man später nicht einfach wieder öffnen kann. Nun darf man dieses sicherlich nicht überbewerten unter dem Motto: „Was Hänschen nicht lernt, lernt Hans nimmermehr". Aber es macht darauf aufmerksam, dass wir die religiöse Entwicklungsgeschichte differenzierter sehen müssen.

Der Religionsunterricht kann nicht kompensatorische Funktionen für eine nicht erfolgte religiöse Erziehung in der Familie oder in der Gemeinde übernehmen. Ausfälle von Religionsunterricht in bestimmten Schulstufen haben unter dieser Zeitfenster-Perspektive mitunter gravierende Folgen. Manches kann nur schwer oder gar nicht wieder aufgeholt werden. Gerade in der theologischen Erwachsenenbildung werden oft die Erfahrungen gemacht, dass das religiöse Kreuzworträtsel der Menschen nicht nur viele offene Felder sondern auch falsch eingetragene Felder aufweist, die nur schwer zu korrigieren sind.

Für religionspädagogische Konzeptionen wiederum heißt das, stärker als bisher die Entwicklung der Gestalt von Religiosität beim Menschen in den Blick zu nehmen. In der theologischen Erwachsenenbildung braucht es daher immer wieder neu eine Vergewisserung, welche Gestalten erwachsener Religiosität vorliegen und entsprechend welche Sprache, Bilder und Methoden zum Einsatz kommen sollen. In kritischen Zeitfenstern sind das Bild von Gott, das Verständnis von Sünde und Schuld, die Erfahrung des Angenommenseins und vieles andere mehr in sehr unterschiedlichen Weisen generiert worden, woran z. B. in der Bildungsarbeit mit Erwachsenen anzuknüpfen ist, ansonsten bleibt die religiöse Sprache unverstanden. Glaube ist nicht nur geschichtlich, sondern auch lebensgeschichtlich zu begreifen. Die Gehirnforschung zeigt uns dabei, wie wichtig lebenswelt- und lebensgeschichtlich orientierte religiöse Bildungs- und Lernkonzeptionen sind.

1.3. Phantasie

Unsere herkömmliche Vorstellung von der Entwicklung des Denkens beruht auf einer Vereinfachung, die den eigentlichen Vorgängen im Gehirn nicht gerecht wird. Die Gehirnforschung zeigt uns, dass unser Gehirn nicht nach dem Prinzip kausaler Logik arbeitet und streng genommen unser Denken gar nicht rational ist. Der amerikanische Hirnforscher Antonio Damasio[9] hat gezeigt, dass die Trennung von Gefühl und rationalem Verstand Illusion ist. Das Gefühl ist keine Störung des Denkens, wie man z. B. bei Immanuel Kant, in der abendländischen philosophischen Tradition oder in der alten Pädagogik noch hörte, sondern der Verstand ist auf die Fähigkeit angewiesen, Gefühle zu empfinden. Emotionen funktionieren wie Erkenntnis- und Entscheidungsfilter, die die Vorstellungen einer objektiven Rationalität als überholt erscheinen lassen. Damasio kommt zu diesen faszinierenden Einsichten durch die Untersuchung von Hirnverletzungen, bei denen Menschen zwar die Fähigkeit des Sehens, Sprechens und Denkens behalten, dagegen die Fähigkeit verlieren, Entscheidungen zu treffen. Die Patienten sind oft emotionslos und sehr sachlich; sie wägen stundenlang Argumente hin und her, ohne zu einer Folgerung zu gelangen. Wahrnehmungen und Erinnerungen werden – und das ist entscheidend – emotional codiert. Und dies ist eine Bestätigung der neueren pädagogischen Auffassung, nach der eine stimmige Atmosphäre, sinnliche Wahrnehmung und Erfahrungsbezug die Grundlage gelingender Lernprozesse bilden.

Die Hirnforschung hat herausgefunden, überwiegend durch Tierversuche, wie Lernen – und das bedeutet Gedächtnisbildung – sich im Gehirn vollzieht. Eine wichtige Rolle spielt dabei der sog. Hippocampus, eine beim Menschen am inneren Rand der Schläfenlappen gelegene Struktur, der – vereinfacht gesagt – dafür sorgt, dass das Gelernte sich konsolidiert, d. h. im Gedächtnis bleibt.

Dieser Hippocampus steht unter direkter Kontrolle des Mandelkerns und des Limbischen Systems, die wiederum für die Ausbildung negativer und positiver Gefühle, wie Furcht, Abneigung, aber auch Antrieb und Begeisterung nötig sind. Das Limbische System bewertet eingehende Reize und steuert die emotionale Tönung unserer Wahrnehmung. Bevor das Gehirn etwas lernt, bewertet es beispielsweise die jeweilige Information in Bezug auf ihre persönliche Relevanz und den Neuigkeitswert. Diese Bewertung, so die Hirnforscher, erfolgt in weiten Teilen unbewusst. Interessantes oder persönlich Relevantes wird besser und schneller gelernt als Inhalte, mit denen wir nichts verbinden, weil sie zu abstrakt sind oder weil das entsprechende Vorverständnis fehlt.

Was bedeutet dieses für religiöse Bildungsprozesse?

Wenn es beim religiösen Lernen nicht nur um kognitives, um reines Faktenwissen geht, dann müssen die Inhalte im Bildungs- und Lernprozess so aufbereitet werden, dass sie mehrere Gedächtnisformen ansprechen und dieses sollte in einem emotional positiven Umfeld geschehen. Formen des ganzheitlichen Lernens, wie sie beispielsweise von Esther Kaufmann oder Franz Kett entwickelt wurden, dürfen nicht nur in der Kinderkatechese oder im Grundschulbereich Anwendung finden. Die Religionspädagogik konnte sich bislang eher damit begnügen, Erfahrungen, die sie voraussetzte, zu interpretieren. Worauf es aber gegenwärtig ankommt, ist, Erfahrungen zu machen. Gerade im Religionsunterricht der weiterführenden Schulen lernen Schüler oftmals nach dem sogenannten „Oberkellner-Prinzip". Wenn ein Tisch abgeräumt ist, wird alles vergessen, damit Platz ist für die nächsten Gäste. Hier braucht es mehrere ganzheitliche Verknüpfungen, damit auch religiöse Inhalte dauerhaft im Gehirn verankert werden.

Wahrnehmungen sind vom Gehirn in der Regel nur verwertbar,

wenn sie als bekannt bzw. vertraut eingestuft werden können, andernfalls werden sie ausselektiert. Das Gehirn lernt leichter, wenn Ordnung erkennbar und Kompetenzen erreichbar sind. Dabei werden Stimmung und Atmosphäre durch bestimmte Botenstoffe im Gehirn mitverarbeitet.

Emotionen werden mitunter aber als störend empfunden. Cool zu sein ist zur Mode geworden, dabei sind Emotionen und Gefühle die Basis einer gesunden, wirklich auf den Menschen bezogenen Bildung. Wenn also, wie Rudolf Englert[10] sagt, Religionspädagogik nicht einfach die Vermittlung einer vorgegebenen Glaubensgestalt sondern Förderung religiöser Selbstbestimmung ist, dann bedarf es eines stärker erlebnisorientierten Lernansatzes, was die Überlegungen über die Bereitstellung von Erlebnis- und Emotionskontexten bei religiösen Lern- und Bildungsprozessen notwendig macht. Erfahrungen müssen also die Grundlage bewusster religiöser Lernprozesse sein. Religionsdidaktisch gilt es, bedeutsame Erfahrungen aufzuspüren, anzubieten, anzubahnen, zu gestalten und zu reflektieren, beispielsweise durch den Einsatz von Bildern, Medien, z. B. Filmen und Symbolen.

Dieser neurologische Zusammenhang von Kognition und Emotion macht aber auf einen weiteren religionspädagogisch relevanten Faktor aufmerksam: Und das ist die Phantasie. Ihr kommt m. E. eine Schlüsselrolle zu. Ein Hauptproblem der heutigen Religionsdidaktik ist doch die Frage, wie christliche Inhalte Bedeutung gewinnen können und für die Personen plausibel und erfahrbar werden können, wenn die christlichen Inhalte nicht mehr selbstverständlich sind, nicht mehr praktiziert werden und oft nicht einmal mehr bekannt sind. Für entsprechende Bedeutungserfahrungen ist die Phantasie (ich verstehe sie dabei als Imaginationsfähigkeit oder Einbildungskraft) von großer Wichtigkeit. Phantasie ist derjenige Bereich des Lernens, der die von außen kommenden Wahrnehmungen und Eindrücke mit den eigenen Vorerfahrungen, Verstehenskategorien und Bedeutungsgehalten verknüpft, sodass sie zu einem subjektiv eigenständigen Lern- und Erfahrungsgehalt werden.

Religion ist der Bereich umfassendster Bedeutungen. In keinem anderen Bereich des Lebens, allenfalls in der Kultur, werden so intensive Bedeutungserfahrungen tradiert und kommuniziert wie in der Religion. Sie ist darum mehr als andere Bereiche auf eine leistungsfähige Phantasie angewiesen. Förderung und Anregung der Phantasie ist darum ein Grundgeschäft der Religionsdidaktik. Und die Gehirnforschung belegt diese Schwerpunktsetzung durch den Zusammenhang von Kognition und Emotion.

Religiöses Lernen muss mehr sein als ein Gang durch das Mausoleum der Religion, es muss eine Bedeutung erhalten, d.h. es geht um die innere Beteiligung, damit es zu nachhaltigen Musterbildungen kommen kann. Gerade für die religiöse Entwicklung ist der Bereich der Emotion grundlegend. Gewissheit und Urvertrauen müssen gelernt werden, aber dies kann nur emotional vermittelt werden, nicht durch Argumente. Der evangelische Religionspädagoge Karl Ernst Nipkow stellt hierbei eine wichtige Frage: „Wie verbinden sich unsere religionspädagogischen Hilfen mit der inneren Geschichte der Menschen? Für eine am Lebenslauf orientierte, die individuelle religiöse Lebenslinie ernstnehmende Religionspädagogik ist dies eine der religionspädagogischen Kardinalfragen."[11] Die Gehirnforschung mit den Erkenntnissen über die Bedeutung der Emotion bei Lernprozessen weist in die Richtung, in der Antworten auf diese Kardinalfrage gefunden werden können. Die Phantasie bildet die Verbindung zwischen dem Bekannten und dem Neuen und knüpft an der inneren Lebensgeschichte an. Märchen, Sagen, Geschichten können solche „Übergangsobjekte" darstellen. Sie stimulieren die Phantasie, lösen Emotionen aus und erleichtern die Musterbildung für das Gelernte. Die Phantasie verbindet Dinge und Eindrücke mit persönlichen Bedeutungen und baut sich so ihre eigenen bildhaften Sinnwelten und Erfahrungen auf.

Das gilt nicht nur für Kinder, sondern auch für Erwachsene bis in das hohe Alter hinein. Die Gehirnforschung ermutigt zu mehr Einsatz von sogenannten Phantasiereisen, von Märchen und religiösen Geschichten im Rahmen von Katechese, Religionsunterricht und religiöse Bildungsarbeit.

1.4. Beziehungen

Das Gehirn kommt nicht als fertiger Apparat auf die Welt, sondern entwickelt sich in und an der Umwelt. Unsere Begriffe und Symbole, mit denen wir die Welt z. B. sprachlich erfahren, haben wir ursprünglich von anderen Menschen übernommen. Ohne Kommunikation, ohne das Angesprochenwerden können wir nicht zu Selbstbewusstsein gelangen. Die soziale Umwelt bildet und verändert fortlaufend das Gehirn. Das Gehirn ist wesentlich ein soziales und geschichtlich gebildetes Organ. Es ist ein Organ, das durch seine Sozialität gebildet wird, durch die Beziehung zum anderen.

Dieses neuronale Zusammensetzen des Gehirns, dieser in Beziehung setzende und damit Gestalt gewinnende Faktor könnte einen neuen Impuls für die Frage nach den Prozessen religiösen Lernens in Gemeinde, Schule und Erwachsenenbildung geben. Einen Schritt in diese Richtung geht der Versuch des Bonner Religionspädagogen Reinhold Boschki[12], der ein Beziehungskonzept für religiöse Lernprozesse entwickelt hat. Religiöses Lernen, so seine These, gelingt besser, wenn es in Beziehung geschieht. Im Unterschied zum Begriff der Interaktion gehört zum Verständnis von Beziehung für Boschki die emotionale Dimension des Respekts, der Achtung und des Vertrauens. Bildung ist zwar immer Selbstbildung, das Subjekt bildet sich selbst, aber eben immer in Beziehung zu anderen, zur Tradition, zur Überlieferung, zur Welt und zur Wirklichkeit. Beziehung könnte zum Grundbegriff oder Grundprinzip religiöser Bildung werden. Religionspädagogik ist dann als Beziehungslernen neu zu begreifen.

Dabei ist Beziehung mehrschichtig. Sie beinhaltet die Beziehung zu sich selbst, die Beziehung zu den Mitmenschen, die Beziehung zur Natur, Kultur, Geschichte und Welt, und die Beziehung zu Gott.

Für die Gestaltung und Konzipierung religiöser Bildungsprozesse bedeutet dieses: Solange jemand nur etwas über Gott und Religion lernt, besitzt er zwar Wissen, hat aber noch keine eigentliche religiöse Bildung. Diese beginnt erst dort, wo die Frage nach der eigenen Beziehung zu Gott thematisiert und evoziert wird. Dann scheint nämlich eine neue Qualität auf, die man mit dem Begriff „Bedeutung" bezeichnen kann. Für die Verantwortlichen religiöser Lernprozesse folgt daraus, in der didaktischen Überlegung auf Beziehungsmöglichkeiten zu achten und solche anzubieten. Hier ergeben sich neue Chancen für die Korrelationsdidaktik. Dabei spielt der Aspekt der Subjektivität eine große Rolle. Es ist die Subjektivität, das Erleben in der 1. Person, die uns ermöglicht, die inneren Zustände anderer in eigenes Erleben zu übersetzen. Dichtungen, Erzählungen sind ja Versuche, die Subjektivität menschlicher Welten zu erfassen. Dies ist ein Erkennen nicht durch objektive Analyse sondern durch Nachahmung, Einfühlung, durch Beziehung.

Während dieses Prinzip z. B. in der Initiationskatechese und im schulischen Religionsunterricht in Ansätzen ja schon umgesetzt wird, müsste dieses Beziehungskonzept jedoch verstärkt auch für die religiöse Bildung in der außerschulischen Jugendpastoral und in der Erwachsenenbildung diskutiert und entwickelt werden.

6. Schluss

Insgesamt weist die Gehirnforschung auf eine neue Perspektive bei der Konzipierung religiöser Lehr- und Lernprozesse hin. Es geht hierbei nicht primär um Vermittlung, nicht um die Frage, wie bekomme ich den Inhalt „rüber". Wir müssen wegkommen von der Fokussierung der religionsdidaktischen Überlegungen auf die didaktische Konzeption der Aufbereitung und Vermittlung religiöser Inhalte. Wir müssen stärker den Blick auf die subjektive Befindlichkeit richten, auf die Ermöglichung des Aufbaus der Konstruktion einer religiösen Bildsamkeit durch die Bereitstellung von Kontexten, sei es die Lernumgebung, der Raum, das Klima und die Beziehung und auf die Innerlichkeit des Menschen. So sagte schon Ignatius von Loyola: „Nicht das Vielwissen sättigt die Seele und gibt ihr Genüge, sondern das Fühlen und Kosten der Dinge von innen."[13]

[1] Vgl. exemplarisch für den schulischen Bereich: I. Milz, Neuropsychologie für Pädagogen. Neuropädagogik für die Schule, Dortmund, 2002 (5. Aufl.); für den Erwachsenenbildungsbereich: H.M. Kullmann, E. Seidel, Lernen und Gedächtnis im Erwachsenenalter, Bielefeld 2005 (2. Aufl.)

[2] Vgl. H.F. Angel, A. Krauß, Der interdisziplinäre Gott, in: Gehirn und Geist 4/2004, 68-72.

[3] V. Ramachandran, S. Blakeslee, Die blinde Frau, die sehen kann. Rätselhafte Phänomene unseres Bewusstseins, Reinbek 2001

[4] A. Newberg, E. D'Aquili, V. Rause, Der gedachte Gott. Wie Glaube im Gehirn entsteht, München 2003

[5] Vgl.dazu H.F. Angel, Gott im Gehirn?, in: HerKorr 60, 2006, 513-518.

[6] Vgl. dazu G. Hüther, Die Macht der inneren Bilder. Wie Visionen das Gehirn, den Menschen und die Welt verändern, Göttingen 2006

[7] A. Biesinger, Kinder nicht um Gott betrügen, Freiburg 2001 (12. Aufl.)

[8] Vgl. www.ktf.uni-passau.de/institutionen/mendl/local_heroes.

[9] A. Damasio, Looking for Spinoza, Joy, sorrow, and the feeling brain, New York 2003

[10] Vgl. R. Englert, Art.: Religionspädagogik in: LThK, Bd. VIII, Freiburg 1999 (3. Aufl.), 1062-1064.1063.

[11] K.E. Nipkow, Religion in pluraler Gesellschaft, 1997 (5. Aufl.) 40.

[12] R. Boschki, Beziehung als Leitbegriff der Religionspädagogik, Ostfildern 2003

[13] I.v.Loyola, Die Exerzitien, übertragen von H.U.v. Balthasar, Einsiedeln 1956,7.

Lernortwechsel als Herausforderung zu „Perspektivwechsel" und „Perspektivenübernahme"

Überlegungen zum Umgang mit einer aktuellen religionspädagogischen Begrifflichkeit

Rita Burrichter

Ein Begriff hat Konjunktur

Der „Perspektivenwechsel", die „Perspektivenverschränkung" und auch die „Perspektivenübernahme" sind geläufige Schlagworte in religionspädagogischen Zusammenhängen. Innerhalb der wissenschaftstheoretischen Reflexion und Selbstreflexion der Disziplin hat die „Perspektive" anscheinend das „Paradigma" abgelöst. Angesichts terminologischer Beschleunigungsprozesse differenziert sich die scientific community offenkundig lieber „im Blick" auf Theoriemodelle und Analyseverfahren aus, als sich in „Parteien" und „Lager" zu spalten. Publikationen, die das gegenwärtige Spektrum von Positionen und Fragestellungen zum Thema haben, belegen das nachdrücklich (Schweitzer/Schlag 2004). Aber auch dort, wo stärker „Inhaltliches" und damit auch „Praktisches" begründet und konzipiert wird, wo im Licht gegenwärtiger gesellschaftlicher, individueller und damit auch religiös relevanter Veränderungsprozesse das religionsdidaktische Vokabular von der „Korrelation" bis zur „Konstruktion" vermittlungsbezogen unter die Lupe genommen wird, ist die „Perspektive" ein beliebter, da anscheinend hilfreicher Begriff (Bizer u.a. 2002; Bahr u.a. 2005). Insbesondere im Kontext des ökumenischen und des interreligiösen Lernens begegnet der Begriff regelmäßig. Er hat hier eine Doppelfunktion, bezeichnet er doch zum einen notwendige selbstreflexive Prozesse der Theologie und Religionspädagogik in diesem Feld: nämlich die selbstkritische

Überprüfung des eigenen wissenschaftlichen Zugangs zu anderen Konfessionen und Religionen. Zum anderen ist hier auf der inhaltlichen, unterrichts- und vermittlungsbezogenen Ebene regelmäßig die Rede davon, dass und wie der Blick auf das Andere, das Fremde auch den Blick auf den eigenen Standpunkt, auf die eigene Herkunft, auf die eigene Tradition verändert, ihn nachgerade schärft. Die „Perspektive" wird hier also gleichzeitig in den Dienst einer wissenschaftlich-religionstheologischen Reflexion gestellt und als konzeptionell bedeutsamer, religionsdidaktischer Begriff eingeführt (Hilger u.a. 2001, 438f.; Schweitzer u.a. 2002, 132ff.). Angesichts dieser schon länger anhaltenden Konjunktur im religionspädagogischen Forschungs- und Handlungsfeld verwundert es nicht, dass auch in kirchlichen Dokumenten insbesondere zum Religionsunterricht in der Schule der Begriff an prominenter Stelle begegnet. Im Bischofswort „Die bildende Kraft des Religionsunterrichts. Zur Konfessionalität des katholischen Religionsunterrichts" von 1996 avanciert er geradezu zum Schlüsselbegriff des Lehrens und Lernens im Religionsunterricht. Grund genug, ihn zu erproben – und angesichts seiner gerade beschriebenen Doppelfunktion im religionspädagogischen Kontext soll er nicht nur kognitiv, sondern – ganz im Sinne einer „ganzheitlichen" Religionspädagogik – leibhaftig erprobt werden.

Ortswechsel zum Zwecke der Erkundung eines Begriffs

Mit meinen Gästen unternehme ich gern mal eine „Tour de Ruhr". Der Strukturwandel hat im Ruhrgebiet deutliche Spuren hinterlassen, eine Industrielandschaft verändert ihr Gesicht. Manches ist grüner, sauberer, schöner, auch leiser geworden. Vieles aber macht Sorge, ja Angst: heruntergekommene Straßenzüge in ehemaligen Arbeitervierteln, in denen fast niemand mehr wohnt, der noch Arbeit hat. Verödete Wohnblocks, ein massiver Leerstand, sterbende Innenstädte, deren 70er-Jahre-Tristesse in bedrückender Weise noch die Euphorie der Moderne in Zeiten der Vollbeschäftigung spiegelt. Seit einiger Zeit bemüht sich der Kommunalverband Ruhrgebiet um eine kulturgeschichtliche Erschließung, die Einheimische und Auswärtige sensibel machen möchte für den Wandel, der sich hier vollzieht, für die damit verbundenen Chancen und Neuanfänge, aber auch für den unabwendbaren Verlust, für den Verfall nicht nur der einzelnen Industriebauten, sondern der damit verbundenen kulturellen und sozialen Traditionen und Identitäten. Auch hier begegnen die Begriffe „Perspektive" und „Perspektivwechsel" häufig, und auch hier begegnen sie in einer Doppelfunktion, nämlich in nüchternen Sachstandsanalysen und in Werbebroschüren gleichermaßen. Sie zeigen gleichsam objektiv an, was in der Zukunft – positiv oder negativ – möglich ist und möglich wäre. Sie verweisen aber auch darauf, dass vor allem für das, was positiv bislang nur im Konjunktiv formuliert werden kann, ein subjektiver Perspektivwechsel, ein neuer Blick auf die Dinge notwendig ist. Neue Perspektiven sind für das Ruhrgebiet im Wortsinn notwendig, nämlich um die Not zu wenden, um Zukunft zu eröffnen.

In diesen „objektiven" wie „subjektiven" Perspektivwechsel wird investiert. Echte touristische Anziehungspunkte sind dabei auch die zahlreich entstandenen und durch eine „Industrieroute" (www.route-industriekultur.de) erschlossenen „Landmarken" auf Industriebrachen und Abraumhalden und an markanten Wegscheiden. So wird der Gasometer in Oberhausen heute als Ausstellungszentrum und vor allem als Aussichtsturm genutzt. Dessen atemberaubende Fernsicht besingen das Comedyduo Gerburg Jahnke und Stephanie Überall, die „Missfits", zwar mit holperndem Versmaß, aber höchst leidenschaftlich und mit durchaus epiphanischen Untertönen: „Dann stehse auf'm Gasometer im Sturmesbrausen – und allet watte siehs is Oberhausen!" Auch darüber ließe sich religionspädagogisch nachdenken.

Meine Gäste aber führe ich besonders gern zum Tetraeder auf der Halde der ehemalige Zeche Prosper in Bottrop-Batenbrock, zum „Haldenereignis Emscherblick". In Serpentinen führt ein Fußweg die mit einer Humusschicht bedeckten und aufgeforsteten Hänge der Bergehalde hinauf. Hier wurde von 1969 bis 1993 das zusammen mit der Kohle geförderte und dann von ihr getrennte „taube" Gestein aufgeschüttet. Starke Erosionsspuren zeugen von der Vorliebe der BesucherInnen für Abkürzungen, aber auch von der Künstlichkeit des begrünten Hügels. Unter der dünnen Erdschicht zeigt sich schnell der Schotter des Abfallprodukts des Steinkohlenbergbaus. Oben angekommen erwartet die WandererInnen ein nicht begrünter abgeflachter Haldengipfel mit einer leichten Mulde in der Mitte. Das Abraumgestein, grober Schotter in unterschiedlichen Schwarz-, Grau- und Brauntönen bedeckt das weite Rund. Eine Mondlandschaft – und darauf erhebt sich silbrig glänzend, filigran und auch ein bisschen „spacig" eine 65 Meter hohe offene Stahlrohrkonstruktion, ein von vier gleichseitigen Dreiecken begrenzter Körper – ein Tetraeder eben. Die von Wolfgang Christ anlässlich der IBA, der Internationalen Bauausstellung, entworfene und 1993 errichtete Konstruktion ist weithin sichtbar. Wer auf der nahe gelegenen Autobahn das Ruhrgebiet durchquert, kann sie kaum übersehen. In der Nacht konturiert eine Lichtinstallation des Künstlers Jürgen LIT Fischer den Tetraeder – violette Lichtlinien gleichsam körperlos schwebend in der Dunkelheit.

In diese offene Stahlkonstruktion sind drei Aussichtsplattformen eingezogen, die über eine Stahltreppe aus Lochblechplatten erreicht werden. Wer hier hinaufsteigt, sollte schwindelfrei sein: Die Stahlgittertreppe wie auch die Zwischenplattform bieten zu Anfang den vollen Blick nach unten, die Treppe wird dann nach oben hin immer enger, und die letzte Aussichtsgalerie schließlich ist deutlich geneigt. Viele kommen nur bis zur ersten Etage. Sie können den Gitterboden nicht überqueren. Sie halten den Blick nach unten nicht aus, und weil der Boden so offen ist, trauen sie der ganzen Sache nicht. Der Tetraeder „sortiert" Gruppen und Grüppchen, Familien und Paare immer neu: in die, die nach einem für manche schon anstrengenden Aufstieg gleich abwinken, die, die am ersten Gitterboden stehen bleiben und die, die gerade die geneigte Plattform genießen, sich dort wie im Mastkorb eines Segelschiffs fühlen, sicher umschlossen von der Brüstung und doch aufregend frei schwebend. Gerade Kinder fühlen sich hier oft überlegen. So beobachte ich einen Familienvater, der vorsichtig mit dem Schuh das Gitter beklopft und dann doch lieber auf der Treppe stehen bleibt. Seinen Sohn höre ich ein Stockwerk höher zur Mutter sagen: „Der Papa traut sich nicht bis hierher – ich traue mich aber noch höher!" Auch darüber ließe sich religionspädagogisch nachdenken.

Wer sich ganz hoch traut, wird mit einem weiten Blick über das Ruhrgebiet belohnt. Es dauert ein bisschen, bis man sich eingesehen hat: „Ist das schon Essen? Das dort die Schalke-Arena? Raucht da ein Stahlwerk? Eine Kokerei? Ganz was anderes? Was ist das da? Eine Skihalle?? Es ist doch aber ziemlich grün hier! Eigentlich sogar ganz schön!"

Der Gemeindegruppe, den Religionslehrerinnen und -lehrern des DKV, den Theologiestudentinnen und -studenten aus Paderborn fällt etwas später auf: Die Kirchtürme sind ja winzig im Vergleich mit den Industrieanlagen, den Fördertürmen und Schornsteinen, den Kraftwerksblöcken und Kühltürmen. „Wir" kommen hier gar nicht richtig vor. „Uns" findet man erst auf den zweiten und dritten Blick. „Wir" sind hier gar nicht so wichtig. Eine Proportionsverschiebung, die den inneren Bildern von der „Kirche im Dorf", von der Gemeinde als Zentrum der Nachbarschaft, von der leuchtenden und wegweisenden „Stadt auf dem Berg" zuwiderläuft. Beim „Haldenereignis Emscherblick" habe ich verschiedentlich mit anderen nachgedacht über die kirchliche Wahrnehmung der Gegenwartssituation und – Perspektivwechsel! – über die Wahrnehmung von Kirche in der Gegenwart.

Eine weitere überraschende Wahrnehmung aus der Höhe ist die gestaltete Mitte der Halde. Die kreisrunde Mulde animiert offenkundig immer wieder Besucherinnen und Besucher, ein Zentrum zu definieren, eine Mitte zu finden. Sie ordnen den Schotter farblich, legen Mandalas, die das Herz der Grundschullehrerin an meiner Seite erfreuen. Sie schleppen größere Steine von den Rändern in die Mitte und ordnen sie kreisförmig an, die Studentinnen und Studenten meiner Gruppe zählen durch: zwölf Steine, zwölf Sitzplätze – Sedilien! Wenn das mal nicht was zu bedeuten hat! Dass es eine anthropologische Grundkonstante ist, die Mitte zu beschreiben, den Ort zu strukturieren, sich damit selbst zu verorten in Raum und Zeit, kann hier immer wieder neu erfahren werden. Eine Lektion in – Perspektivenwechsel! – „Symboldidaktik von unten", die es in sich hat: weil sie sich nicht im Kunstraum Schule vollzieht, sondern im öffentlichen Raum eines Naherholungsgebietes; weil sie konfrontiert mit der nicht angeleiteten, sondern frei entfalteten Lust an bildsprachlichem Ausdruck; weil sie dabei nicht selten auch mit Problematischem, mit Befremdlichem konfrontiert. Ratlosigkeit macht sich unter uns breit angesichts des in der Mitte ausgelegten Pentagramms, ein anderes Mal angesichts von Symbolen, die uns nur vage bekannt vorkommen: Herr der Ringe, Star Wars, Tarotkarten, ganz was Anderes? Jeder neue Besuch konfrontiert mit neuen Gestaltungen, „ungeordnet" habe ich die Halde in all den Jahren noch nie erlebt.

Die „Perspektiven", die sich solcherart auftun, sind recht verstanden „Ich-Perspektiven", Blicke von einem bestimmten Standpunkt *auf* etwas, das mir als Anderes begegnet. Das Maß an Vertrautheit oder Befremden im Angesicht dieses Anderen ergibt sich aus der Möglichkeit, es in die eigenen Deutungsmuster zu integrieren, mindestens es damit zu verschränken (Englert 1992, 121ff.) – oder auch eben nicht. Vorausgesetzt ist dabei immer, dass es – wie im mathematischen Konstrukt der Zentralperspektive – einen festen Standort gibt, von dem aus gesehen wird. Im metaphorischen Gebrauch der neueren Religionspädagogik erscheint diese „Ich-Perspektive" ambivalent. Zwar gilt sie als Ausgangspunkt einer kritisch-konstruktiv revidierten Korrelationsdidaktik und wird als Voraussetzung bei der Wahrnehmung von lebensweltlichen Phänomenen und der Erschließung von Erfahrungen mitbedacht, aber der ihr wesentlich zugehörige *feste* Standpunkt gilt angesichts einer pluralisierten und individualisierten Gegenwart als durchaus problematisch. Er lässt lediglich exklusive oder inklusive Umgangsformen mit anderen Sinnkonstrukten, mit Phänomenen und Erfahrungen zu. In beiden Fällen wird das Andere der eigenen Projektion zentralperspektivisch unterworfen und entweder abgelehnt oder vereinnahmt. Gerade im Kontext des interreligiösen Lernens gilt diese auf Grund ihres festen Standortes „monoreligiöse" Ich-Perspektive daher als problematisch (Ziebertz / van der Ven 1995,).

Der Ortswechsel in religionspädagogischer Absicht auf den Tetraeder konfrontiert damit höchst anschaulich. Die Deutungsmacht eines christlich-kirchlichen Sinnkonstrukts bricht sich Bahn angesichts des Größenverhältnisses der christlichen Gotteshäuser zu den Kathedralen der Arbeit: „Müsste es nicht anders sein? Sind wir in diesen Bezügen eigentlich überhaupt präsent? Was ist unsere Aufgabe hier?" Aber auch angesichts der symbolischen Gestaltung des Ortes: „Eigentlich ist das doch auch religiös! Wir können daran anschließen! Wir suchen doch auch die Mitte!" Stumm und betroffen macht allerdings gleichzeitig die Erfahrung der Deutungsmacht der *anderen* Perspektive: „Die brauchen uns nicht! Wir können gegen Kapital und Konsum doch nicht an! Noch ein paar Jahre und ein paar Kirchenschließungen weiter, dann kommen wir hier gar nicht mehr vor." Und: „Müssen wir uns nicht deutlicher abgrenzen von manchen religiösen Konstrukten? Wie schließt unsere Tradition denn überhaupt noch an so etwas an? Sollte sie das überhaupt wollen?"

Perspektivwechsel – sollen wir das wollen?

Das wirklich Aufregende bei diesem Ortswechsel ist aber nicht so sehr der *standortbezogene Ausblick auf etwas*, sondern der *Verlust* des Standortbezugs, den die meisten Besucherinnen und Besucher beim Aufstieg *leibhaftig* erfahren. Konfrontiert werden sie zunächst nicht mit einem Ausblick, sondern mit einem Blick in den Abgrund. Was sieht, wer in den Abgrund blickt? Im Grunde nichts – das ist es ja. Dem Gehirn fehlt der – im Wortsinn – Anhaltspunkt, die Bilder kullern im Kopf herum und Schwindel kommt auf. Was fehlt, ist die Vergewisserung über den eigenen Standort. Der eigene Körper allein reicht dazu nicht, es bedarf der visuellen Haltepunkte. Auf den offenen Treppen der offenen Stahlkonstruktion stellt sich eine höchst existenzielle Erfahrung als körperliche Widerfahrnis ein: Mich nur auf mich selbst zu beziehen, hilft nicht. Erst mit einem *verlässlichen Gegenüber*, der Horizontlinie oder sonst einem Fixpunkt, der Aufschluss über die Größenverhältnisse und Entfernungen gibt, bin ich „in der Welt" und nicht „außer mir". Standortbestimmung ist ein Begriff, der sich an diesem exponierten Ort somit unausweichlich als Anfrage an eine konkrete Ortserfahrung aufdrängt. Standortbestimmung mit Hilfe eines Standpunktes und mit Hilfe von räumlichen Bezugspunkten, die mich halten und mir vermitteln, wo ich bin. Eine solche Vergewisserung über den eigenen Standort auf dem Tetraeder in Bottrop vollzieht sich aber unter der Voraussetzung, dass sich nur wenige Schritte aufwärts, abwärts, nach rechts oder links immer neue Ausblicke eröffnen. Kann ich unter diesen Bedingungen eine „Perspektive" einnehmen, also den Standort fixieren und mir ein psychophysiologisch stimmiges *Bild* machen – das nicht die *Realität* ist, mir aber hilft, diese *auszuhalten?* Verortung des eigenen Körpers im Raum dieses gebauten Körpers vollzieht sich aber nur unter der Voraussetzung, dass dessen offenes Liniengefüge auch *Leerstellen* markiert. Und diese Leerstellen sind unten, ziemlich tief unten. Da fangen einige an zu schwanken und anderen wird schlecht.

Die leibliche Erfahrung von Unsicherheit in der Standortbestimmung, die zugleich eine Erfahrung von unsicherem Stand und damit äußerst bedrohlich ist, hat mir auf dem Tetraeder und unten auf dem Haldenplateau einige interessante religionspädagogische Gespräche beschert. Wir waren uns einig: Nach der Erfahrung des Schwankens gerade eben lesen wir die allfälligen religionspädagogischen Beschwörungen eines „Perspektivwechsels" und einer „Perspektivübernahme" nochmals anders. Diese Begriffe erscheinen als bildungstheoretische Leitmotive des Bischofswortes zur Konfessionalität des Religionsunterrichts. Höchst differenziert wird dabei über die Notwendigkeit der Ausbildung eigener Sichtweisen gehandelt und gleichzeitig darauf verwiesen, dass diese immer begrenzt sind. Das ist kein Zugeständnis an irgendeine Form des Relativismus. Es heißt im Bischofswort: „Perspektiven bekommen durchaus Wahrheit zu Gesicht. Sie müssen sich allerdings durch andere Perspektiven ergänzen lassen." (Die deutschen Bischöfe 1996, 62). Als genuine Dimension unterrichtlichen Lernens wird daher das Sehen lernen „aus der Perspektive anderer" zur Geltung gebracht. Das Bischofswort rechnet dabei im Kontext des Religionsunterrichts mit einer Vielzahl möglicher Perspektiven. Es rechnet mit unterschiedlichen Differenzierungen sowohl innerhalb der kirchlichen Binnenperspektive als auch mit zahlreichen nicht-kirchlichen, nichtchristlichen, areligiösen Außenperspektiven. Als Bildungsziel wird dabei ausdrücklich die „Fähigkeit zu wechselseitiger Perspektivenübernahme" benannt. Das ist schon eine bedenkenswerte Option: Ein Text, der die kirchlich-katholische Position als Perspektive „verbürgten Lebenssinns" anbietet – und damit als Fixpunkt mit Wahrheitsanspruch! – *rechnet* nicht nur mit anderen Perspektiven, sondern er *zählt* auf sie. Der Text tut dies, ohne den eigenen konfessionellen Anspruch relativierend aufzugeben, aber in der Überzeugung, dass nur ein geübter, ein souveräner und reflektierter Umgang mit Pluralität erst Standfestigkeit ermöglicht. Sollten wir vielleicht auf dem Tetraeder tanzen, um möglichst viele und schnelle Perspektivübernahmen zu vollziehen? Das denn doch lieber nicht! Und fast stellt sich Schwindel ein angesichts dieses bischöflichen multiperspektivischen Umgangs mit Perspektivität!

Perspektiven auf Tradition
Der Gebrauch des Begriffs „Perspektive" im Wort der deutschen Bi-

schöfe zum Religionsunterricht in der Schule und in zahlreichen Publikationen der neueren Religionspädagogik trägt sehr ausdrücklich der gesellschaftlichen Pluralität Rechnung. Angedeutet wird damit, dass in der Vielzahl der Weltanschauungen und Sinnsichten der christliche Glaube nur eine Ansicht – und noch dazu aus unterschiedlichen konfessionellen Blickwinkeln – darbietet. Allerdings suggeriert dieser Wortgebrauch auch – mindestens unterschwellig –, dass mit dieser einen Perspektive auch schon der „Durchblick" gewährleistet sei. Diese Suggestion verdankt sich nicht zuletzt dem entscheidenden Fluchtpunkt, in den alle Linien des Bildes der Welt in dieser einen Perspektive zusammenlaufen: der Tradition des christlichen Glaubens. Verfolgt man dieses metaphorische Verständnis von „Perspektive" weiter, so ist allerdings nicht recht klar, wie das Verhältnis von Fluchtpunkt und Betrachterstandort zu beschreiben ist. Jedenfalls ist es nicht so präzise bestimmbar wie in der Zentralprojektion selbst, und damit könnte die Metapher „Zentralperspektive" zur Erhellung des metaphorischen Gebrauchs des Begriffs „Perspektive" in der Religionspädagogik auch schon am Ende sein!

Die leibhaftige Ortserfahrung zum äußerst prekären Verhältnis von Standpunkt und visuellem Fixpunkt lässt aber auch das Verhältnis von Standpunkt und Tradition mindestens prekärer erscheinen, als es das Bischofswort suggeriert. Schon die langjährige und nie recht abgeschlossene Debatte um den Begriff der Korrelation und die Korrelationsdidaktik (Englert 1993; Hilger / Kropač 2002; Ziebertz 2003) hat deutlich gemacht, dass die Erschließung und Deutung von Leben und Welt mittels und im Blick auf die Tradition christlichen Glaubens weder mit Hilfe von Konvergenzmodellen noch von Komplementärmodellen noch von radikal metanoetischen Inkompatibilitätsmodellen wirklich zufrieden stellend gelingt. In der enttraditionalisierten Gegenwart ist Tradition als „verbürgter Lebenssinn" lebensweltlich so gar nicht mehr zu greifen; es gibt keinen allen gemeinsamen Alltag mehr, der in seinen Regulierungen, Übereinkünften und bedeutungsstiftenden Strukturen den Wert und die Leistung von Tradition erweist. In der damit zugleich hoch individualisierten Gegenwart garantiert selbst die Einübung in Tradition, die Auseinandersetzung mit ihren Inhalten und die Diskussion ihrer gesellschaftlichen Relevanz nicht ihre motivträchtige

Weitergabe. Und nicht zuletzt: Nicht erst in der enttraditionalisierten und individualisierten Gegenwart ist der Rekurs auf Tradition immer schon Transformation von Tradition, die ihrerseits Transformation von Tradition usf. ist. In der differenzierten Gesellschaft der Gegenwart stellt sich die Anfrage an die Überlieferung damit erschreckend nüchtern als fundamentale religionspädagogische Begründungsfrage: „Was ist die Leistung von Tradition für das Selbst- und Weltverstehen heutiger Menschen? Was kann uns eine Tradition sagen, das wir nicht von anderswoher schon besser wüssten?" (Englert 2005, 64f.) Für die Religionsdidaktik geht es an dieser Stelle nicht um die Entdeckung einer neuen Begrifflichkeit, einer neuen Methodik, gar eines neuen „Tricks", der aus allen Verlegenheiten hilft. Es geht auch nicht um die Frage, wie viel Transformation Tradition vertragen kann, um noch sie selbst zu bleiben oder wie viel Tradition das moderne Individuum vertragen kann, ohne seine Autonomie zu verlieren. Im Letzten geht es auch nicht um „Perspektivwechsel" oder „Perspektivenverschränkung", die – nimmt man die Metapher ernst – Standpunktaufgabe oder Bildlinienverwirrung nach sich zögen. Die Erfahrungen auf dem Tetraeder zeigen, dass „Wechsel" und „Verschränkung" das Gleichgewicht, die „Identität", gefährden. Im Letzten geht es um *Aufklärung* perspektivischer Prozesse, und damit auch um die Anbahnung von *reflektierten* Sehprozessen. Im Erfahrungshorizont des Beispiels geht es also um die Frage: Woran kann sich mein Sehen festhalten? Und die Erfahrung auf dem Tetraeder zeigt: Das sind immer Punkte und Linien, die *außerhalb* unserer selbst liegen, über die wir im Letzten nicht verfügen, die aber, habe ich einmal eine *Sehentscheidung* zugunsten eines visuellen Haltepunkts getroffen, mir das Ganze erschließen, mir sogar den Blick in den Abgrund ermöglichen (aber immer schön vorsichtig). Denn es gilt, dass Sehentscheidungen nicht einfach zwangsläufig sind, sondern in einem komplexen Zusammenspiel von Auge und Gehirn gelernt, und zwar immer neu gelernt werden (BrillenträgerInnen wissen das).

Gilt das auch für den existenziellen Standpunkt und die Tradition des christlichen Glaubens? Aufklärung perspektivischer Prozesse bedeutet dann den auch rationalen, auch historischen, auch kulturkritischen Zugriff auf die Fluchtpunkte und Bildlinien der Tradition. Es bedeutet aber auch Entscheidung für diese Fluchtpunkte, die dann ein bestimmtes Bild der Realität ermöglichen. Dazu ist allerdings erforderlich, dass tatsächlich das Liniengefüge der Tradition vermittelt wird, ihr „systemischer Charakter", wie Rudolf Englert es nennt und nicht nur lose Einzelpunkte, die zwar an lebensweltliche Erfahrungen angeschlossen werden, aber ansonsten unverbunden bleiben. Auseinandersetzung mit anderen Traditionen und Anschauungen erfolgte im Kontext einer solchen Sehaufklärung dann nicht exklusivistisch oder inklusivistisch als Ausschluss oder Einschluss weiterer Fluchtpunkte in die eigene Projektion, auch nicht im Sinne einer neutralisierenden „Es-Perspektive" (Ziebertz 2002, 136), sondern als Auseinandersetzung mit den je anderen Standpunkten je anderer Betrachterinnen und Betrachter. Das mildert den Schock angesichts kleiner Kirchlein neben monströsen Einkaufszentren nicht, auch nicht die Irritation angesichts problematisch erscheinender fremder Symbole und Riten. Es ermöglicht aber vielleicht, Tradition als einen Seh-Vorschlag – im Sinne der französischen Initiative „proposer la foi" – auch in solchen Kontexten zu verstehen, als ein ganz bestimmtes Sehkonzept, das im Blick auf die Abgründe dieser Welt Stellung bezieht und das Konsequenzen auch im Handeln hat. „Gott lässt sich nicht in der Welt nachweisen. Aber eine Welt, deren letzten Grund ich als ‚Gott' anspreche, ist als ganze eine andere." (Englert 2005, 76)

Der Rückweg führt uns von der Halde hinunter. Angesichts der Erosionsspuren überlegen wir: Wer hier Wurzeln schlagen will, muss lange, weit verzweigte Wasserleitungen haben. Angesichts des steilen Abstiegs realisieren wir, dass der hier aufgetürmte Schotter ja woanders fehlt. Der Boden, auf dem wir stehen, ist viele hundert Meter tief vertikal und horizontal untertunnelt, von Wegen durchzogen, ein durchaus unsicherer Grund, auf dem wir stehen. Wir sehen das jetzt.

Literatur

Bahr, Matthias / Kropač, Ulrich / Schambeck, Mirjam (Hg.) (2005), Subjektwerdung und religiöses Lernen. Für eine Religionspädagogik, die den Menschen ernst nimmt, München.

Die deutschen Bischöfe (1996), Die bildende Kraft des Religionsunterrichts. Zur Konfessionalität des katholischen Religionsunterrichts, hg. Vom Sekretariat der deutschen Bischofskonferenz, Bonn.

Bizer, Christoph u.a. (Hg.) (2002), Jahrbuch der Religionspädagogik (JRP), Bd. 18: Religionsdidaktik, Neukirchen-Vluyn.

Englert, Rudolf (1992), Religiöse Erwachsenenbildung. Situation – Probleme - Handlungsorientierung, Stuttgart / Berlin / Köln.

Englert, Rudolf (1993), Die Korrelationsdidaktik am Ausgang ihrer Epoche. Plädoyer für einen ehrenhaften Abgang, in: Georg Hilger / George Reilly (Hg.) (1993), Religionsunterricht im Abseits? Das Spannungsfeld Jugend – Schule – Religion, München.

Englert, Rudolf (2005), Auf einmal gar nicht mehr von gestern. Überlegungen zum religionspädagogischen Gebrauch von Tradition, in: Bahr u.a. (2005), 64-77.

Hilger, Georg / Leimgruber, Stephan / Ziebertz, Hans-Georg (2001), Religionsdidaktik. Ein Leitfaden für Studium, Ausbildung und Beruf, München.

Hilger, Georg / Kropač, Ulrich (2002), Ist Korrelationsdidaktik „out"? In: Bizer u.a. (2002), 52-62.

Schweitzer, Friedrich / Englert, Rudolf / Schwab, Ulrich / Ziebertz, Hans-Georg (2002), Entwurf einer pluralitätsfähigen Religionspädagogik, Gütersloh / Freiburg i.Br.

Schweitzer, Friedrich / Schlag, Thomas (Hg.) (2004), Religionspädagogik im 21. Jahrhundert, Gütersloh / Freiburg i.Br.

Ziebertz, Hans-Georg (2002), Interreligiöses Lernen und die Pluralität der Religionen, in: Schweitzer u.a. (2002), 121-156.

Ziebertz, Hans-Georg (Hg.) (2003), Abduktive Korrelation. Religionspädagogische Konzeption, Methodologie und Professionalität im interdisziplinären Dialog, Münster.

Jesus als Lehrer
nach Lk 10,38–42

Karl Löning

Die bekannte Erzählung von der Aufnahme Jesu im Haus der Marta und ihrer Schwester Maria (Lk 10,38–42) zeigt Jesus in der Rolle des idealen Lehrers. In den Beiträgen dieser Festschrift geht es um das Prinzip, unter dem Wandel der Bedingungen der Weitergabe des Glaubens den Kern der ursprünglichen Botschaft zu bewahren. Die Erzählung Lk 10,38–42 kann dazu einiges beitragen. Sie ist, wie ich zeigen will, selbst ein Zeugnis des Wandels der Tradierung des Glaubens in der ersten nachapostolischen Generation. Ihr Anspruch hat durchaus mit der Intention zu tun, den ursprünglichen „Kern" in diesem Wandel zu vermitteln.

Die Art, wie Lukas in seinem Reisebericht Jesus als Lehrer darstellt, hat speziell auch mit der Frage zu tun, wie sich die „prophetische" Verkündigung der Gottesherrschaft und die weisheitliche Lehre Jesu zueinander verhalten. Diese Frage hängt letztlich auch mit der Begründung des Religionsunterrichts an öffentlichen Schulen zusammen, einem Problem, mit dem sich Paul Schladoth, dem ich diesen Essay freundschaftlich widme, in den langen Jahren seiner verdienstvollen Arbeit in der Lehrerausbildung mit großem Engagement auseinandergesetzt hat. Dass das Interesse an dieser Frage auch für meine Arbeit als Exeget nicht ohne Auswirkungen geblieben ist und uns bis heute verbindet, wird im Folgenden sicherlich zu erkennen sein.

1. Zwei ungleiche Schwestern

In der Anekdote Lk 10,38–42 verhalten sich Marta und Maria Jesus gegenüber auf gegensätzliche Weise, obwohl sie ihn beide akzeptieren. In der szenischen Eröffnung der Erzählung wird Marta an erster Stelle erwähnt. Sie ist es, die Jesus „aufnimmt" (V 38b). Diese Handlung kennzeichnet sie als die Hausherrin und damit indirekt als die ältere der beiden. Maria wird lediglich als die Schwester *der Marta* eingeführt, als weitere Person des Hauswesens also, dem Marta vorsteht. Dieser zunächst nur angedeutete Rangunterschied zwischen den beiden Schwestern hinsichtlich ihrer Stellung *im Haus* ist aber nur der Ausgangspunkt für die gegensätzliche erzählerische Profilierung der Rollen, welche sie *in dieser Geschichte* spielen.

Sobald es um diese Rollen geht, ist zuerst von Maria die Rede (V 39b). Sie reagiert auf die Ankunft Jesu, indem sie sich „zu Füßen des Kyrios" setzt. Nachdem sie so die Position der Schülerin eingenommen hat, verhält sie sich ausschließlich rezeptiv. Ihre Beschäftigung während der Dauer (Imperfekt) der Anwesenheit Jesu ist es, das Wort Jesu zu hören. *Was* Jesus lehrt, wird nicht ausgeführt. Es geht um das Verhalten der Maria als *Hörerin*. Wenn der Erzähler in der Exposition Jesus als Kyrios bezeichnet (V 39b), betont er zwar auch dessen Autorität, ordnet aber vor allem damit das Verhalten (Hören) der Maria einer Sphäre zu, in der nicht ein *Hausherr* bzw. eine *Hausherrin*, sondern ein *Lehrer* die Spitzenposition einnimmt.

Dem Verhalten der Maria wird in V 40a das der Marta entgegengesetzt. Sie geht ganz in ihrer ökonomischen Rolle als Herrin des Hauses auf, die Jesus als ihren Gast betrachtet und sich entsprechend engagiert. Der Erzähler wählt dafür aber einen Ausdruck, der dieses gastfreundliche Bemühen der Marta nicht als freie Aktivität, sondern als fremdbestimmtes Handeln kennzeichnet. Marta „wurde hin- und hergerissen" von ihren vielen Dienstleistungen. So erscheint das Verhalten der Marta im Gegensatz zum rezeptiven Verhalten der Maria nicht positiv als produktiv, sondern hier schon als falsch.

Was in der Exposition (VV 38–40a) angelegt ist, wird in der Haupthandlung (VV 40b–42) entfaltet. Diese besteht aus einem kurzen Dialog zwischen Marta und Jesus. Marta, die übrigens ihrerseits Jesus mit „Herr" anredet und damit dessen Autorität respektiert, beklagt sich dennoch darüber, dass Jesus sich um das ungehörige Verhalten ihrer Schwester „nicht kümmert", es ignoriert, toleriert, fördert oder gar fordert. Da Jesus sich nicht von sich aus um die Wiederherstellung der gestörten Hausordnung kümmert, ergreift sie die Initiative und fordert ihn dazu auf, ihre Schwester zur Ordnung zu rufen. Wieder ist klar, dass sie trotz des tadelnden Tons, mit dem sie ihre rhetorische Frage an Jesus richtet, an die Autorität Jesu appelliert und nicht selbst versucht, ihre Schwester an ihre häuslichen Pflichten und ihre geschwisterliche Solidarität zu erinnern. Was sie von Jesus erwartet, wird ihr aber durch dessen Antwort verweigert. Jesus tadelt nicht ihre untätige Schwester, sondern sie, die Ordnungshüterin, und zwar mit Nachdruck, wie die Verdopplung der Anrede mit dem Eigennamen signalisiert.

Die tadelnde Antwort Jesu (V 41 f) expliziert den in der Exposition angelegten Gegensatz, der in der erzählerischen Darstellung des Verhaltens der beiden Schwestern schon sichtbar geworden ist. Sie verkörpern als ungleiches Geschwisterpaar zwei alternative Modelle praktischer Daseinsorientierung, zwischen denen es zu „wählen" gilt (V 42b). Entweder kümmert man sich um „vieles", das man für lebensnotwendig hält, das aber nach dem Urteil Jesu nur vermeintlich von Bedeutung ist, oder um das „eine", das Jesus als wirklich „notwendig" bewertet. Nur die Entscheidung, die Maria trifft, ist nach diesem Urteil richtig, weil sie sich bei der Wahl, die hier zu treffen ist, den „guten Teil" nimmt. Marta dagegen hat falsch gewählt. Dies wird in der Antwort Jesu durch die Wortwahl bei der Bezeichnung der Aktivitäten der Marta deutlich. Das *Hendiadyoin* „du sorgst und beunruhigst dich" bewertet die *Sorge*, die Marta für Jesus an den Tag legt, als Symptom der *Störung* ihres inneren Gleichgewichts. Im Gegensatz dazu steht die Muße, die Maria sich gönnt, um sich Jesus als Schülerin zu Füßen zu setzen. Diese Haltung entspricht dem philosophischen Ideal der Seelenruhe (*tranquillitas animi*), die ihr niemand nehmen kann, auch nicht die ältere Schwester durch die störende Unterbrechung der Lehrstunde, die gerade in ihrem Haus stattfindet, weil Maria sich dem zuwendet, was im Sinne der Lehre Jesu die Hauptsache ist, die Marta aber gerade verfehlt, weil sie sich durch ihre unruhige Sorge um „vieles" ablenken lässt.[1]

2. Das Marta-Modell

Auf den ersten Blick hat es den Anschein, als stelle diese Erzählung den Leser vor die Wahl zwischen Ökonomie und Lehre Jesu, allgemeiner gesagt: zwischen materieller und geistiger Werteorientierung. Mit dieser Interpretation würde man Lukas, dem Evangelisten der Armen, allerdings unterstellen, dass er die Lehre Jesu als Ersatz für die reale Lösung der materiellen Probleme der Armen zu verkaufen versucht hätte. Auf den zweiten Blick stellt sich aber heraus, dass dies nicht so ist. Die Position, welche Marta als gastfreundliche Hausherrin verkörpert, ist keineswegs das Paradigma einer ausschließlich an materiellen Werten orientierten Geschäftigkeit ohne Bezug zu Wertvorstellungen, welche durch Erziehung und Bildung vermittelt werden. Umgekehrt ist die eine entscheidende Sache, um die es in der Lehre Jesu geht, nicht jenseits aller ökonomischen Wertvorstellungen angesiedelt.

Beginnen wir mit einigen Hinweisen zu den ideellen Voraussetzungen, die in dem von Jesus kritisierten Modell implizit aufgerufen werden, das durch Marta verkörpert wird. Das Stichwort „sorgen", mit dem Jesus selbst in der Geschichte Martas Handeln bezeichnet, hat einen eminenten Stellenwert in der weisheitlichen Tradition und basiert auf grundlegenden Aspekten der biblischen Anthropologie. Der Mensch ist zur Sorge für sein Leben bestimmt, weil er nicht im Paradies lebt, sondern auf einem fluchbeladenen Ackerboden, der ohne menschliches Zutun den Menschen nicht ernährt, der Dornen und Disteln hervorbringt statt Brot und Wein in ausreichender Menge. Weil der Mensch also ein Mängelwesen ist, das im Schweiße seines Angesichts sein Brot essen muss, gilt die Arbeit in der weisheitlichen Tradition[2] als elementare Voraussetzung für ein sinnerfülltes und glückliches Leben. In der sogenannten väterlichen Weisheit (sozusagen der Hauptabteilung Bildung und Erziehung im Kanon der traditionellen weisheitlichen Disziplinen)[3], die für dieses Thema zuständig ist, hört man als junger Mensch sehr bald[4], dass es ein Gebot der Klugheit sei, fleißig zu arbeiten, um Reichtum und Ehre zu erlangen, damit man nicht verelende und Hunger leide, sondern als wohlsituiertes Mitglied der Gesellschaft deren Anerkennung finde.

Dieser Zusammenhang von Klugheit und Fleiß, Weisheit und Ökonomie[5] ist Lukas nicht fremd, wie man am Fall des verlorenen Sohnes unschwer ablesen kann.[6] Dessen Unglückskarriere, die ihn vom wohlsituierten Vaterhaus fort in die heidnische Fremde führt und dort in jene extreme Notsituation absinken lässt, in der er sogar die Schweine um ihr Fressen beneidet, kommt keineswegs überraschend. Dieser Abstieg entspricht ja grundsätzlich dem unglücklichen Ergehen, das die als Erzieherin der Jugend personifizierte Weisheit in Spr 1,24–31 den bildungsunwilligen jungen Menschen vorhersagt, falls sie ihren Rat in den Wind schlagen. Zwar wird mit dem Gleichnis vom verlorenen

Sohn nicht für das angepasste kluge Verhalten geworben, das der ältere Sohn in der Parabel an den Tag legt, aber auch nicht für die Torheit, die den jüngeren Sohn an den Rand des Verderbens führt. Die Parabel interessiert sich für den missratenen Sohn deshalb, weil er im Gegensatz zu seinem braven Bruder durch seine lebensbedrohende Notlage zu einem radikalen Umdenken geradezu gezwungen ist bzw. weil die durch Frau Weisheit personifizierte Tradition keinen Weg zur Rettung verlorener Söhne aus dem Tod anbietet, sondern vor dem Unglück warnt, bevor es eintritt. Ihre Intention ist pädagogisch, nicht soteriologisch.

Marta ist dann aber, wie jetzt klar ist, gerade nach weisheitlichen Maßstäben kein hoffnungsloser Fall. Ihr ökonomisches Handeln entspricht gerade dem traditionellen weisheitlichen Wertesystem. In diesem Sinne ist Marta eine „starke Frau", deren Lob im *Alphabet der tüchtigen Hausfrau* (Spr 31,10–31) gesungen wird. Der lukanische Jesus stimmt allerdings wie Ariston von Chios in dieses Lob nicht ein, sondern lobt das alternative Verhaltensmodell der Maria.

3. Das Maria-Modell

Die Erzählung bewertet die Wahl der Maria als die einzig richtige in dieser Situation, gibt aber keine Auskunft darüber, was denn das einzig Notwendige sei, für das sich Maria entscheidet, wenn sie sich der Lehre Jesu zuwendet. Die Erzählung stilisiert ihr Verhalten als Bekehrung zur Philosophie.[7] Aber welche Philosophie lehrt Jesus? Handelt sie vom „glücklichen Leben", von der „Muße" des Philosophierens, von der „Seelenruhe" des Weisen? Soll Maria eine Vollzeit-Philosophin werden? Aufschluss darüber gibt es nur über den Kontext dieser Erzählung. Dazu muss der Stellenwert dieser Erzählung im Kontext des lukanischen Reiseberichts bestimmt werden.

Die Auffassung, Lk 10,38–42 sei als Kontrastperikope zur *voraufgehenden* Parabel vom barmherzigen Samariter zu interpretieren,[8] überzeugt mich nicht.[9] Die Erzählung von den ungleichen Schwestern Marta und Maria stellt den Leser vor eine Richtungsentscheidung. Hier muss der Leser wählen, welchen der beiden Wege, die sich vor ihm auftun, er mitgehen will. Dabei liegt es in der Logik einer Scheideweg-Erzählung, dass dieser Weg erst ab hier gegangen wird, also im *folgenden* Kontext inhaltlich beschrieben wird. Die Anekdote hat demnach keine abschließende, sondern eine *eröffnende* Funktion.

Die Erzählung von den ungleichen Schwestern Marta und Maria eröffnet im Zusammenhang des lukanischen Reiseberichts den zweiten Zyklus (Lk 10,38–13,21). Dessen Thema wird durch das zentrale Stichwort „sorgen" (10,41) eingeführt. Der Zyklus gliedert sich in vier Reden (Lk 11,1–13.14–36.37–54; 12,1–13,9), von denen die vierte (Lk 12,1–13,9) das in Lk 10,38–42 eröffnete Thema explizit entfaltet. Das Volk und die Schüler Jesu, die in dieser Rede im regelmäßigen Wechsel als Adressaten gesondert angesprochen werden, belehrt Jesus über die Vergeblichkeit der Sorge um die Sicherung des eigenen Lebens durch Nahrung und Kleidung und über die Notwendigkeit der alternativen Suche nach dem wahren Schatz, den niemand stehlen oder zerstören kann und dessen Sicherung deshalb das Herz nicht in Unruhe versetzt (vgl. Lk 12,22–34). In dieser Rede werden die Adressaten, hier die Schüler Jesu, mit derselben Wahlentscheidung konfrontiert, die in der Eröffnungsperikope Lk 10, 38–42 durch Maria getroffen wird.

Bevor die Schüler Jesu in der großen Lehrrede Lk 12,1–13,9 mit dieser Wahlentscheidung konfrontiert werden, hat Jesus bereits in dem an das Volk adressierten voraufgehenden Teil der Rede (Lk 12,15–21) mit der Parabel vom reichen Kornbauern die Sorge um die Sicherung des Lebens durch ökonomische Anstrengungen, wie sie vom reichen Kornbauern hier in grotesker Übersteigerung demonstriert werden, als *Torheit* entlarvt (V 20b) und die entsprechende Motivation als *Untugend* („Habgier", V 15a) angeprangert. Das Marta-Prinzip wird damit auf der Basis der weisheitlichen Bewertungskriterien, auf denen es selbst basiert, als Torheit qualifiziert. Das Maria-Prinzip wäre nach denselben Kriterien der Klugheit zuzuordnen (wie die Beispiele der Raben und der Lilien in dem an die Schüler adressierten folgenden Abschnitt der Rede). Der zweite Zyklus des lukanischen Reiseberichts ist insgesamt der am stärksten weisheitlich geprägte Teil des Themenprogramms der Reise des lukanischen Jesus nach Jerusalem. Hier wird am deutlichsten, dass der Kyrios Jesus als Lehrer ein weisheitliches Konzept propagiert, und zwar alternativ zur Tradition der sogenannten väterlichen Weisheit mit ihren pädagogischen Zielvorstellungen. In dieser Rede entwickelt Jesus auf dem Hintergrund des apokalyptischen Verfalls der gesellschaftlichen Ordnung und des Abbruchs der Tradition ihrer sozialen Werte (vgl. Lk 12,49–53) eine provozierend andere *Weisheit apokalyptischer Prägung*, in der die Maßstäbe für Klugheit und Torheit aus der Sicht der Tradition auf den Kopf gestellt sind. Die Sicherung des Daseins des Menschen wird von seiner Arbeitsleistung abgekoppelt. Dies ist der sachliche Gehalt des Protests der Marta gegen die Missachtung der traditionellen Rolle, die ihre Schwester als Hausangehörige zu spielen hätte. Aber auch auf den Kopf gestellt, stellt diese Lehre den Anspruch, Weisheit zu sein. Dies ist der sachliche Gehalt der Zurückweisung des Protests der Marta durch Jesus.

4. Die alternative Klugheit und der Kern der Botschaft Jesu

Was bleibt in diesem skizzierten weisheitlichen Konzept übrig von der ursprünglichen Botschaft Jesu von der befreienden Nähe der Gottesherrschaft? Ist diese Botschaft zu einer bloßen, wenn auch unangepaßten Weisheitslehre mutiert? Macht Lukas Jesus zum Kyniker, der statt der Gottesherrschaft nur radikale Natürlichkeit – siehe das Vorbild der Raben und der Lilien – predigt und gesellschaftliche Konventionen verachtet?

Ich bin der Meinung, dass Lukas mit seinem Programm der Reise des lehrenden Jesus nach Jerusalem die zentrale Botschaft Jesu nicht aus den Augen verloren hat, sondern ihr einen weisheitlichen Kontext geschaffen hat, welcher der Vermittlung ihres „Kerns" an die zeitgenössische Generation dient. Dass dabei die weisheitlichen (praktisch-philosophischen) Aspekte eine wesentliche Rolle spielen, hat letztlich damit zu tun, dass die Weitergabe der Botschaft Jesu an die im kulturellen Umfeld der hellenistisch-römisch geprägten Städte lebenden christlichen Leser des lukanischen Geschichtswerks ein kommunikatives Forum verlangt, das die Botschaft Jesu (und die nachösterliche apostolische Verkündigung) für den kritischen Dialog mit der hellenistischen Kultur (auch der Philosophie) öffnet.

Was ich damit andeute, lässt sich besonders gut an der ersten Lektion zeigen, die sich direkt an die Erzählung von den beiden Schwestern Marta und Maria anschließt. Diese erste Lektion Jesu für seine Schüler (Lk 11,1–13) ist eine Gebetsparänese. Sie hat zunächst wenig mit praktischer Philosophie zu tun, sehr viel aber mit dem prophetischen Charisma und der Botschaft Jesu.

Die erste *Lektion* ist das *Vaterunser*. Allein „der Sohn" offenbart nach Lk 10,22, wer der Vater ist. Entsprechend lernen Schülerinnen und Schüler Jesu zuerst, Gott als Vater anzureden und sich damit Gott gegenüber als Söhne und Töchter zu verhalten. Dieses Verhältnis beruht nicht auf genealogischer Verwandtschaft, sondern verdankt sich der Partizipation am Charisma des Sohnes, das sich im Vollzug dieses Gebetes vermittelt. Das Sprechen des Gebetes vollzieht die personale Beziehung real, die Jesus vermittelt. Dieser Vollzug hat eine hohe soteriologische Bedeutung. Dem entspricht auch der Gehalt des Gebetstextes. Das Gebet an den Vater besteht aus zwei Teilen. Im ersten, der die sogenannten Du-Bitten enthält (Lk 11,2c), wird darum gebetet, dass Gott den eschatologischen Herrschaftswechsel herbeiführen möge, seine Herrschaft über die Menschenwelt aufrichte und das Ansehen seines Namens unter den Völkern wiederherstelle. Im zweiten Teil, der die sogenannten Wir-Bitten enthält (Lk 11,3 f), geht es um die Segnungen der guten Herrschaft Gottes für die Beter, um die Versorgung mit Brot, um Schuldenerlass und um den Schutz vor dem Untergang in der äußersten eschatologischen letzten Probe („Versuchung").

Dieses Gebet, das inhaltlich und vom sprachlichen Vollzug her ein Schlüsseltext ist, durch den der Gehalt der Botschaft Jesu für den Beter aktuelle Wirklichkeit wird, wird im Zusammenhang der ersten Lektion des zweiten Zyklus des lukanischen Reiseberichts, die unmittelbar auf die Anekdote von der Aufnahme Jesu im Haus der beiden ungleichen Schwestern Marta und Maria folgt, zum Ausgangspunkt einer *Diatribe*, eines Lehrvortrags (Lk 11,5–13). Bezeichnend für das lukanische Verständnis Jesu als Lehrer ist es, dass sich diese Vorlesung nicht auf die soteriologischen Aspekte des Gebetstextes bezieht, sondern speziell auf die Brotbitte, auf das Thema also, das mit dem Leitmotiv der Sorge zu tun hat. Dieser Aspekt wird von Lukas dadurch sogar noch verstärkt, dass in seiner Fassung der Brotbitte nicht nur um das zum Leben „notwendige" Brot für „heute" gebeten wird (vgl. Mt 6,11), sondern darum, dass Gotte es als Vater „täglich" gibt (Lk 11,3), wie es andere Väter auch tun. Es geht also nicht um außerordentliche Situationen, in denen die Versorgung mit Nahrung zum Problem wird, sondern um die regelmäßigen Erfordernisse des täglichen Bedarfs.

Die Reflexion über die Brotbitte ist entsprechend weisheitlich geprägt. Es handelt sich um einen Diskurs, in dem die Frage erörtert wird, ob es überhaupt Aussicht auf Erfolg verspricht, die Bitte um das tägliche Brot an Gott zu richten, statt selbst für den Broterwerb zu arbeiten. Die einzelnen Argumente in Lk 11,5–13 zu kommentieren, ist hier nicht der geeignete Ort. Entscheidend im Zusammenhang der Fragestellung dieses Essays ist, dass diese Erörterung der Brotbitte argumentativen Charakter hat und mit ihren Argumenten auf zu erwartende Einwände antwortet, die mit der Frage zu tun haben, ob es nicht als reichlich naiv („töricht") zu gelten hat, von Gott zu erwarten, dass er sich um die tägliche Versorgung bestimmter Menschen sorgt. Entspricht dies etwa einem philosophisch diskutablen Gottesbild? Könnte Epiktet hier mitdiskutieren, wäre er auf der Seite der Kritiker zu finden.[10] Andererseits sind die fundamentalen anthropologischen Auffassungen des lukanischen Jesus und Epiktets über die Vergeblichkeit menschlicher Vorsorge für die Unversehrtheit des Leibes durchaus nicht inkompatibel.[11] Der in Lk 11,5–13 geführte Diskurs ist also offen für weitere Diskussionen mit weiteren Teilnehmern am Diskurs über die grundlegenden Fragen nach dem, was der Mensch vernünftigerweise als Sinnerfüllung und Glück für sich erwarten kann.

5. Weisheit Jesu und hellenistische Popularphilosophie

Die Lehre Jesu, wie sie im Themenkanon des lukanischen Reiseberichts dargestellt wird, löst aber den ursprünglichen Gehalt der „prophetischen" Verkündigung Jesu nicht auf und transformiert das Evangelium nicht in eine praktisch-philosophische Lehre vom glücklichen Leben, sondern sucht die Auseinandersetzung mit der weisheitlichen Tradition, weil auf dieser Ebene die Verständigung über die Relevanz der Botschaft Jesu geleistet werden muss, wenn die Botschaft von der Gottesherrschaft nicht zu einem dem allgemeinen vernünftigen Denken unzugänglichen Sonderwissen gerinnen soll, auf das sich intolerante Fundamentalisten berufen.

Es ist kein Zufall, dass sich das von Lukas gezeichnete Jesus-Bild bereits von dem abhebt, was wir vom historischen Jesus und vom ursprünglichen Sinn der Nachfolge Jesu wissen. Die ursprünglichen Bedingungen der Nachfolge werden in den authentischen Nachfolge-Logien[12] der synoptischen Überlieferung gewiss schockierender formuliert als der an Marta gerichtete Tadel. Maria muss auch nicht ihr Vaterhaus und ihre Familie verlassen, um Schülerin Jesu zu werden, sondern sie darf sich die Freiheit nehmen, ihre Schwester mit den Vorkehrungen für die Bewirtung Jesu in der Küche sitzen zu lassen. Die Jüngere darf studieren und bekommt ihr Semesterticket. In der Sache, für die Maria sich entscheidet, geht es aber nicht um Zugeständnisse an die Bequemlichkeit einer nicht mehr für heroischen Einsatz disponierten zweiten, „bürgerlichen" christlichen Generation, sondern um das Bemühen um die kulturelle Vermittlung, die erforderlich ist, wenn die ursprüngliche Botschaft Jesu einem mehrheitlich nicht mehr jüdischen Publikum verständlich werden soll.

Aus dieser Perspektive ist es nicht unwichtig, dass sich die Weisheit des lukanischen Jesus, in der respektlos Grundvorstellungen der frühjüdischen Weisheitstradition umgestoßen werden, damit zugleich der kynisch-stoischen Philosophie annähert. Aber auch dies geschieht nicht mit dem Ziel der Anpassung an die philosophischen Glückslehren der hellenistischen Umwelt der frühchristlichen Gemeinden, sondern auch hier geht es um die Vermittlung der Botschaft Jesu von der eschatologischen Zuwendung Gottes unter den Kommunikationsbedingungen eines nichtjüdischen kulturellen Milieus, in dem die Vorstellung, dass sich das Verhältnis Gottes zur Welt endzeitlich ändern könnte, völlig fremd ist, die aber sehr wohl Ansatzpunkte für das Verstehen der praktisch-philosophischen Implikationen eines solchen Gottesverständnisses bietet.

---

[1] Zu dem hier aufgerufenen Topos der antiken Philosophie vgl. Busse, U.: Die Unterweisung des Lesers im so genannten „Reisebericht". Dargestellt an Lk 10,25–42, in: Faßnacht, M. u. a. (Hrsg.): Die Weisheit – Ursprünge und Rezeption, FS Karl Löning (NTA N.F. 44), Münster 2003, 139–153, hier: S. 147 f.

[2] Im Sinne des biblischen Kanons sind die Schöpfungsberichte des Buches Genesis die ältesten und grundlegenden Texte der Weisheit. Mit dem Essen vom Baum der Erkenntnis beginnen alle Fragen der Weisheit, mit Gottes Wort in Gen 3,14–19 alle Bemühungen um ihre Beantwortung. Weisheit sucht nach dem Sinn menschlichen Lebens und nach den Chancen sinnvollen menschlichen Handelns diesseits

von Eden. „Da das Paradies … immer nur als Verlorenes existiert, schwingt in jeder weisheitlichen Aussage auch eine Trauer über jene verlorenen Wirklichkeiten mit, die der Welt einst eigneten. Die reale Wirklichkeit, so erkennt es der Weise, der die Erzählungen von Gen 2f. (und die weiteren Kapitel der Urgeschichte) schrieb, ist eine gebrochene Wirklichkeit" (Küchler, M.: Die Weisheit der Paradiese. Ein Essay, in: Die Weisheit – Ursprünge und Rezeption [s. Anm. 1], S. 5–15, hier: S. 5).

[3] Zum Typus der „väterlichen Weisheit" vgl. Assmann, A.: Was ist Weisheit? Wegmarken in einem weiten Feld, in: Assmann, A. (Hrsg.): Weisheit. Archäologie der literarischen Kommunikation III, München 1991, S. 15–44, hier: S. 32–39.

[4] Hier genügt schon ein kurzer Blick auf die ersten Sentenzen der ersten salomonischen Spruchsammlung (vgl. Spr 10,4 f).

[5] Anzumerken ist, dass die weisheitliche Disziplin der antiken Philosophie, die sich vom sozialen Modell des Hauses her entwirft, die sogenannte Ökonomik, auch in der zeitgenössischen hellenistischen Philosophie etabliert ist. Seneca definiert sie im 15. Buch der Briefe an Lucilius als das Teilgebiet der praktischen Philosophie, das seine Normen nicht von einer allgemeinen Anthropologie her begründet, sondern nach den sozialen Rollen spezifiziert (dat propia cuique personae praecepta), die im sozialen Gefüge des Hauses das Leben regeln (z. B. wie der Hausherr sich als Ehemann seiner Ehefrau gegenüber verhalten soll, wie er als Vater seine Kinder erziehen soll, wie er als Arbeitgeber seine Sklaven behandeln soll). Im gleichen Atemzug weist Seneca aber bereits darauf hin, dass es gegenüber dieser Philosophie auch Vorbehalte gebe, die darauf beruhten, dass die Ökonomik sich nicht an der Leitvorstellung des summum bonum orientiere, sondern an außermoralischen Werten (sinngemäß: am bonum utile und am bonum honestum), die der Stoiker Ariston von Chios als „altjüngferliche Vorschriften" (anilia praecepta) bezeichne, die nicht geeignet seien, ins Innere des Menschen hineinzuwirken (vgl. Seneca, Ad Lucilium epistulae morales 94,1). Demnach wären es die „altjüngferlichen" Regeln der Ökonomik, die Marta davon ablenken, sich mit dem „einen Notwendigen" zu befassen, dem summum bonum.

[6] Vgl. Pöhlmann, W.: Der verlorenen Sohn und das Haus. Studien zu Lk 15,11-32 im Horizont der antiken Lehre von Haus, Erziehung und Ackerbau (WUNT 68), Tübingen 1993.

[7] Zu diesem literarischen Topos vgl. Hengel, M.: Nachfolge und Charisma. Eine exegetische Studie zu Mt 8,21f. und Jesu Ruf in die Nachfolge (BZNW 34), Berlin 1968, S. 31–34.

[8] Vgl. Brutschek, J.: Die Maria-Marta-Erzählung. Eine redaktionsgeschichtliche Unter-

suchung zu Lk 10,38–42 (BBB 64), Frankfurt am Main / Bonn 1986; Müller, C. G.: Mehr als ein Prophet. Die Charakterzeichnung Johannes des Täufers im lukanischen Erzählwerk (HBS 31), Freiburg i. Br. u. a. 2001, S. 60–66; Busse, U.: Unterweisung des Lesers (s. Anm. 1).

[9] Der barmherzige Samariter gibt kein Beispiel für beunruhigte Sorge, sondern für das Tun der Barmherzigkeit (V 37). Dieses Tun ist nach dem Gesamtzusammenhang der lukanischen Komposition Lk 10,25–37 die Weise der Erfüllung des Hauptgebotes Lev 19,18, die dem Motiv des eschatologischen Handelns Gottes selbst entspricht und deshalb der Weg zum „ewigen" Leben ist. Dem Wort Jesu Lk 10,37 ist als Schlußpointe nichts hinzuzufügen. Die These, Lukas habe die Marta-Maria-Episode der Parabel vom barmherzigen Samariter im Sinne der Synkrisis gegenübergestellt, relativiert die für die lukanische Ethik wesentliche Pointe der Parabel in unsachgemäßer Weise und verkennt ihren Stellenwert als Schluß der ersten Zyklus des lukanischen Reiseberichts (Lk 9,51–10,37).

[10] „Was die Frömmigkeit gegenüber den Göttern betrifft, so wisse, dass es am wichtigsten ist, richtige Vorstellungen über sie zu haben: daß sie existieren und die ganze Welt schön und gerecht regieren und daß du dich darauf einstellen mußt, ihnen zu gehorchen und dich allem, was geschieht, zu fügen und freiwillig zu unterwerfen in der Überzeugung, daß es von der höheren Vernunft vollzogen wurde. Dann wirst du die Götter nämlich niemals tadeln und ihnen vorwerfen, daß sie sich nicht um dich kümmerten" (Epiktet, Handbüchlein der Ethik 31). Die Vorstellung, daß die Welt von den Göttern gerecht regiert wird, bezieht sich dabei aber nicht auf eine eschatologische Utopie, sondern auf den Ist-Zustand des Kosmos. Dass Gott der Vater der Menschen sei, hat für Epiktet nicht die Konsequenz, daß der Mensch als vernunftbegabtes Wesen in besonderem Maße göttliche Fürsorge erwarten kann, sondern dass er zu einem vernunftgemäßen Leben verpflichtet ist (vgl. Epiktet, Lehrgespräche 1,3). Dass die göttliche Vorsehung nicht die Menschen, sondern nur die unvernünftigen Tiere von Natur aus mit dem ausstattet, was sie zum Überleben benötigen, Nahrung, Kleidung und Wohnung, begründet Epiktet damit, dass diese Tiere nur dienende Funktion im Weltgefüge hätten und deshalb pflegeleicht sein müssten, damit sie ihren Zweck erfüllen, während der vernunftbegabte Mensch dazu bestimmt sei, darin das Walten der Fürsorge Gottes für seine Geschöpfe zu erkennen. „... ein einziges dieser Geschöpfe würde genügen – einem Menschen jedenfalls, der Ehrfurcht und Dankbarkeit empfindet –, um das Walten der Vorsehung sichtbar zu machen" (Lehrgespräche 1,16). [Die Epiktet-Texte werden hier zitiert nach: Epiktet, Teles, Musonius, Ausgewählte

Schriften. Griechisch–Deutsch, herausgegeben und übersetzt von R. Nickel, München / Zürich 1994.]

[11] Die erste Lektion in Epiktets Handbüchlein der Ethik beginnt mit der Unterscheidung zwischen den Dingen, die in der Reichweite menschlicher Verfügung liegen, und den Dingen, über die Menschen nicht verfügen können. Zu den unverfügbaren Dingen gehören „unser Leib, unser Besitz, unsere Ehre und unser gesellschaftlicher Rang", also Werte, die in der weisheitlichen Tradition, mit welcher der lukanische Jesus sich auseinandersetzt, gerade als die Segnungen eines vernunftgeleiteten „klugen" Lebens gelten, die aber nach der Lehre Jesu nur als die „vielen" Dinge betrachtet werden, durch die man sich nicht von der einen notwendigen Hauptsache ablenken lassen soll, der Suche nach der Gottesherrschaft.

[12] Im Kompositionsgefüge des lukanischen Reiseberichts sind sie der Ausgangspunkt für die Entwicklung des Themas, um das es hier geht; vgl. besonders Lk 9,58.60.

Wohin die Worte nicht reichen...

Sinnlichkeit und Körperausdruck als neu zu hebender Schatz der Glaubensweitergabe und Glaubensfeier

Hannelie Jestädt

I. Glaube ist Beziehung

Wie haben Sie glauben gelernt? Sie wissen es nicht? Es war ein Weg, ein Prozess? Sicherlich. Wie soll man dann Kindern Glauben beibringen? Eine andere Frage: Wie kann man ihnen Liebe beibringen?

Hier ist ein rein kognitives Lernen nicht möglich. Allein das Wort, die Sprache, vermag nicht zu beschreiben, was wir mit Gott und Glauben verbinden. Die Glaubensdimension geht weit über das Sprachvokabular hinaus. Es handelt sich um eine Beziehung, eine tragfähige von Vertrauen geprägte Beziehung, die meinem Leben Halt und Sinn geben kann. Und Beziehungen kann ich nur aufbauen durch Erfahrungen mit dem anderen. Ich nehme die andere Person wahr durch die Sinne. Das Kind spürt die Zuwendung der Bezugsperson, sagen wir der Mutter. Es ist ihr Atem, ihr Geruch, ihre Berührung, ihre Bewegung, ihre Stimme und weit mehr, was sich zum Begriff „Mutter" zusammenfügt. Gute Erfahrungen mit dieser „Mutter" schaffen dann das, was wir Urvertrauen – erfahrene Liebe – nennen. Das Kleinkind glaubt seiner Mutter, es glaubt an seine Mutter.

Wie ist das mit dem Gottesglauben, dem Glauben an Gottes Liebe? „Kann denn eine Frau ihr Kindlein vergessen, eine Mutter ihren leiblichen Sohn? Und selbst wenn sie ihn vergessen würde: ich vergesse dich nicht." (Jes 49,15) Eine großartige Zusage! Die Schwierigkeit besteht nur darin, dass wir den „Atem Gottes", seinen „Geruch" nicht so leicht identifizieren können. Die Bibel berichtet vom lebensschaffenden Atem, aber aus dem Schöpfungsbericht (Genesis) und anderen Schilderungen Gottes das herauszulesen, was eigentlich im Tiefsten gemeint ist, was mich persönlich angeht, setzt schon ein Erahnen, dass es einen Gott gibt, voraus.

Selbst wenn Gott das WORT, der Logos, ist, aus dem alles hervorgeht (Joh 1,3), so ist er doch weit mehr als Worte fassen können. Dieses WORT wurde Mensch in Jesus Christus, „in allem uns gleich, außer der Sünde", führt Paulus aus; also ein Mensch mit Fleisch und Blut, einer zum Anfassen, Hören und Riechen, der mit Trauer und Freude lebte wie wir. Und durch die sinnliche Wahrnehmung dieses Menschen aus Nazaret, durch das Sehen seiner Taten, das Hören seiner Worte, das Erleben des Friedens, den er schenkte, bei Heilungen insbesondere durch seine Berührung, kamen die Menschen zum Glauben. Er nahm sie in seine Beziehung zu Gott-Vater hinein. „Niemand kommt zum Vater außer durch mich" (Joh 14,6), und „wer mich sieht, sieht den Vater" (Joh).

Gott kennen lernen allein durch Worte, das geht nicht. „Niemand ist allein durch das Lesen der Bibel zum Glauben gekommen", sagte Karl Heinz Schmitt, Paderborn. Wir brauchen Vorbilder, die etwas von dem Geheimnis erahnen lassen, das Gott ist. An ihnen muss ablesbar sein, wie der Glaube zum tragfähigen Grund des Lebens werden kann; Menschen, die Gott danken für den Trost, den sie in schwerer Zeit erlebt haben, für die Hoffnung, die sie immer neuen Mut fassen lässt. Die Güte solcher Menschen strahlt aus und wird für andere spürbar. Wenn sie sich anderen zuwenden, werden sie zu „Transparenten" (Josef Kentenich), durch die Gott erfahren werden kann. Durch sie kann das, was die Bibel verkündet, für die Sinne erfahrbar, erlebbar, werden.

Für die ältere Generation, die von Kindsfüßen an katholisch/kirchlich sozialisiert wurde, mit der Tradition der Kirche und ihren Riten vertraut gemacht wurde, kam in der Regel im Laufe der Entwicklung eine inhaltliche Auseinandersetzung mit Glaubensaussagen, mit Worten und Erklärungen, hinzu. Diese konnten sich an dem zuvor erlebten und erfahrenen Glauben der Kindheit reiben. Im Rahmen dieser kognitiven Auseinandersetzung konnten neue eigene Glaubenserfahrungen gemacht werden, und so ergibt sich ein Weg im ständigen Ringen um Gotteserkenntnis, den wir hier auf Erden nie zu Ende bringen werden.

Der jüngeren Generation, insbesondere den Kindern, fehlt diese selbstverständliche Einübung in tradierte religiöse Riten und die Erfahrung des Umgangs mit religiösen Symbolen sowie eine Kenntnis kirchlicher Begriffe und ihrer Bedeutung. Es gibt kein Erfahrungsfeld, auf dem die Auseinandersetzung mit Gott und der Glaubenslehre stattfinden kann. Inhalte, die Schule und Katechese vermitteln, müssen erklärt werden. Glaubenserfahrungen aber lassen sich nicht erklären. Selten haben die Jüngeren Beziehungen zu Menschen aufgebaut, bei denen sie spüren können, dass diese aus einem tiefen Gottvertrauen und Glauben leben. Das erleben sie am ehesten noch in der Großelterngeneration oder sie hören davon in Schule und Gottesdienst durch Geschichten geglückten gläubigen Lebens. Große glaubende Personen üben heute eine starke Anziehungskraft auf Jugendliche aus. Ich denke an Frère Roger Schutz, für den sich die Jugendlichen in Taizé begeisterten, und an die Ausstrahlung der letzten beiden Päpste. Ansonsten ist „Kirche", wo noch über Gott geredet wurde, in der Öffentlichkeit „out". Die Glaubensvermittlung muss neue Wege der Verständigung suchen, wenn sie religiöse Inhalte übermitteln will.

II. Geschichtlicher Wandel: Weg vom Mysterium – hin zum Mysterium

Nach dem II. Vatikanischen Konzil in der Zeit des „Wirtschaftswunders" und der rapide fortschreitenden Technologisierung fand man zunehmend Antworten auf das „Warum und Wozu des Lebens" in der immanenten Welt. Die Religionslehre trug zur sachlichen Auseinandersetzung mit Glaubensfragen bei. Die Bibel wurde historisch kritisch analysiert. Alles wurde erklärt, damit der Verstand es begreifen konnte. Der Gottesdienst sollte verstehbar werden. Dazu wurde die Muttersprache in der Liturgie eingeführt. Wiederholungen im Ritus wurden gestrichen, Symbole, die nicht erklärbar waren und vom Wesentlichen ablenkten, wurden aus Kirchen entfernt. Neues geistliches Liedgut mit modernen Rhythmen entsprach mehr dem Lebensgefühl der Feiernden. „Frömmelnd" erscheinende Andachtsformen und lateinische Hochämter waren verpönt.

Durch die Säkularisierung trennten sich langsam Glaube und Leben. Theologen wie Karl Rahner und Josef Ratzinger sprachen von der „Verweltlichung der Welt", kündigten einen „Strukturwandel der Kirche" an, den die Kirche nur als „Kleine Herde" überstehen werde. Der Weg ging weg von der Volkskirche hin zur Entscheidungskirche. Unreflektiertes Mitfeiern der Liturgie wurde beargwöhnt. So wurde dem Geheimnischarakter immer weniger Wert beigemessen, die Feiern vermenschlicht. Mystik galt als veraltete Schwärmerei, Engel als Kitsch und überholte Traumbilder – zumindest im „aufgeklärten" Deutschland. Als Folge dieser Versachlichung leerten sich die Kirchen. Das Interesse an Gott und Religion schwand. Die Seelen „verhungerten". Fragen wie „Was hab ich davon?" bestimmten die Handlungen und die Auswahl spiritueller Angebote. In diesen Jahren – 1970 und folgende – ist die Elterngeneration der heutigen Kinder und Schüler herangewachsen.

Seit einigen Jahren erleben wir nun wieder eine Kehrtwende. Der Mensch entdeckt, dass die Welt nicht aus sich selbst heraus Bestand hat. „Es muss im Leben mehr als Alles geben" (Hubertus Halbfas). Die Mystik erlebt eine Renaissance. Worte großer christlicher Mystiker/innen werden zitiert. Bücher mit Erkenntnissen der hl. Hildegard von Bingen finden sich zwischen den Rezeptbüchern in Küchenschränken und ihre Kräuterlehre im Medizinschrank. Bücher über Engel füllen lange Regalreihen in den Buchhandlungen, allerdings weniger im Bereich Theologie, sondern mehr in der Esoterikabteilung. Wandte sich früher die Kirche der Welt zu – „Mitten in dieser Welt" war das Motto des Katholikentags 1968 in Essen -, so sucht heute die Welt die Antwort auf ihre Sinnfrage im Jenseits, und das großteils durch Praktiken wie Ahnenbefragung und auf energetischem Weg losgelöst von kirchlichen Traditionen. Die Sehnsucht nach dem Übersinnlichen ist gerade jetzt sehr stark erwacht, nachdem die Kirchen alles Sinnliche verbannt haben. Diese Suche nach dem Mysterium findet sich sowohl bei denen, die aus ihrer Kindheit noch Erinnerungen an sinnenhafte Erfahrungen religiöser Feiern kennen, als auch bei denen, die ohne kirchliche Prägung offen sind für ganzheitliches Leben, das alle Sinne und die übersinnliche erahnte Welt erfasst. Ganzheitlichkeit und Wohlfühlen sind heute die Schlagworte. Da entdeckt man den Zusammenhang von Seele und Körper durch Körperhaltungen und Körperübungen im Yoga, Tai Chi und Qi Gong, genießt die Wohlgerüche des Weihrauchs (Körner und Räucherstäbchen) und ätherischer Öle während Zeiten der Meditation, bei der man leer wird vom ICH, um sich neu zu finden. Man verweilt lange Zeit in Ruhe vor einer brennenden Kerze, die die Konzentration auf das Wesentliche stützt. Obertongesang ist neu entdeckt: ein Ton, der in mir schwingt, meine Seele zum Schwingen bringt und ausdrückt sowie das gesummte Ohmm der asiatischen Meditation. Verse, mutmachende Worte werden rezitiert in Wort oder Gesang als Mantren, die von ständiger Wiederholung leben und so ihre Aussage und Zusage verinnerlichen lassen. Meditationstänze, bei denen eine Mitte umschritten wird und der Körper in wohltuende Schwingung gerät, erfreuen sich großer Beliebtheit. Der Kreis wird zum um die „Wesensmitte" zentrierten Symbol. Der Fluss der geistigen Energie wird bewusst eingesetzt. „Segenskreise" senden ihre Energien zu Menschen, an die sie denken, denen sie Lebensenergien zukommen lassen möchten.

Dabei wird nicht erkannt, dass insbesondere die katholische Liturgie sich ähnlicher sinnlicher Ausdrucksformen in früheren Zeiten bediente, die großteils noch heute zelebriert werden. Wichtige Orte wurden in Prozessionen begangen. Körperhaltungen wie Sitzen, Stehen und Knien weckten stets neue Aufmerksamkeit und drückten eine innere Haltung aus. Besonders das Niederfallen vor dem Höheren, vor Gott, als Ausdruck der Anbetung war eine bedeutungsvolle Gebärde. Heute finden wir sie nur noch im Ritus der Diakonen- und Priesterweihe und in der Karfreitagsliturgie. Handauflegungen verdeutlichten die persönliche Zuwendung Gottes bei Segenshandlungen und dem Vergebungszuspruch. Weihrauch erfüllte die Luft mit dem „Besonderen" eines Hochfestes. Und Kerzenschmuck ist noch heute ein „Muss" im Kirchenraum, insbesondere in der Form der Osterkerze, die das Licht des Auferstandenen verdeutlichen soll. Vom Volk oft unverstandene lateinische Klänge des gregorianischen Chorals bildeten einen klanglichen Hintergrund für das persönliche Gebet und die Meditation. Meditatives Wiederholen von Gebetssätzen wie dem Jesus-Gebet und das Rosenkranzgebet mit seinen wiederholenden Gebeten gehörten zum regelmäßigen Gebetsschatz der älteren Generation. Von ihm ging eine große Ruhe aus, die einführte in das Meditieren des Lebens Jesu und einen Bogen schlug zur Welt des Beters, die beim Beten mitbedacht werden konnte. Und jedes Beten für einen anderen Menschen beruht auf dem festen Glauben, dass Gott unsere Anliegen hört und dem anderen beisteht gemäß der Zusage „Wer bittet, dem wird gegeben" (Mt).

Auch im privaten Frömmigkeitsleben ging es früher sehr sinnlich zu. Bei Gewitter und anderen Angst erregenden Situationen, immer dann, wenn der gläubige Mensch sich einer höheren Macht ausgeliefert fühlte, zündete er eine Kerze an und betete. Diese Gebete waren zumeist in die Meditation führende beruhigende Litaneien wie auch das Rosenkranzgebet. Zur Verstärkung von Gebeten für andere oder um den guten Ausgang eines Ereignisses zündete man eine Kerze vor dem Kreuz oder Marienbild an, die die Intention sichtbar machte. Wallfahrten verstärkten das Gebetsanliegen als „Beten mit den Füßen". Auch besonderer Dank für eine erhaltene Hilfe war Anlass zur Wallfahrt. Diese ging zumeist an besondere Wallfahrtsorte, die sehr sinnenfällig ausgestattet sind. Wie sonst sollte man das Geheimnis des Glaubens darstellen als in Symbolen und Bildern? Die Familie pflegte übernommene Riten des religiösen Lebens, die die Gemeinschaft zusammenführten. Beispielsweise das gemeinsame Gebet am Morgen und Abend und zu den Mahlzeiten, die Gestaltung von Festen des Kirchenjahres wie Weihnachten und Advent mit den vorhergehenden Vorbereitungs- und Bußzeiten. Die Gestaltungen ähnelten sich in den Nachbar- und Freundesfamilien, weshalb sie auch nicht weiter hinterfragt wurden. Die Feier der kirchlichen Sakramente war selbstverständlich. Lebenswendende Ereignisse wie Krankheit und Tod konnten mit Hilfe kirchlicher Rituale verarbeitet werden.

Heute nimmt sich der Mensch in seiner Ganzheitlichkeit wieder ernst. Er sucht mit all seinen Sinnen Zugang zum Lebensgeheimnis zu finden, sucht nach Erfahrungen des Angenommenseins, nach Erklärungen der Welt und Erschließung des Lebenssinns, und das nicht nur auf intellektuellem Gebiet, sondern auch durch Erfahrungen des Wohlfühlens im Hier und Jetzt. Dabei zeigt sich das Vakuum, das die Kirchen haben entstehen lassen. Es ist eine große Herausforderung aller in der Pastoral Tätigen, christliche Zugänge und Antworten auf diese Sinnsuche aufzuzeigen und anzubieten.

Das Neuinterpretieren alter Frömmigkeitsformen, Riten und Bilder wird nur bedingt sinnvoll sein. Die alten Formen waren aus einer erlebten Beziehung zum Göttlichen gewachsen und brachten gerade das zur Sprache, was für die Lebendigerhaltung und Feier dieser Beziehung wichtig war. Wenn nun diese teils sehr alten Traditionen einer unverständlichen Fremdsprache gleichen, die eben nicht unreflektiert menschlichem Ausdruck heute entsprechen, sind sie zu leeren Hülsen geworden, die das Wesen der Gottesbeziehung nicht nur nicht mehr erschließen, sondern fehldeuten können. Vieles war Gewohnheit geworden oder gar Gruppenzwang. Und manchmal verursachten auch kirchliche Riten den Eindruck einer magischen Handlung. Ein Symbol oder eine symbolhafte Handlung, die nicht mehr unmittelbar die größere hinter ihr stehende Wirklichkeit präsent setzt, hat aufgehört, ein Symbol zu sein.

Eine Beziehung zu Gott lässt sich am besten aufbauen, indem man ihn feiert. Diese Feier (Liturgie) ist ein wesentlicher Aspekt der Gemeinschaft Kirche. Hinzu kommen die beiden unmittelbar mit ihr verbundenen: Die Verkündigung der frohen Botschaft, was auch in die Feier integriert wird – man spricht von dem, den man feiert –, und das christliche Leben, das sich unbedingt ergibt, wenn man Gott wirklich verbunden ist. Ein Glaubensfest muss so gestaltet sein, dass es den feiernden Menschen in seiner Weltlichkeit ernst nimmt und ihm ein Stück „Himmel" erschließt. Nach Romano Guardini heißt Liturgie feiern, „nicht immer etwas erreichen, etwas Nützliches zustande bringen wollen, sondern lernen, in Freiheit und Schönheit und heiliger Heiterkeit vor Gott das gottgewollte Spiel der Liturgie zu treiben".

Mit welchen Festformen lässt sich das ermöglichen?

„Ein Fest ist wie ein Baum", schreibt Hubertus Halbfas. „Ein richtiges Fest wurzelt in der Tiefe, in den Anfängen der Geschichte Gottes mit den Menschen.

Ein Fest ist wie ein Baum, der blüht und wächst von Jahr – zu Jahr – zu Jahr –

immer anders, immer gleich, immer neu für uns heute. Es muss ja unser Fest sein, nicht das von gestern, unser Fest, das uns neu macht!"

Vielleicht finden wir heute neue Formen, wenn wir den Menschen, insbesondere den jungen Menschen in seinem Alltag beobachten. Wie begrüßen sich junge Leute? Mit welchen Gebärden äußern sie ihre Gefühle? Wie feiern sie Feste, Feten? Welche Musikgewohnheiten haben sie? Was bedeuten ihnen Traditionen, und welche pflegen sie? Wie äußern sie Freude und Trauer? Diese Alltagsgewohnheiten und -gebärden können ritualisiert werden, um das Mysterium des Glaubens zu erschließen und auszudrücken. Der oben angeklungene Weg der „Neo-Mystik" kann dazu ebenfalls einige Impulse beitragen.

In der Erwachsenenbildung mache ich immer wieder die Erfahrung, dass vor allem Menschen jüngeren und mittleren Alters eine große

Glaubenssehnsucht in sich tragen, aber von der Kirche enttäuscht sind und sich abgewendet haben. Ihr Sprachvokabular enthält keine kirchlich und traditionell geprägten Begriffe. Sie suchen in Tagen der Stille und beim meditierenden Tanzen „Heilung an Leib und Seele", „ganzheitliches Wohlfühlen", wollen „endlich zur Ruhe kommen", „zu sich selbst finden". Sie müssen zunächst spüren, dass sie mit ihrem Suchen ernstgenommen werden. Sie entdecken, dass alle gemeinsam auf der Suche sind. Die Kommunikation geschieht nicht primär über das Wort, sondern durch Bewegungen und Tänze, Blickkontakte und Berührung. Es ist viel Offenheit und Freiheit für eine ganzheitliche Wahrnehmung des Ausdrucks und persönliche Interpretation gegeben. Die Tanzformen, -schritte und -gebärden sind thematisch ausgerichtet. Die Tanzleiterin, der Tanzleiter muss diese Thematik behutsam aufschließen. Das kann durch die Interpretation der Schritte und Raumformen geschehen, oder durch Texte und Musik. Dann können im Tanzenden frühere Erfahrungen wach werden, die neu zugelassen und angeschaut werden, und ins Hier und Heute angstfrei integriert werden können. Sich dabei gemeinsam auf dem Weg zu erleben, hilft vielen Teilnehmerinnen und Teilnehmern, Antworten auf ihre Fragen zu finden. Sie schöpfen neuen Mut, sich den Herausforderungen des Alltags zu stellen und tragen eine größere Zuversicht und Hoffnung in sich, dass es einen Gott gibt, der sie liebt und in ihrem Alltag auch in schweren Situationen begleitet, wenn sie den Kurs verlassen.

III. Die Kirche muss ihrem Geheimnischarakter gerecht werden
III.1 Glaubensverkündigung an die Kinder
So sehr es gut war, die Kirche mitten in dieser Welt zu verankern, so schwierig ist es heute, besonders jungen nicht religiös geprägten Menschen das Sakrale nahe zu bringen. Woher sollen Kinder wissen, dass man in einer Kirche, einem so wunderbar großen Raum nicht herumrennen soll? Warum darf man nicht alles anfassen, was so schön glänzt? Das Wasser am Eingang fordert doch geradezu zu einem gegenseitigen Nassspritzen heraus. Und die Kniebänke erinnern stark an Bänke aus der Sporthalle und laden zu Balanceakten ein. Und erst die Akustik! Hier macht das laute Rufen doch richtig Spaß! Aber: Verboten!
Religiöse Erziehung muss vorher beginnen, außerhalb des Kirchen-

raumes. Dann kann das Kind eine Beziehung zwischen Gottesverehrung und Kirchenraum schaffen.

Jede religiöse Erfahrung baut auf menschlicher Erfahrung auf. Kinder müssen Geborgenheit erleben. Sie müssen spüren: ich darf sein, wie ich bin. Ich werde geliebt, auch und gerade dann, wenn etwas nicht gut war. Erzieher müssen in ihrem Sein zu Abbildern Gottes werden. Das drückt besonders schön das Kinderlied von Andreas Ebert aus: „Wenn einer sagt, ‚ich mag dich, du, ich find dich ehrlich gut', dann krieg ich eine Gänsehaut und auch ein bisschen Mut." Und die letzte Strophe schließt: „Gott sagt zu dir: ‚Ich hab dich lieb und wär so gern dein Freund. Und das, was du allein nicht schaffst, das schaffen wir vereint.'"

Wie lernen Kinder Gott kennen? Man muss sie das Staunen lehren. Nach und nach können ihre Erfahrungen mit der Welt ins Wort gefasst und Aussagen an Gott gerichtet werden, die zum Gebet werden. Behutsam können Kinder lernen, Gott als den Schöpfer des Mikrokosmos und des Makrokosmos zu loben und ihm zu danken. Es muss in der Vermittlung gelingen, Alltagserfahrungen auf Gott hin zu deuten. So können Kinder Gott bald alles erzählen, was ihnen wichtig ist. Sie werden ihre Sprache finden und sich so vor ihm bewegen, wie es ihrem natürlichen Ausdruck entspricht, mit ihm lachen und weinen, tanzen und springen. Sie werden Gott ihr Kuscheltier zeigen, ihm Briefe schreiben und Bilder malen und mit ihm schimpfen, wenn sie sein Handeln nicht verstehen. Dann können sie vielleicht, wie Romano Guardini es ausdrückt „Gott neben sich haben wie einen Gefährten, dem man sich restlos anvertrauen kann".

Der Religionsunterricht kann zum Staunen bewegen und die Kinder über die weltliche Welt hinaus fragen lassen. Geschehnisse der Natur können bedacht werden, Urlaubserlebnisse zum Anlass genommen werden, das Werk der Schöpfung zu bestaunen. Blumen und Gegenstände aus der Natur können betrachtet, berührt, bestaunt werden. Kinder können selbst Zeichen suchen oder Symbole mitbringen und gemeinsam meditieren. Fragen können gestellt werden: „Was glaubst du, was diese Blume, dieser Stein, der Regen ... erzählen könnte?" Wie kann er von Gott erzählen, der alles so gut gemacht hat? Auch dieses Erzählen darf nicht beim Wort stehen bleiben. Es kann in die Stille führen. Die Stille kann gestützt sein durch eine ruhige Musik. Die Kinder können ein Symbol in einem einfachen Tanz umschreiten, ggfs. dazu einen wiederholenden Vers singen. Aus dem meditierten Gedanken kann sich eine Gebetsgebärde ergeben und schließlich ein Gebet formuliert werden, das die Kinder mit formulieren können oder rezitieren können. Malen und Basteln, also Handlungen, vertiefen die gemachten Erfahrungen. Es muss nicht näher mit den Kindern reflektiert werden. Eine andere Erlebnisebene wird angesprochen. Zudem bleibt im entstehenden Produkt die gemachte Erfahrung sichtbar gegenwärtig.

Ein immer gleiches Ritual sollte die meditativen Einheiten eröffnen und schließen. Hier einige Beispiele: Die Lehrerin/der Lehrer verdunkelt den Klassenraum und zündet eine Kerze an. Ggfs. sitzen alle im Kreis um eine gestaltete Mitte. Bunte Tücher geben dem Raum Atmosphäre. Musik kann zum Lauschen und Stillwerden hinführen. Dann wird die Musik langsam leiser. Auch können alle gemeinsam ein Lied summen und leiser werden. Jetzt spricht die Lehrerin/der Lehrer die in jeder Stunde gleichen Begrüßungs- und Einleitungsworte. Vielleicht sind diese mit einer gemeinsamen Gebärde gekoppelt, die sich den Kindern einprägt. Es kann das Kreuzzeichen sein, mit dem Jesus in der Mitte der Gemeinschaft begrüßt wird, oder alle fassen sich an den Händen, bleiben eine Weile still, und dann erfolgt ein deutendes und einladendes Wort. Auch der Klang einer Klangschale kann Beginn und Ende einer meditativen Einheit, einer Gebetseinheit, ankündigen und zum Stillwerden einladen.

Freies Umhergehen im Raum kann eine gute Einführung in eine Religionsstunde sein. Aus der Bewegung lässt sich leichter in die Stille, ins Stillsitzen führen. Beim Gehen kommen die Energien ins Gleichgewicht. Frust und Unruhe können mit einem festen Auftreten, stampfend oder leise, an die Erde abgegeben werden. Dazu sollte die Lehrerin/der Lehrer deutlich auffordern, dann kann sie/er den Lärm auch wieder zurückholen. Ein bewusstes Aufrichten und Strecken mit erhobenen Armen zur Zimmerdecke, zum Himmel, im Stehen schafft neuen Freiraum zum Atmen und somit zum Tanken neuer Energien. Dabei darf gegähnt werden. Leises langsames bewusstes Gehen holt die Konzentration nach innen. Je nach Alter finden Kinder ein Lied, das mit Gebärden begleitet wird, ansprechend. (Lit: Jestädt, Bewegung und

Tanz im Familiengottesdienst, 1996)

Auch der Geruchssinn darf angesprochen werden. Warum nicht auch im Klassenraum Duftöle benutzen? Gott ist unser Wohlgeruch! Mahlhalten hat in den biblischen Geschichten einen hohen Stellenwert. Ein rituelles Essen einer Kleinigkeit kann intensiv Gemeinschaft erleben lassen.

Wenn Religionsunterricht „unter die Haut gehen" soll, darf auch der taktile Sinn nicht zu kurz kommen. Eine gegenseitige Rückenmassage, vielleicht in Gestalt der „Wetterschnecke" trägt zur Körperwahrnehmung bei und vermittelt Sensibilität füreinander. Die Kinder finden sich dazu paarweise zusammen. Jeweils ein Kind kauert sich auf den Boden wie eine Schnecke. Das andere steht dahinter und spielt mit den Fingern den Regen, der mal leicht, mal fester, mal mit Blitz und Donner auf den Panzer, den Rücken, der Schnecke prasselt, so wie die Lehrerin/der Lehrer die Geschichte der Schnecke im Regen und im Gewitter erzählt. Am Schluss wird die Wärme der Sonne spürbar gemacht, indem das Kind seine Handflächen auf verschiedene Stellen des Rückens seines Partners legt.

Solche Sinneserfahrungen helfen, eine angemessene Atmosphäre zu schaffen, bevor eine biblische Geschichte erzählt wird. Die Kinder sollen die Bibel nicht wie ein Geschichtsbuch wahrnehmen, sondern spüren: Hier geht es auch um mich. Die Geschichte ist für mich da. Ich bin angesprochen in meinem Leben mit allem was ich fühle und denke. Die Bibel bekommt einen eigenen Stellenwert. Im Idealfall mögen die Schüler/innen das, was sie persönlich bewegt aussprechen. Zumindest kann so leichter eine Beziehung zur Religionslehrerin/-lehrer aufgebaut werden. Und auch hier gilt das eingangs Gesagte: Die Kinder lesen an der Lehrerin, dem Lehrer ihre/seine Gottesbeziehung ab, und es besteht die große Chance, die Kinder mit in diese Beziehung hineinzunehmen.

Vielleicht kann der Religionsunterricht gelegentlich in einem Kirchenraum stattfinden, oder der Gemeinschaftsgottesdienst kann so gestaltet werden, dass eine einfache Liturgie an einzelnen Orten in der Kirche gefeiert werden kann, die die Riten des Religionsunterrichts aufgreift und Teile des Kirchenraumes „sprechen" lässt, für die Sinne erfahrbar macht. Das kann eine Meditation zur Taufe sein oder zum Lebensweg. Es kann ein Kreuzwegbild oder eine Heiligenfigur betrachtet und deren Geschichte erzählt werden. Mal kann der Altar im Mittelpunkt stehen und mal die Bibel, mal die Kerzen und mal der Weihrauch. Der Kirchenraum kann in seiner Größe in einer Prozession begangen werden, und auch Gebetstänze haben im Kirchenraum ihren Platz. So kann eine Vertrautheit mit dem Raum und dem Ritus wachsen, in dem das Mysterium, das „Geheimnis des Glaubens", gefeiert wird.

Die Vorbereitung auf den Empfang der Erstkommunion könnte Kindern den Kirchenraum ebenfalls erschließen und helfen, dass sie ihren Glauben in diesem Raum „verorten" können. „Hier kannst du mit Gott in Ruhe reden, ihm danken und ihn loben!" Das lässt sich in kindgemäßer Form als bewegte Liturgie mit Symbolen, Körperausdruck und Tanz feiern.

Wenn auf solche Weise Kinder wieder aufgeschlossen sind für Gott, wenn sie wieder einen Sinn für das Geheimnis, das mystische Geschehen gefunden haben, wenn sie Symbole und Orte des Kirchenraumes haben kennen lernen können, werden sie eine andere Beziehung zum Sakralraum und zum Gottesdienst in einer Kirche entwickeln können. Auch für die gemeindlichen Liturgiefeiern in der Kirche müssen neue Rituale gefunden werden, die die Kinder bei ihren Erfahrungen abholen und sie in das Geheimnis einführen. Das kann mit einem gemeinsamen gestalteten Einzug beginnen. Die Sitzordnung ist zu beachten. Gebete können mit Wechselrufen litaneiartig gestaltet sein, sodass alle mittun können. Gebärden, die die Gebetsaussagen verdeutlichen, unterstützen den gemeinsamen Ausdruck und die persönliche Wahrnehmung. In das Hören des Bibeltextes kann durch eine Stilleübung eingeführt werden. Wird Eucharistie/Abendmahl gefeiert, ist es gut, die Kinder an der Handlung (Zubereitung des Altares, Gabenprozession) teilhaben zu lassen.

III.2 Gebärden und Tanz im Gottesdienst

Eine französische Legende erzählt von einem Gaukler, der in ein Kloster eintritt und sich mit dem Chorgebet der Mönche schwertut. „Ich weiß nicht zu beten und kann mein Wort nicht machen." So flüchtet er eines Tages in eine abgelegene Kapelle und, während die Mönche ihr Chorgebet verrichten, tanzt er nach Herzenslust, um Gott zu loben. Dies ist seine Weise des Gebets. Später lässt ihn der Abt rufen, und, statt ihn zu verurteilen, gesteht er ein: „In deinem Tanz hast du Gott mit Leib und Seele geehrt. Uns aber möge er alle wohlfeilen Worte verzeihen, die über die Lippen kommen, ohne dass unser Herz sie sendet." (Hubertus Halbfas, Sprung in den Brunnen, 12. Aufl. 1994)

Es ist nicht nur eine Aufgabe des Menschen, wieder liturgiefähig zu werden, sondern auch eine Anfrage an die Gestaltung der Liturgie, wieder menschenfähig zu werden. Die meditativen Gottesdienste in Taizé ziehen tausende vorwiegend junger Menschen an. Frère Roger erzählt: „Wieder einmal fragt mich ein junger Mensch, was das Gebet für ihn bedeuten könne. Ich erkläre ihm zunächst: ,Suchen Sie keine Antwort, die Ihr Menschsein überspringt. Ich meinerseits wusste nicht, wie ich beten sollte ohne Einbeziehung des Leibes. Ich bin kein Engel und beklage mich darüber auch nicht. Es gibt Perioden, in denen ich den Eindruck habe, als bete ich mehr mit dem Leib als mit dem Geist. Ein Gebet auf dem bloßen Boden: niederknien, sich niederwerfen, den Ort betrachten, wo die Eucharistie gefeiert wird, die beruhigende Stille auskosten, und selbst die Geräusche, die aus dem Dort heraufdringen. Der Leib ist da, ganz gegenwärtig, um zu lauschen, zu begreifen, zu leben. Wie lächerlich, nicht mit ihm rechnen zu wollen.'" (Frère Roger, Einfach vertrauen, 2004)

In vielen evangelischen Kirchen, deren Gottesdienste als bewegungsarm gelten, entdecken vor allem Frauen, auch Pastorinnen, das meditierende Tanzen und laden zu Tanzgottesdiensten ein. Auch im katholischen Gottesdienst, nicht nur im Frauengottesdienst, wird zu Liedern oder zu Instrumentalmusik getanzt, Gebete finden in Gebärden einen Ausdruck, und – allerdings noch selten – es werden biblische Texte tanzend verkündet. Für letzteres ist eine gewisse Schulung notwendig. Anders als beim Rollenspiel geht es nicht zunächst um das was passiert, sondern wie es passiert. Die emotionale Ebene wird stärker angesprochen.

Körperlichkeit ist eine zentrale Dimension menschlichen Lebens und Körpersprache die erste Form der Kommunikation. Liebende kennen selbstredend den Unterschied, ob der Partner einen Brief sendet oder am Telefon sagt: Ich liebe dich, oder ob er einfach da ist und schweigend den Arm um den/die Geliebte/n legt. Mit Gebärden kann der betende Mensch sich ausdrücken. Zugleich erfährt er in einer Haltung und Gebärde, dass sich sein Empfinden der Gebärde anpasst. Niedergeschlagenheit und Trauer können Trost finden, wenn der Beter sich vor Gott aufrichtet, weil er sich von ihm aufgerichtet glaubt. Erhebt er zum Lob Gottes die Arme und den Blick, weitet er dabei seine Lungen, kann wieder durchatmen, wird frei, und die Haltung wird Ausdruck eines wirklich empfundenen Lobes. Gabriele Wollmann unterscheidet zwischen Geste und Gebärde. Gesten deuten eine Handlung, die Gebärde ist Ausdruck des ganzen Menschen und macht eine körperliche Erfahrung möglich. Die Vielfalt von Gebetsgebärden könnte wieder entdeckt und erlebbar gemacht werden.

Gottesdienst ist ein gemeinschaftliches Tun. Wie auch bei Sprache und Lied ist darauf zu achten, dass die gesamte Gemeinde sich in einer Gebärde wiederfinden kann und angesprochen weiß. Wie schwer das ist, zeigt der schon vor langer Zeit eingeführte Friedensgruß in der Eucharistiefeier. Zu einem Körpergebet kann immer nur eingeladen und ermuntert werden. Es ist eine angebotene, nicht zu verordnende Form, zu der auch Alternativen angeboten werden können. So können alle eingeladen werden, das Vaterunser in einer Gebetshaltung zu sprechen, die ihnen heute entspricht. Tanzt eine Gruppe im Gottesdienst, können die Mitfeiernden eingeladen werden, einige Gebärden des Tanzes auch in den Kirchenbänken zu übernehmen. Prozessionen – gegebenenfalls in einem Tanzschritt – können gegangen werden, an denen alle teilnehmen können. Teilweise müssen Gebärde und Tanzausdruck erklärt werden, damit sie verstanden und mitvollzogen werden können. Es wäre gut, ein Tanz würde für sich selbst sprechen, wie es künstlerischem Ausdruck eigen ist. Dann berührt er eine Dimension im Menschen, die real ist, aber Worten oft unzugänglich bleibt. In einem Kirchenlied, das dem Psalm 95 entlehnt ist, heißt es „mehr als Worte sagt ein Lied". Sicherlich kann man ebenso sagen: „mehr als Lieder sagt ein Tanz".

III.3 Symbole und Rituale im häuslichen Bereich

Glaubensweitergabe beginnt im häuslichen Bereich, in der Familie. Da soll der Glaube wachsen, sich bewähren und gefeiert werden. Wenn anfangs gesagt wurde, es müsse gelingen, den Alltag mit Gott in Verbindung zu bringen, dann hilft hierbei ein familiäres Brauchtum und Riten, die die Erinnerung an Gott, der mich liebt und alle Wege mitgeht, immer neu erfahren lassen. „Die Rituale erzeugen im Kind das Urvertrauen, das für die Entfaltung der eigenen Identität so entscheidend ist." (Anselm Grün) Sie geben Sicherheit und helfen, Ängste zu bannen. Abendliche Zubettgehrituale helfen einzuschlafen, Abschiedsrituale nehmen die Verlustangst und Begrüßungsrituale schaffen Gemeinschaft. Feste Regeln bei Feiern, z. B. dem eigenen Geburtstag, schaffen Ich-Stärke. Rituale sind symbolische Akte, die den Menschen unmittelbar erreichen. Sie wirken nicht, weil wir sie verstehen, sondern weil wir sie üben (Grün). Weil sie zu Herzen gehen, bieten sie fast spielerisch eine Chance, mit Gott in Berührung zu kommen. Rituale schaffen eine Gebetsatmosphäre. So können Eltern ihr Kind beim Zubettgehen oder Verlassen des Hauses segnen, indem sie ihm ein Kreuz auf die Stirn zeichnen. Sie können dazu Weihwasser benutzen, das an die Taufe erinnert. Zum Namenstag des Kindes kann die Taufkerze angezündet werden. Am Sonntag zu den Mahlzeiten kann eine Osterkerze entzündet und auf den Tisch gestellt werden. Überhaupt können Kerzen mit verschiedenen Intentionen angezündet werden. Ein Ort in der Wohnung kann mit einem Kreuz und eventuell Bildern von Engeln oder Heiligen, z. B. Maria, gestaltet werden. Auf einer Ablage in der Nähe können Symbole aus dem Kirchenjahr stehen. Dieses bietet eine Fülle an Farben und Zeichen. Sinnbilder des Advent (Adventskalender, Sterne, Strohhalme usw.) und der österlichen Bußzeit können hier einen Platz finden, auch Karneval ist ein Fest im Kirchenjahr. Persönliche Feste und besondere Ereignisse können ins Bild gebracht werden. Verlässt ein Sohn für längere Zeit das Haus, wird ein Foto von ihm aufgestellt. Stirbt eine Tante, liegt hier der Totenbrief oder das Bildchen. Hierher können Kinder ihre Anliegen tragen in Form von Bildern oder Basteleien oder ein Bild eines Freundes aufstellen, für den sie beten möchten. All das hat hier Platz, was aus dem Alltag mit Gott in Verbindung gebracht werden soll, auch Urlaubskarten, verbunden mit einem „Dankeschön" oder Symbole aus der Natur. Kinder entwickeln gerne selbst Ideen. Als unser Sohn seinen Stoffbären bei einer Heimfahrt aus dem Urlaub verloren hatte, fand ich am Tag darauf einen Stein am Gebetsort vor, auf dem „Bärchen" stand und das Datum des Verlustes. Ob er sich das auf dem Friedhof abgeschaut hat? Auf jeden Fall hat er damit seine Trauer besser bewältigen können.

Auch in der Familie können Bewegungslieder gesungen werden, zum Beispiel als Morgen- oder Abendgebet. Kinder freuen sich, wenn sie Anteil nehmen können an Gebet und Feier, und das können sie am besten mit ihren Sinnen: etwas tun, berühren, lauschen, schauen, singen und sich bewegen.

Wie viel Kirche braucht der RU?

Überlegungen zum Verhältnis von Religionsunterricht, Kirche und Öffentlichkeit

Judith Könemann

Allein die Frage: „Wieviel Kirche braucht der Religionsunterricht" und damit die Möglichkeit eines Religionsunterrichtes ohne Beteiligung der Kirchen, was heute gemeinhin unter dem Titel „teaching about religion" firmiert, verdeutlicht die Veränderungen in der religiösen Landschaft in den letzten 20 bis 30 Jahre. Sie zeigt an, dass heutige Religiosität die christliche Perspektive teilweise verlassen hat. Die Verabschiedung von einem personalen Gottesverständnis hat in den „neuen" Religiositäten vielfach stattgefunden, eine allgemeine Religiosität ist an diese Stelle getreten. Ferner ist Religiosität nicht mehr zwingend an eine institutionalisierte Religionsform gebunden, vielmehr existieren vielfache, nicht institutionalisierte Ausdrucksformen von Religiosität. Das zunehmende Wachsen der Religionsgemeinschaften in unseren westeuropäischen liberalen Gesellschaften, insbesondere des Islam, verweist ausserdem darauf, dass das Christentum eine Religionsgemeinschaft neben anderen in unserer Gesellschaft geworden ist. Aus all diesen Entwicklungen folgt für den Religionsunterricht die Frage, ob und wie er überhaupt noch an eine Religionsgemeinschaft gebunden sein soll, oder nicht vielmehr unabhängig von jeder Religionsgemeinschaft ein Unterricht über Religion stattfinden sollte, eben ein „teaching about religion" anstelle des „teaching in religion". Die Anbindung des Religionsunterrichts an eine Religionsgemeinschaft, in der Regel also die Verantwortung des RU's durch die Kirchen ist in Deutschland noch fast überall der Fall. Demgegenüber diskutiert man beispielsweise in der Schweiz schon seit langem nicht mehr über ‚konfessionelle Spitzen'. Ökumenischer kirchlich verantworteter RU ist neben rein schulisch verantwortetem RU die Regel. Die schweizerische Diskussion läuft im Augenblick zum Thema „Religion und Kultur" als obligatorischem Schulfach, wie es im Kanton Zürich im letzten Jahr eingeführt wurde.

Angesichts der gegenwärtigen Diskussion um kirchlich verantworteten Religionsunterricht möchte ich mich im Folgenden mit dem Verhältnis von Kirche und RU, eingebettet in den Kontext unserer gegenwärtigen gesellschaftlichen Situation, beschäftigen. Aufgrund des Öffentlichkeitscharakters beider Größen, des Religionsunterrichts als auch der Kirche, hat das Thema immer auch schon eine gesellschaftliche, öffentlichkeitsrelevante Dimension. Diese Dimension wird mit in die Überlegungen mit einbezogen. Denn bei aller auf das Individuum bezogenen Erfahrungsorientierung des RU im Sinne von ‚gelebter Religion' gilt es die öffentlichkeitswirksame Dimension, also die Tatsache, dass der RU an öffentlichen Schulen eine Brücke zwischen christlichem Glauben und Kirche zur gesellschaftlichen Öffentlichkeit darstellt, nicht ausser Acht zu lassen. Mein Hauptaugenmerk liegt daher auf der Frage, was die beiden Größen Kirche einerseits und RU andererseits je wechselseitig aneinander positiv bzw. bereichernd finden können bzw. wo sie einander gegenseitig bedürfen und welche Relevanz dies für die Mitgestaltung gesellschaftlicher Prozesse hat. Die vorliegenden Überlegungen gehen dabei nicht von einem religionspädagogischen, sondern von einem soziologischen Standpunkt aus und schließen ferner eine explizit theologische Verortung ein.

Es bedarf aber eines Blickes auf die gegenwärtige Ausgangslage, in die diese Fragen eingebettet sind. Der Blick richtet sich dabei auf die an diesen Fragen beteiligten Grössen: a) das gesellschaftliche Umfeld im Hinblick auf Religion, b) den Staat, der die schulische Ausbildung verantwortet und sein Interesse an Religion unter Wahrung der Religionsfreiheit, c) das Verhältnis von Religion/Religiosität und Individuum sowie d) das Interesse der christlichen Religion an Öffentlichkeit.

Zur Ausgangslage hinsichtlich der Frage nach dem wechselseitigen Verhältnis von RU, Kirche und Öffentlichkeit gesellschaftliche Situation im Hinblick auf Religion Religionsunterricht als ordentliches Lehrfach als auch Kirche sind heute eingebettet in eine Situation, die von vielen Zugleichs geprägt ist. Wir stellen einerseits – zumindest in der öffentlichen Wahrnehmung – eine so genannte Revitalisierung des Religiösen fest. Religion / Religiosität hat in den letzten Jahren eine deutlich stärkere Präsenz in der gesellschaftlichen Öffentlichkeit erlangt, als dies über lange Jahre hinweg der Fall war.

Gleichzeitig lassen sich die Tendenzen der Säkularisierung mindestens der Entkirchlichung, wenn nicht sogar der Entchristlichung, nicht verleugnen. Die christlichen Kirchen befinden sich in einer zunehmend stärker werdenden Krise. Darüber kann auch ihre medienöffentliche Präsenz, insbesondere der katholischen Kirche im letzten Jahr nicht hinweg täuschen. Die allerorten beschriebene und zitierte Revitalisierung des Religiösen ist zumindest im Moment noch keine Revitalisierung des Christlichen.

Die wachsende Zahl von Menschen aus anderen kulturellen und religiösen Kontexten in Deutschland, und in anderen europäischen Ländern führt zunehmend zu einer Pluralisierung von Religion in der westlichen Kultur. Die Frage nach der Anerkennung anderer Religionsgemeinschaften und insbesondere die Frage nach einem Religionsunterricht anderer Religionen wird denn auch bereits seit langem diskutiert und ist teilweise für den islamischen Religionsunterricht schon in die Tat umgesetzt.

In diese Gemengelage von Revitalisierung von Religiosität, der gleichzeitigen Erosion innerhalb der christlichen Kirchen und einer zunehmenden Pluralisierung von Religion bewegt sich das Verhältnis von Religionsunterricht und Kirche.

Der Staat garantiert laut Grundgesetz die Religionsfreiheit. Das bedeutet, dass er sich selbst in religiösen Fragen zur Zurückhaltung verpflichtet und gleichzeitig Toleranz in religiösen Angelegenheiten garantiert. Religionsfreiheit bedeutet nicht die Ablehnung von Religion, sondern die Garantie religiöser Toleranz bei gleichzeitig eigener Neutralität. Unsere modernen Staaten in Westeuropa basieren jedoch gleichzeitig auf einem kulturellen Erbe, das sich in hohem Masse aus der christlich-abendländischen Geschichte und ihrer Kultur speist. Jürgen Habermas hat in seiner viel beachteten Rede anlässlich der Verleihung des Friedenspreises auf die hohe Bedeutung der christlich-abendländischen Prägung und die Errungenschaften für unsere Kultur durch sie hingewiesen, auch wenn sie sich heute – wie schon Max Weber zu Beginn des 20. Jhs. konstatierte – vielfach von den religiösen Wurzeln gelöst hat. Religion, in unserem Kontext insbesondere das Christentum, stellt also dem Staat und der Gesellschaft vieles von dem zur Verfügung, worauf er bzw. sie angewiesen ist und was der Staat selbst nicht leisten kann: nämlich die normativen Grundlagen menschlich-sozialen Zusammenlebens. Um einem Missverständnis zuvor zu kommen, diese Aufgabe ist nicht exklusiv an eine Religion gebunden, vielmehr müssen die normativen Grundlagen des Staates und seiner Gesellschaft immer auch nicht religiös abgeleitet bzw. gerechtfertigt werden können, und es gibt mehr moralische Quellen für die normativen Grundlagen des Staates als die Religion. Dennoch gehen die normativen Grundlagen unseres Staates auch auf religiöse Traditionen und Begründungen zurück und sind durch diese geprägt. In der soziologischen Theoriebildung wurde deshalb auch über lange Zeit die Integrationskraft der Religion als ihre Hauptfunktion für die Gesellschaft gesehen. Dass Religionen jedoch nicht nur integriert haben und nicht nur Integration leisten, haben die Ereignisse des 11. September 2001 nur zu Genüge deutlich gemacht. Hier zeigte sich in besonderer Weise die gewaltförmige Seite von Religion, die ihr auch innewohnt. Aber gerade aufgrund dieser Ereignisse muss der Staat ein umso höheres Interesse an einer Auseinandersetzung über Religion und ihre Leistungen im öffentlichen Raum der Gesellschaft haben.

Das individuelle Interesse an Religion

Es scheint, dass die vieler Orten konstatierte Revitalisierung von Religion bzw. Religiosität auf einen höheren Bedarf oder zumindest auf eine höhere, auch öffentlich kommunizierte Auseinandersetzung mit religiösen Fragen hinweist. Religion hat sich individualisiert, teilweise auch privatisiert. Der einzelne Mensch mit seiner Biographie wird zum zentralen Bezugspunkt der Religion, so hat es der Soziologe Armin Nassehi einmal formuliert. Die Auswahl der Inhalte und Formen erfolgen fast ausschließlich über das Individuum und nicht mehr über das Religionssystem. Trotz des auch medial verstärkten Interesses an Religiosität und vor allem an Selbsttranszendierung scheint es etwas problematisch zu sein, von einer Revitalisierung von Religion zu reden, denn die Religionen und ihre Organisationsformen wie z.B. die Kirchen erfahren ja in diesem Zusammenhang nur verhältnismäßig wenig Revitalisierung; sie kämpfen vielmehr mit mehr oder weniger starken Erosionsprozessen. Auf der Ebene der konkreten pastoralen Praxis ändern die großen auch medial vermittelten Ereignisse des Jahres 2005 wie der Papstwechsel und der Weltjugendtag daran nur wenig. Was sich also revitalisiert ist die Suche nach Formen der Transzendierung, oftmals der Selbsttranszendierung, d. h. auch die Suche nach dem, was über das empirisch Fassbare hinausgeht. Ohne diese Bedürfnisse in ihrer Berechtigung und Ernsthaftigkeit herabsetzen zu wollen ist zu konstatieren, dass den neuen Formen der sich revitalisierenden Religiosität doch ein deutlich selbstbezügliches Moment zu eigen ist: Religion soll vornehmlich gut tun! Sie wird dabei überwiegend individuell auf die eigene Person bezogen und soll einen Beitrag zum eigenen Wohlbefinden sowie zur individuellen Sinnfindung leisten. Sie ist häufig mit synkretistischen Tendenzen verknüpft, d. h. sie basiert auf der abendländisch-christlichen Tradition, integriert aber ohne Zögern auch anderes religiöses Traditionsgut, z. B. einen Reinkarnationsgedanken, wenn auch oft in einer verzerrten Form. Mit letzterem geht häufig die Verabschiedung von einem personalen Gottesverständnis einher. Ein Absolutes wird vielfach als unpersönliche Macht verstanden, die schützend, sorgend zur Verfügung steht. Auswirkungen auf die Gestaltung der individuellen Lebenspraxis werden von einer so gestalteten individuellen Form der Religiosität selten erwartet und ihr teilweise auch nicht zugestanden. Eine Verwirklichung dieser religiösen Haltung in Gemeinschaft bezieht sich in der Regel nicht mehr auf ein gemeinsames religiöses Bekenntnis, sondern basiert vor allem auf dem Bedürfnis der Erfahrung von Beziehung, der dann eine transzendente Qualität zugemessen wird. Eine solch religiös aufgeladene Beziehungsqualität realisiert sich dabei genauso in einer Gruppe mit explizit religiöser Ausrichtung wie auch beispielsweise in einer Therapiegruppe. Thomas Luckmann entwickelte bekanntlich schon in den 60er Jahren das Modell eines dreistufigen Transzendenzverständnisses (kleine, mittlere und große Transzendenzen) und formulierte in diesem Zusammenhang die These, dass sich der Transzendenzbezug von den großen Transzendenzen, also dem Glauben an ein Absolutes, auf die mittleren Transzendenzen, etwa die Erfahrung gelungener Beziehung, hin verlagere. Diese These hat ihre Aktualität nicht eingebüßt: Man kann auch heute das Phänomen einer quasi selbstreferentiellen religiösen Haltung konstatieren, die soziale Verantwortung zwar nicht per se ausschließt, aber auch nicht ins Zentrum stellt.

Das Interesse der Kirche an der Öffentlichkeit

Das Christentum ist von seinem Ursprung her und qua seines Bekenntnisses immer schon auf Öffentlichkeit hin angelegt. Im Handeln Jesu, das immer auch ein öffentliches Handeln war und nie ausschließlich auf das Wohl des einzelnen ausgerichtet war, findet dies seinen programmatischen Ausdruck. Ein Rückzug auf die private Ebene des Einzelnen widerspräche insofern dem genuinen Öffentlichkeitscharakter der christlichen Religion. Die historischen Entwicklungen führten dazu, dass das Christentum über Jahrhunderte hinweg eine Monopolstellung in religiösen Fragen inne hatte und den umgreifenden Sinnhorizont für die gesamte Gesellschaft zur Verfügung stellte. Diese Monopolstellung hat sie im Zuge der neuzeitlichen Entwicklungen und der Durchsetzung der späten Moderne verloren, die Kirchen stellen nun einen religiösen Sinnanbieter – wenn auch immer noch mit einer gewissen Sonderstellung – unter vielen anderen dar. Gleichwohl besteht nach wie vor der Anspruch der christlichen Religion bzw. der sie vertretenden Kirchen auf eine öffentliche Rolle bzw. auf Verwirklichung ihres Öffentlichkeitsanspruchs. Die Kirchen wollen ihre Haltungen und normativen Grundlagen in den öffentlichen Diskurs einbringen und so an der Diskussion über gesellschaftliche Fragestellungen beteiligt sein. Diese Beteiligung muss aber nun in der gegenwärtigen Gesellschaft im Chor der anderen Sinnagenturen erfolgen und – wie Habermas betont – unter Rückgriff auf ein argumentativ-diskursives Verfahren, um die genuin religiösen Überzeugungen übersetzen und vermitteln zu können.

Hier übernimmt der Religionsunterricht wichtige Funktionen: Er leistet zum einen einen Teil einer solchen Übersetzungsarbeit in der Auseinandersetzung mit den Fragen der jungen Menschen, und zum anderen vermittelt er die Grundlagen und Gehalte des christlichen Glaubens in die Öffentlichkeit. Damit erfüllt der Religionsunterricht in besonderer Weise an einer entscheidenden Stelle den Öffentlichkeitsauftrag der christlichen Religion und ihrer Kirchen.

Damit ist schon ein wichtiger Aspekt benannt, warum der Religionsunterricht für die Kirchen wichtig ist. Dem gilt es aber nun noch etwas näher nachzugehen.

2. Warum und wozu braucht die Kirche den Religionsunterricht?

Der Religionsunterricht ist in Deutschland ordentliches Lehrfach an öffentlichen Schulen. Indem der Staat die Möglichkeit eines kirchlich verantworteten Religionsunterrichtes einräumt und diesen so unter den besonderen Schutzes des Staates stellt, erhalten die christlichen Kirchen und inzwischen teilweise auch die islamische Religionsgemeinschaft unter Wahrung der Freiheit der Religionsausübung der einzelnen Schülerinnen und Schüler die Möglichkeit, im öffentlichen Raum der Schule Schülerinnen und Schüler mit den christlichen Gehalten in vertiefender Auseinandersetzung vertraut zu machen bzw. die religiöse Sozialisation der Schülerinnen und Schüler zu vertiefen. Diese Möglichkeit ist damit an einem prominenten öffentlichen Ort gegeben, denn die Schule ist ein öffentlicher Ort in der Gesellschaft.

Schule ist ein Erfahrungsraum von Gesellschaft, in dem Erfahrungen sich durchsetzen und gemacht werden. Damit ist Schule nicht Vorbereitung auf Erfahrung, nicht Vorbereitung auf das Leben, sondern Schule ist selbst schon Erfahrung und Leben in gesellschaftlichen Zusammenhängen. Der Religionsunterricht an öffentlichen Schulen ist damit in zweifacher Dimension eine Brücke zwischen christlicher Religion und Kirche zur gesellschaftlichen Öffentlichkeit: Zum einen, wie schon gesagt, insofern, als dass Schule als solche ein öffentlicher Ort in der Gesellschaft ist und in ihm Erfahrungen von gesellschaftlichem Zusammenleben gemacht werden, und zum anderen insofern die einzelnen Schülerinnen und Schüler als Mitglieder der Gesellschaft in der Schule und in den ausserschulischen Handlungsräumen handeln und über ihr Handeln ihre Überzeugungen in das gesellschaftliche Gespräch eintragen. Dies tun sie zunächst als Heranwachsende, sie tun dies jedoch später als Erwachsene auf der Grundlage ihres in der Schule erhaltenen Wissens und ihrer dort erworbenen und gebildeten Haltungen und Überzeugungen. Die Kirchen erhalten durch den Religionsunterricht einen Ort – natürlich nicht den einzigen, aber einen wichtigen – wo sie ihre theologisch-religiösen Gehalte und die sich daraus abzuleitenden ethischen Maximen in das Feld der gesellschaftlichen Öffentlichkeit eintragen können. Mit dem RU in der öffentlichen Schule ist den Kirchen somit ein Privileg für die Tradierung ihrer Botschaft eingeräumt – wenn auch, wie wir noch sehen werden, von seiten des Staates kein gänzlich uneigennützig erteiltes Privileg. Damit haben die Kirchen die Möglichkeit, an einem öffentlichen Ort viele junge Menschen zu erreichen, ihnen die Erfahrung gelebter Religion zu vermitteln und sie zu einer Entscheidung über die Bedeutung der christlichen Religion bzw. der Religion und Religiosität in ihrem Lebenszusammenhang und in ihrer Lebenspraxis zu befähigen. Über ihre Präsenz in der Schule erreichen die Kirchen somit viel mehr junge Menschen als lediglich in den Pfarrgemeinden. Gleichzeitig können die Kirchen so ihrem eigenem Anspruch auf Öffentlichkeit noch besser gerecht werden. Ziel christlicher Bildung ist es also – neben der Ermöglichung und Förderung individueller Religiosität und einer gewissen Sozialisierung im christlichen Glauben und seiner Tradition – Menschen heran zu bilden, die gebunden oder auch nicht gebunden an die christliche Glaubenstradition verantwortet, selbstbewusst und sich ihrer selbst bewusst ihren Platz in der Gesellschaft einnehmen und in ihr handeln. Dazu bedarf es der Ausbildung und Förderung einer an die je eigene Person und Biographie angebundenen Religiosität, die nicht einfach nur heteronom angenommen ist, sondern über eine selbst bestimmte und reflektierte Qualität verfügt und mit Erfahrung gesättigt ist. Denn neben der Vermittlung von traditionalen Glaubensgehalten liegt ja in der Möglichkeit gelebter Erfahrung ein wesentliches Ziel des Religionsunterrichts.

Mit der Möglichkeit des Religionsunterrichts in der öffentlichen Schule ist also den Kirchen eine doppelte Chance eingeräumt: Zum einen erhalten sie die Möglichkeit, deutlich mehr junge Menschen mit ihrer Botschaft zu erreichen, und zum anderen erhalten sie dadurch einen deutlich öffentlich präsenten Platz, der es ihnen erlaubt, ihren Auftrag und Anspruch auf Beteiligung am öffentlichen Diskurs wahrzunehmen.

Es könnte nun der Eindruck entstehen, als wäre es nun ein gänzlich uneigennütziges Unterfangen seitens des Staates, den Kirchen oder mittlerweile an einigen Orten auch der islamischen Religionsgemeinschaft diesen prominenten Platz einzuräumen. Ich möchte im Folgenden zeigen, dass auch der Staat ein eigenes Interesse daran hat und haben muss, dass Religionsunterricht in der Schule seinen Platz hat. Ob dies nun immer und zwingend ein kirchlich verantworteter sein muss, wie dies in der Regel in Deutschland der Fall ist, das sei dahin gestellt, die Schweiz beispielsweise geht hier – wie bereits erwähnt – andere Wege.

Drei Argumente sprechen nun meines Erachtens dafür, dass auch der Staat als Träger öffentlicher Schule ein gesteigertes Interesse daran hat und haben muss, Religionsunterricht als reguläres Lehrfach zu ermöglichen.

Erstens: Moderne Schule erhebt den Anspruch auf eine ganzheitliche Bildung. Sie will nicht nur Faktenwissen vermitteln, sondern auch menschliche Bildung. Hartmut von Hentig hat formuliert: „Bildung bezeichnet die Spannung oder Brücke ... zwischen tradierten Idealen und aktuellem Kompetenzbedarf, zwischen philosophischer Selbstvergewisserung und praktischer Selbsterhaltung der Gesellschaft"[1], mit dem Ziel, so im Anschluss an Klafki, der „Annahme und Veränderung sowohl des Subjekts als auch seiner Welt und der Gesellschaft unter dem Vorzeichen der Humanisierung."[2] Ganzheitliche Bildung bedeutet nun im Kontext der westeuropäischen Gesellschaften eine Bildung auf den Grundlagen und unter Einbezug sowohl der philosophischen als auch der religiösen Traditionen dieser Gesellschaft.

Will nun auch der Staat qua Schule diese ganzheitliche Bildung ermöglichen und versteht er die Gewährung von Religionsfreiheit positiv, dann muss er Möglichkeiten schaffen, die religiösen bzw. kulturgeschichtlichen Traditionen kennen zu lernen. Dann gehört die geistesgeschichtliche Entwicklung unserer Kultur genuin mit zu einem ganzheitlichen Bildungsauftrag. Von daher lässt sich der Religionsunterricht vom Grundauftrag der Schule her aus einer kulturgeschichtlichen, anthropologischen und gesellschaftlichen Dimension heraus begründen: Er macht junge Menschen vertraut mit den geistigen religiösen Überlieferungen, die unsere kulturelle Situation geprägt haben. Dazu gehört in hohem Masse das Christentum. Schule und RU wollen jungen Menschen zur Selbstwerdung verhelfen, die Fragen nach dem Sein und dem Sinngrund nehmen hier eine wichtige Rolle ein. Mit ihren Antworten auf diese Fragen lädt die christliche Religion zur Auseinandersetzung ein, mit dem Ziel, zu eigenverantworteten Antworten zu kommen. Schule will junge Menschen zu verantwortungsbewussten und kritischen Menschen heranbilden und kann sich nicht mit einer Anpassung an die verwaltete Welt zufrieden geben. Der Religionsunterricht leistet hier einen entscheidenden Beitrag, weil er durch seinen biblisch-kritischen Impetus immer auf die Relativierung unberechtigter Absolutheitsanspruche angelegt ist.[3]

Eng mit dem Anspruch auf ganzheitliche Bildung hängt die Frage zusammen, ob man Religiosität als eine Grundkonstante von Menschsein versteht. Ich möchte hier nicht näher auf die Diskussion um diese Frage eingehen. Geht man aber zumindest davon aus, dass das Bedürfnis nach einer gewissen Form von Transzendenz jedem Menschen zu eigen ist, ungeachtet der inhaltlichen Füllung dieser Vorstellung von Transzendenz, und beschreibt man diese im weitesten Sinne als eine religiöse Dimension, dann kann nicht zwischen menschlicher und religiöser Bildung getrennt werden. Dann ist menschliche Bildung immer auch eine Bildung unter Einbezug der religiösen Dimension und hat von daher seinen genuinen Platz im Feld der Schule.

Zweitens: Der Staat bedarf um seiner eigenen Existenz und Zukunft willen normativer Grundlagen und darauf aufbauend grundlegender Kriterien, aufgrund derer die im Staat Verantwortung Tragenden ihre Entscheidungen fällen können. Das Gleiche gilt für das Handeln in Gesellschaft. Philosophie und Religion bieten nach wie vor den grundlegenden Horizont, aus dem heraus diese normativen Grundlagen und konkreten Werthaltungen heraus begründet werden können. Da aus der christlichen Religion begründete Werte in heutiger Gesellschaft nicht mehr ungeteilte Zustimmung erfahren, bedürfen diese – wie schon Habermas formulierte – der Übersetzung und Vermittlung in säkulare Sprache.

Auch aus diesem Grund heraus muss der Staat ein Interesse haben an der schulischen Vermittlung sowohl der geistesgeschichtlichen Wurzeln als auch der philosophischen und religiösen Traditionen. Denn es bedarf der Menschen, die zum einen diese Begründungsleistungen übernehmen und, die zum anderen entsprechend der begründeten Grundlagen und Werte in der Gesellschaft handeln.

Das dritte Argument richtet sich auf den immer notwendigeren Dialog der Religionen. Gerade angesichts der Pluralisierung von Religion und gegenwärtigen Konflikte um die verschiedenen Religionen und einer religiös begründeten und vermeintlich legitimierten Gewaltanwendung ist das Wissen, das Gespräch und das Einüben von Toleranz im interreligiösen Dialog unabdingbar, für eine auf Zukunft hin angelegte Handlungsfähigkeit von Menschen in der Gesellschaft. Die Vermittlung dieses Wissens als auch das Einüben von Toleranz und der interreligiöse Dialog gehören zu den Kernaufgaben heutigen Religionsunterrichts und auch zum klaren Interesse des Staates.

Der entscheidende Unterschied zwischen kirchlichen und staatlichen Interessen am Religionsunterricht besteht darin, dass von seiten des Staates nicht zwingend ein konfessionell gebundener Religionsunterricht erforderlich ist, vielleicht nicht einmal mehr ein kirchlich gebundener. Ein Grundproblem in einem nicht kirchlich oder von der jeweiligen Religionsgemeinschaft mitverantworteten Religionsunterricht sehe ich allerdings darin, dass unklar bleibt, wer dieses Fach denn dann unterrichten soll. Wie eingangs erwähnt, hat der Kanton Zürich gerade das Fach Religion und Kultur eingeführt anstelle eines kirchlich verantworteten Religionsunterrichts. Studiert man die entsprechenden Papiere, findet man jedoch keine konkreten Aussagen, welche inhaltliche Qualifikation denn die Unterrichtenden haben sollen oder müssen. Die Rede ist immer nur von entsprechend qualifizierten Lehrerinnen und Lehrern. Macht man mit dem in der Schweiz propagierten „Teaching about religion" an Stelle des „teaching in religion" Ernst, stellt sich die Frage nach der Qualifikation der Lehrkräfte in besonderer Weise. Auf die Frage nach kirchlich oder nicht kirchlich verantwortetem Religionsunterricht wird am Ende noch einmal näher eingegangen.

Welche Chance bietet nun die Kirche dem Religionsunterricht? Das Augenmerk richtet sich hier weniger auf die formalstrukturellen amtskirchlichen Bedingungen des Religionsunterricht, sondern auf seine inhaltliche Verortung. Kirche wird hier zum einen verstanden als der Ort der Aufrechterhaltung und Tradierung der christlichen Botschaft sowie der theologischen Gehalte des christlichen Glaubens und zum anderen als Gemeinschaft der Gläubigen, die sich an diese Botschaft binden und in ihrer Lebenspraxis weiter tragen, so z. B. auch Religionslehrerinnen und Religionslehrer.

Die Zeit und die Bedingungen, unter denen wir leben, werden soziologisch mit den Stichworten Individualisierung und Pluralisierung gekennzeichnet, deren spezifisches Charakteristikum darin liegt, viele Wahlmöglichkeiten zu haben und unter einem dauerhaften Entscheidungsdruck für die eigenen Entscheidungen zu stehen, die Folgen der Entscheidungen allerdings auch immer selbst verantworten zu müssen. Einerseits schafft dies nie dagewesene Freiheits- und Handlungsspielräume für den heutigen Menschen, andererseits lassen sich die Phänomene der Überforderung und der Suche nach Orientierung nicht verleugnen. Die Schattenseiten unserer gegenwärtigen Gesellschaft liegen auch auf der Hand. Nicht alle Menschen haben im Blick auf existentielle Fragen diese Freiheit, können z. B. den Beruf wählen, der ihnen Spaß macht.

Der Beitrag der Kirchen zu einem Religionsunterricht besteht nun m. E. darin, dass die christliche Religion mit ihren materialen Kernmotiven Gehalte zur Verfügung stellt, die einen wichtigen Beitrag leisten können, Leben in der gegenwärtigen Zeit zu gestalten und zwar sowohl in individueller als auch in gesellschaftlicher Hinsicht. Viele neue Formen von Religiosität, die sehr berechtigte religiöse Bedürfnisse ausdrücken, scheinen dennoch manchmal mehr an eine Form denn an einen Inhalt gebunden zu sein. Die Art und Weise, wie beispielsweise bei uns die Reinkarnationsvorstellung rezipiert wird und von ihrer ursprünglichen Bedeutung losgelöst ist, verdeutlicht dies ein wenig. Das Christentum stellt dagegen nicht nur Formen und Praktiken zu Verfügung, sondern auch fundamentale Inhalte, die sich gerade nicht im luftleeren Raum bewegen, sondern eingebettet und angebunden sind an eine klare Identität.

Die Notwendigkeit einer solch klar konturierten Identität lässt sich am Beispiel des heute so wichtigen Dialogs mit den anderen Religionsgemeinschaften, aber auch Religiositätsformen verdeutlichen. Gerade für die Auseinandersetzung mit anderen Religionen und Religiositätsformen in der Schule als auch außerhalb bedarf es einer klar verorteten Identität des eigenen Standpunktes, von dem aus das Gespräch und der Dialog mit dem anderen zu suchen ist. Auf die Frage nach der eigenen Identität und die Wichtigkeit dieser Aufgabe hat mich insbesondere die Lektüre eines Aufsatzes von Habermas über Toleranz, insbesondere religiöse Toleranz, aufmerksam gemacht.[4] Die Kernaussage lautet, dass Toleranz gegenüber anderen Religionen und Weltanschauungen zunächst einmal Ablehnung voraussetzt. Erst, wenn ich eine andere Haltung aufgrund meiner eigenen ablehne, kann ich einer anderen Haltung gegenüber in Achtung und Respekt vor ihr tolerant sein, denn einer Überzeugung gegenüber, der ich zustimme, muss ich keine Toleranz üben. Ohne Differenzen keine Toleranz! Voraussetzung ist jedoch die Klarheit und Eindeutigkeit der eigenen Haltung, also die vergewisserte Identität hinsichtlich der eigenen Überlegungen. Ein wechselseitiger Verständigungsprozess setzt also eine klare Positionierung der eigenen Haltung, eine klare Vergewisserung der eigenen Identität voraus. Die christliche Identität, der es sich zu vergewissern gilt, bestimmt sich nun – wie schon oben erwähnt – weniger durch öffentlich verkündete Individualmorallehren o. ä., sondern durch ethische Grundmaximen wie etwa die Würde der Person oder die Solidarität mit den Schwachen und Entrechteten. Grundmaximen, die dann zu ethischen Positionen etwa im Bereich der Bioethik oder der Wirtschafts- und Sozialpolitik führen können.

Die eigene Identität bestimmt sich des weiteren auch durch die Rückbesinnung auf die grundlegenden materialen Gehalte des christlichen Glaubens, wie z. B. den Glauben an einen sich selbst offenbarenden, persönlichen Gott, an die Selbstmitteilung Gottes in Jesus von Nazaret, an die Zusage umfassenden Heils und Befreiung für alle Menschen. Mit einer klaren Verortung und Identität der Inhalte bietet die christliche Religion im Religionsunterricht die Möglichkeit, sich auch mit Lebensentwürfen auseinanderzusetzen, die gegen den gängigen gesellschaftlichen Mainstream von Erfolg und Perfektion stehen, sondern Scheitern, Fragmentarität einschliessen und bewusst zulassen, ohne dass damit christliche Religion auf reine Kontingenzbewältigung beschränkt würde. In einer solcherart klar verorteten Identität und in der Vermittlung genuin christlichen Inhalte und Erfahrungen, die quer zu manchen gesellschaftlichen Tendenzen stehen, liegt nun meines Erachtens der entscheidende Beitrag, den Kirche respektive die christliche Religion zu einem Religionsunterricht in der Schule leisten können.

Leider wird der Blick auf diesen Beitrag christlicher Religion und Kirche häufig dadurch erschwert, dass sich die mediale Aufmerksamkeit im Hinblick auf die Kirche weniger auf die Grundbotschaft des Christentums richtet denn auf Personen oder auf so genannte „Reizthemen". Dies nimmt der unbestrittenen Reformbedürftigkeit der Kirche und einer Kritik an kirchlichen Strukturen als auch am Verhalten von kirchlichen Vertretern und Vertreterinnen nichts von ihrer Berechtigung.

Nun hat angesichts der konstatierten Revitalisierung von Religion und Religiosität die Spiritualität wieder eine hohe Bedeutung erlangt. Gleichzeitig wird vielfach die Kopflastigkeit in unserer Kirche beklagt, hinter der die emotionalen Ausdrucksweisen zurück treten. Die Emotionalisierung z. B. des Weltjugendtages oder auch der Umgang mit dem alten wie dem neuen Papst, verdeutlichen dies. Will man dem Ansatz der Erfahrungsorientierung im Religionsunterricht treu bleiben, gilt es auch die veränderten Bedürfnisse und Erfahrungen der Schülerinnen und Schüler in dieser Hinsicht zu berücksichtigen. Und dazu gehört heute auch die verstärkte Vermittlung und Ermöglichung von spirituellen Praktiken und Erfahrungen. Der Beitrag der Kirche besteht hier m. E. darin, die spirituelle Reichhaltigkeit der christlichen Tradition aufzugreifen, dabei ist es ja durchaus denkbar, andere spirituelle Praktiken und Riten mit aufzugreifen und zu reflektieren. Die besondere Chance eines christlichen Religionsunterrichts liegt aber darin, auf die untrennbare Verbindung von – klassisch gesprochen – „vita contemplativa" und „vita activa" hinzuweisen, oder anders formuliert: Christliche Spiritualität ist niemals ein rein selbstreflexiver Akt, sondern besitzt immer auch eine politische Handlungsdimension. Johann Baptist Metz hat dies auf die schöne Formel von der „Mystik und Politik" gebracht, und Dorothee Sölle spricht von „Mystik und Widerstand".

Damit kann christlicher Religionsunterricht auch auf der spirituellen Ebene, die vielleicht einer stark individualisierten Religiosität noch am nächsten steht, den genuin öffentlichen Charakter der christlichen Religion qua ihres Bekenntnisses deutlich machen und unter Einbezug einer genuin spirituellen Dimension einen Gegenakzent gegen jede Form rein selbstbezüglicher Religiosität setzen, der es fast ausschließlich um einen Beitrag zum persönlichen Wohlbefinden geht.

Zum Abschluss soll noch einmal auf die Frage nach einem kirchlich gebundenen oder kirchlich ungebundenen Religionsunterricht eingegangen werden. Betrachtet man die bisherige Argumentation gerade auch in diesem letzten Teil, so stellt sich die Frage, ob es nicht – so ja auch die klassische Argumentation für einen kirchlich gebundenen Unterricht – Lehrkräfte braucht, die hinter dem, was sie vermitteln, auch mit ihrer Person stehen. Es ist möglich, von einem neutralen Standpunkt aus die Kernelemente des Christentums und anderer Religionen als auch neuerer Religiositätsformen auf der Ebene des Wissenserwerbs zu vermitteln. Das Problem stellt sich nicht bei der Wissensvermittlung, das Problem tritt an der Stelle auf, an der es um die Einübung von Riten, Praktiken und um die Ermöglichung von Erfahrung geht. Werden hier Riten, Praktiken kennen gelernt und vielleicht auch eingeübt, dann ist bei einem neutralen, ungebundenen Standpunkt die Gefahr gegeben, dass dies zu einer Vermittlung wird, die von der dahinter stehenden Tradition und religiösen Erfahrung losgelöst ist und so Gefahr läuft, zu reiner Technik zu werden. Ein kleines Beispiel soll dies illustrieren: Eine Zeit lang war es in katholischen Kreisen sehr beliebt, an Gründonnerstag Pessach zu feiern. Meines Erachtens ist das nicht möglich, da Christen trotz aller Nähe zur jüdischen Religion die Feier des Pessach nicht aus der jüdischen Tradition heraus begehen können. Und wenn dies nicht möglich ist, dann kann auch die religiöse Dimension des Pessach nicht in ihrer Tiefe und Bedeutung erfasst werden, die ihm, dem Judentum zusteht. Pessach zu feiern wird dann zu einem interessanten, leicht exotischen Erlebnis, das der notwendigen Wertschätzung gegenüber der jüdischen Religion nicht gerecht wird.

Dieses Beispiel macht deutlich, dass es mindestens der Vertrautheit der Lehrperson bedarf, wenn sie auf einer spirituellen/religiösen Ebene Erfahrungen ermöglichen will. Mit Blick auf die Vermittlung anderer Religionen heißt dass, das diese Vermittlung an einem bestimmten Punkt aus Wertschätzung gegenüber der jeweiligen Religion gegenüber stehen bleiben muss.

Hinsichtlich der Frage nach der Notwendigkeit eines bekenntnisorientierten Religionsunterrichtes bedeutet das, dass ein bekenntnisungebundener Religionsunterricht ein Unterricht ist, der vornehmlich auf der Ebene der Wissensvermittlung verbleibt, ja verbleiben muss. Dies ist nicht unmöglich, es bedarf nur der Klarheit über die damit einhergehenden Implikationen. Neutralität ist auf jeden Fall keine notwendige Voraussetzung für Toleranz gegenüber Andersdenkenden. Wie wir gesehen haben, ist gerade das Bewusstsein über die eigene Verortung und den eigenen Standpunkt eine wichtige Voraussetzung für Dialogfähigkeit, insbesondere im Hinblick auf den interreligiösen Dialog.

Will also die Kirche auch weiterhin ihrem qua ihres Bekenntnisses aufgetragenen Öffentlichkeitscharakters gerecht werden, kann sie sich nicht auf's Kerngeschäft zurückziehen, wie ihr dies ab und an empfohlen wird und manche kirchliche Kreise auch propagieren. Der Religionsunterricht stellt ihr eine wichtige Brücke zur Öffentlichkeit zur Verfügung, deshalb braucht die Kirche den RU. Aber auch der RU braucht die Kirche, um inhaltlich positioniert zu sein und kein Neutrum im Kanon der ordentlichen Lehrfächer.

---

[1] Hartmut von Hentig, Bildung, Ein Essay, München 1996, 58f.

[2] Zitiert nach Helga Kohler-Spiegel: Religiöse Bildung in der Schule. Reflexionen aus religionspädagogischer Sicht, in: Diess., Adrian Loretan (Hg): Religionsunterricht an der öffentlichen Schule. Orientierungen und Entscheidungshilfen zum Religionsunterricht, Zürich 2000, 187-199, 190.

[3] Loretan, Adrian: Plädoyer für eine Zukunft des Religionsunterrichts an öffentlichen Schulen, in Kohler-Spiegel, Helga, Ders.: Religionsunterricht an der öffentlichen Schule. Orientierung und Entscheidungshilfen zum Religonsunterricht, Zürich 2000, 247259,249.

[4] Jürgen Habermas: „Wann müssen wir tolerant sein?" Über die Konkurrenz von Weltbildern, Werten und Theorien. Festvortrag zum Leibniztag der Berlin-Brandenburgischen Akademie der Wissenschaften am 29. Juni 2002. Quelle: www.bbaw.de/schein/habermas.html.

Glauben ohne Bildung?

Was Schönheit sei, wisse er nicht, soll Picasso gesagt haben, und Roy Lichtenstein ergänzte später „aber ich erkenne sie, wenn ich sie sehe". So scheint es sich auch mit „Glauben" und „Bildung" zu verhalten.

Hermann Flothkötter

Bildung

Beide Begriffe scheinen trotz aller geistigen sozio-analytischen Anstrengungen, wissenschaftlich repräsentativen Umfragen unklarer und diffuser denn je. Aber dennoch wird Bildung vermessen, verordnet, standardisiert und in differenzierte Pläne verpackt. Seit Pisa heißt das Zauberwort Evaluation. Aber bevor Qualität untersucht und gemessen werden kann, müsste sie zunächst definiert werden. Die Virulenz des Begriffes „Bildung" hat auch dazu beigetragen, dass das Ansehen der Pädagogen und auch der „Pädagogik-Professoren" (abgesehen von dem hier in dieser Festschrift im Mittelpunkt stehenden Professor) in unserer Gesellschaft einen sehr niedrigen Wert erreicht hat. Zwar gibt es vielfältige historische Untersuchungen – aus der Antike bis Platon, aus der Mystik und von daher aus einem religiösen-philosophischen Kontext – die belegen, dass am Ende des 18. Jahrhunderts eine pädagogische Auffassung der Bildung durch Unterricht erfolgt.

Im Zuge der Aufklärung wird Bildung in einen politischen Kontext vor allem von Wilhelm von Humboldt konzeptualisiert. Bildung wird immer im gesellschaftlich-historischen Wandel gesehen und je spezifisch interpretiert. Bildung wird somit zu einem pädagogischen Begriff, aber auch zugleich als normativer Zielaspekt begriffen. Zum Grundanliegen des Bildungsverständnisses zählt die anthropologische Annahme, dass sich der Mensch reflexiv mit der Realität, der Welt, mit anderen Menschen und mit sich selbst auseinandersetzen und somit sein Leben gestalten kann. Der Mensch wird zu einem Konstrukteur seiner Biographie; dieser reflexive Mensch reagiert nicht nur auf äußere Reize, denn er kann ziel- und zukunftsorientiert handeln. Somit machen Freiheit und Verantwortung den Menschen zum Subjekt seiner Handlungen und seiner Einflussnahmemöglichkeiten. Schon vor 20 Jahren forderte Klafki daher „Allgemeinbildung als Bildung für alle zur Selbstbestimmung, Mitbestimmung- und Solidaritätsfähigkeit, als kritische Auseinandersetzung mit einem neu zu durchdenkenden Gefüge des Allgemeinen, als des uns alle angehenden und als Bildung aller uns heute erkennbaren humanen Fähigkeitsdimensionen des Menschen". Bildung ist nicht machbar, sondern ist immer das Ergebnis der persönlichen Anstrengungen, aber sie kann durch Rahmenbedingungen und durch organisierte Lernprozesse angestoßen und entsprechend gefördert werden. Bildung ist nie begrenzbar und kommt nie an ein Ende. Auch bei einem noch so qualifizierten „Bildungsabschluss" ist Bildung nicht abgeschlossen, weil Bildung immer teleologisch auf ein Mehr verweist. Bildung ist ein lebenslanger Prozess, der den Menschen in jeder Phase seines Lebens herausfordert. Jede Vereinseitigung, jede Verengung wirft Probleme auf. Nach Breloer verlangt „der gebildete Kopf nach der Bildung des Herzens ebenso nach der Bildung des Könnens". Ohne den Status Quo als Gegebenheit festzuschreiben hält Bildung die Spannung des menschlichen Lebens zwischen gesellschaftlichen Gegebenheiten und subjektiven Realisierungsformen offen.

Glauben

Durch diese knappen Hinweise wird deutlich, dass Bildung am ehesten durch „Beziehung" ermöglicht wird. Die Frage nach dem Was und Wie des Lernens ist so alt wie die Geschichte des Nachdenkens über Erziehung. In vorindustriellen agrarisch-handwerklichen Gesellschaften, war es klar, dass Kinder durch Nachahmungen versuchen, das Gleiche zu tun. Auch heute wird man kaum das Nachahmungslernen bestreiten. Die Frage heute stellt sich allerdings: Gibt es genügend Anschauungssubjekte? Auch für das religiöse Lernen gilt, hinschauen, nachmachen, einüben, ausprobieren ... Allgemeines und religiöses Lernen – so der phänomenologischer Befund – scheinen am ehesten „erfolgreich" zu sein, wenn es in „Beziehungen" geschieht.

Er-Ziehung erfolgt immer in Be-Ziehung. Das Grundproblem von Glaube und Bildung liegt gerade heute darin, dass weitgehend die natürlichen religiösen Beziehungen in Familien, Gemeinden, Milieus (vgl. u.a. die sogenannte Sinusstudie: Milieu-Handbuch. Religiöse und kirchliche Orientierung, Heidelberger Marktforschungsinstitut, Sinus-Soziovision) kaum mehr vorhanden sind und nach und nach ausfallen. Können Menschen Glaube und Bildung erfahren, wenn sie nur noch wenige attraktive Restbestände in ihrer Lebenswelt oder oberflächliche religiöse Aspekte in der Konsum- und Medienwelt wahrnehmen?

Paul Schladoth ist in seinem jahrzehntelangen Wirken als Priester, Professor, Ausbilder für Religionslehrer/innen, Referent in der kirchlichen Erwachsenenbildung und als Mensch aus seiner Beziehung mit Gott den Menschen intensiv verbunden. Auf allen Ebenen baut er Brücken zum Glauben, denn seine „lebendige Gottesrede" spricht Menschen an und zeigt nachdrücklich auf, was der biblisch-christliche Glaube mit dem real existierenden Leben zu tun hat. „Erfahrungswissen und Glaubenswissen sind zwei Seiten und derselben Münze", so Paul Schladoth. In seinem tiefen fundierten vom Leben inspirierten Überlegungen zur Vermittlung des Glaubens blieb trotz allen Wandels der Kern des Glaubens: Die Verkündigung der christlichen frohen Botschaft, die die Erfahrungen der Menschen heute, ihre Sprache und Denkgewohnheiten, ihre Ängste und Hoffnungen umfassend ernst nimmt. In Anlehnung an Karl Rahner bleibt für Paul Schladoth die grundlegende Leitfrage in allen Jahrzehnten erhalten: „Was hat der christliche Glaube überhaupt mit meinem Leben zu tun?".

Dieser Leitfrage müssen sich alle Religionspädagogen, in der Gemeinde tätigen Theologen, die neben- und ehrenamtlichen Katecheten/innen und die gesamte kirchliche Erwachsenenbildung immer wieder neu stellen. Was haben die zentralen Glaubenswahrheiten des christlichen Glaubens und was Glaube als Einstellung überhaupt den Menschen von heute noch (auch an Herausforderung) zu bieten, lautet die Kernfrage. Am Beispiel der Menschwerdung Orientierung und Identitätsfindung zu gewinnen, gehört zu den wichtigsten Aufgaben religiöser Bildungs- und Erziehungsprozesse. Als „Ebenbild Gottes" hat der Mensch Zugang und Teilhabe am großen „Seinsgeheimnis", das in seinem Innern und als tiefe Quelle vorhanden ist. Es müssen

Spuren Gottes im Menschen aufgedeckt und bewusstgemacht werden. Das Ziel der religiösen Bildung und damit des Glaubens besteht darin: Der Mensch soll sich selbst erkennen, damit er der wird, der er ist .... Mach's wie Gott, werde Mensch, lautet einer der religionspädagogischen Slogans. Jedem Menschen ist als Geschöpf Gottes „von Anfang an" die Bedingung der Möglichkeit einer Gotteserfahrung mitgegeben, wie Rahner es formuliert.

Religiöse Bildung
Darin liegt die umfassende Aufgabe und liegen die Chancen religiöser Bildungsarbeit auf allen Ebenen, in allen Milieus und bei allen Altersgruppen, nämlich unsere katechetische und theologisch-religiöse Praxis mystagogisch prägen zu lassen und mindestens ansatzweise eine „Anleitung", ein „Beispiel" in die Unmittelbarkeit der Gotteserfahrung zu geben. Eine solche „Gottesrede", die Leben und Glauben miteinander verknüpft, hätte die größte Chance, die Menschen zu erreichen. Paul Schladoth hat es immer wieder verstanden, Menschen zu ermutigen, sich auf eigene Erfahrungen mit Gott einzulassen. In der Tat bleibt die persönliche Gotteserfahrung für den Glauben jedes Einzelnen entscheidend. Trotz der in den 80er Jahren des vergangenen Jahrhunderts vielfach beschworenen „Glaubenskrisen", die durch eine „Sprachkrise" bedingt seien, die keineswegs gelöst sind, gilt es daran festzuhalten, dass niemand fester als die „Kirche", in der die Sehnsüchte und Glaubenserfahrungen langer Jahrhunderte gesammelt sind", den Menschen helfen kann, den Gott zu entdecken, den sie, ohne es zu wissen, immer schon in sich tragen.

Die „Glaubensvermittler" sind somit „Logopäden", „Hebammen" des Glaubens, der durch Bildung geprägt wird. Das Gelingen hängt – eine Binsenwahrheit, die auch immer wieder neu durchbuchstabiert und sich in der Praxis bewahrheiten muss – davon ab, ob sich religiöse Menschen ernsthaft auf das Leben der Menschen einlassen und sie zu Freiheit und Verantwortung im Leben ermutigen und ihnen helfen, ihren eigenen „spezifischen Weg" zu finden. Dabei steht die „Menschenfreundlichkeit Gottes" im Zentrum, die auch durch persönliche Beziehungen, durch das von uns geschaffene Klima, die von uns verbreitete ansteckende christliche Freude aufscheint. Dadurch wird das „Interes-

se" (Dabeisein, dazwischensein ....) Gottes an Menschen und seine un-
verbrüchliche Zusage „Ich-bin-da" erfahrbar.

Sich ein schönes Leben machen ...

Anknüpfend an zentralen Merkmale heutiger Menschen – Sehnsucht
nach einem erfüllten, ganzheitlichen, gelingenden Leben – könnten
wir Christen andere Sichtweisen, Perspektiven und Impulse vermitteln, die Leben in dieser Welt heute in Verantwortung zu sich selbst, zu
anderen Mitmenschen, zur Welt, zur Natur gestaltet werden könnten.
Der französische Philosoph Jacqes Lacan fasst den Menschen mit dem
einzigen Wort „Desir pure", der maßlosen Sehnsucht, die weder Raum
noch Zeit begrenzen kann, die alle Bereiche des Lebens – Liebe, Arbeit,
Armüsement – durchdringt. Gerade heutige Menschen leiden darunter, dass ihre Rechnungen immer offen bleiben, dass sie stets nach
mehr aus sind als stattfindet. Es ist das Leiden an der Endlichkeit, mit
der sich auszusöhnen (nach Erikson), eine der höchsten Leistungen in
der letzten Entwicklungsstufe des Menschen liegt. Es gehört zur Kunst
des Lebens in allen Kulturen, mit eben dieser maßlosen Sehnsucht des
menschlichen Lebens leben zu lernen.

Der Berliner Philosoph Wilhelm Schmid betont, dass der Erfolg seiner Bücher über die „Philosophie der Lebenskunst" mit der Zeitsitua-
tion zusammenhänge. Die Moderne war ein Projekt und ein Resultat
des Konzepts zur Aufklärung mit der bestimmten Idee: „Freiheit zu
realisieren, die in erster Linie als Befreiung verstanden wurde: Freiheit
von Bindungen, Traditionen, auch von Religionen. Diese Freiheit ist in
dieser modernen Gesellschaft weitgehend realisiert, aber damit ist keineswegs das Glück verbunden. Menschen scheinen jedoch ohne Bindung erneut unglücklich." Lebenskunst – ars vitae, vivendi – ist eine
bewusste Lebensführung und das Nachdenken darüber.

So können Glaube, Bildung, Sinn, Lebenskunst nicht nur „vermittelt" sondern nur erfahren werden. Dort, wo etwas mir Wertvolles ins
Leben gebracht wird (Frankl), wo ich etwas Partikulares in einem weiteren Horizont verstehen und bejahen kann.

Die Frage nach der Lebenskunst könnte in angemessener Weise den
Glauben ins Spiel bringen, denn wo sich das Leben nicht mehr von
selbst versteht – in der Moderne – stehen auch die zuvor orientieren-

den Traditionen in Frage, die zwar nicht mehr selbstverständlich gelten, aber sie sind deshalb weder naiv noch erledigt.

Die Glaubenstraditionen können zwar nicht mehr normativ vorgetragen werden, denn sie stehen als Denk- und Lebensmöglichkeiten durchaus in Konkurrenz zu anderen. Glaubenskommunikation gelingt, wo sich „inneres Gespür" und Glaubenssprache gegenseitig befördert. Christliche Sprache und Praxis sind dann glaubwürdig, wenn sie das „von Gott" im Menschsein ausdrücken helfen.

Grund und Ziel von Glauben und Bildung liegen darin, das eigene Leben nicht nur dahingehen zu lassen, es eben nicht äußeren, anonymen Mächten zu überlassen, sondern der Aneignung dieses Lebens alle Energie zu widmen, auch mit Bezug auf jene Möglichkeit des Lebens, die der Tod ist. Tod bedeutet nicht zwangsläufig, dass das Leben überhaupt, sondern dass es in dieser Form zu Ende ist. Der Tod ist als Grenze nicht verzichtbar, weil ihm die Begrenzung des Lebens zu verdanken ist; denn wenn es diese Grenze nicht gäbe, könnte das Leben als gleich-gültig erscheinen.

Dem Leben ein Ziel zu geben, es optativ offen zu halten und sich ein „schönes Leben" zu machen, scheint der Sinn der Glaubens zu sein. Das in der antiken Philosophie als „das Schöne" bezeichnete ist ein ebenso faszinierender wie zerfließender Begriff. Schön ist das, was als bejahenswert erscheint. Die eigentliche Macht der Schönheit liegt nicht in der Perfektionierung oberflächlicher Glättung und Harmonisierung der Existenz, sondern in der Möglichkeit ihrer Bejahung. Damit kann das „Bejahenswerte" keineswegs nur das Angenehme, Lustvolle oder wie es im ausgehenden 20. Jahrhundert genannt wurde das „Positive" sein, sondern ebenso das Unangenehme, Schmerzliche „Negative", weil es die tiefere Erfahrung sein kann, die uns weiterbringt. Das Schöne umfasst das Misslingen, grundsätzlich bleibt entscheidend, ob das Leben insgesamt bejahenswert bleibt. Schön ist das, wozu das Individuum „ja" sagen kann, und der Glaube lädt uns ein, unser Leben so zu gestalten, dass es bejahenswert ist und bleibt. So beinhaltet Lebenskunst tatsächlich, sich ein schönes Leben zu machen im Sinne von „das Leben bejahenswerter zu machen" und hierzu eine Arbeit an sich selbst, am eigenen Leben, am Leben der anderen, an den Verhältnissen, Strukturen, die das Leben bedingen, zu leisten, um zu einem erfüllten Leben beizutragen, das nicht nur aus Glücksmomenten besteht und aus dem die Widersprüche nicht ausgeschlossen, sondern bestenfalls zu einer spannungsreichen Harmonie zusammengespannt sind. Dabei handelt es sich keinesfalls um ein „leichtes Leben", sondern eher um eines voller Probleme und Schwierigkeiten, die zu bewältigen sind, voller Widerstände, Komplikationen, Entbehrungen, Konflikte ... die ausgefochten oder ausgehalten werden müssen. Immer wieder neu den Versuch zu wagen, ein erfülltes Leben, das schön ist zu leben, erfüllt von dem Bewusstsein der Existenz und von der Erfahrung des Spektrums des Lebens, erfüllt vom vollen Genuss und Geschmack des Lebens ...

Erwachsenenbildung

Auf diesem kurz skizzierten Hintergrund wird noch einmal die dringliche Notwendigkeit und Unverzichtbarkeit kirchlicher Erwachsenen- und Familienbildung unterstrichen. Erwachsenenbildung in kirchlicher Trägerschaft ist Hoheitsaufgabe, Vollzug und Lebensgestalt Kirche. Sie dient dem Heil der Menschen, versucht den missionarischen Auftrag in der Welt von heute zu erfüllen, im Sinne des II. Vatikanischen Konzils die „Freude und Hoffnung der Menschen" aufzuspüren und dafür zu sensibilisieren, im Hören auf die „Zeichen der Zeit", Kirche und Glauben in der säkularen Welt präsent zu machen. Die Weitergabe der christlichen Botschaft ist ohne ständiges Bildungsbemühen nicht leistbar. Erst durch Bildung und Glaube umfassend ausdruckbar und in der Welt kommunikabel. Diese Form des kirchlichen Weltauftrages lebt von der Sendung und Berufung der „Laien-Christen" und von ihren je spezifischen Kompetenzen. Katholische Erwachsenenbildung vermittelt auf dem Hintergrund des christlichen Menschen- und Gottesbildes nicht nur Faktenwissen und Informationen, sondern eröffnet orientierende Perspektiven und Wege. Neben der praktischen Hilfe zur Lebensgestaltung liefert sie Interpretationshilfen zur Deutung des persönlichen, familiären, sozialen, politischen, beruflichen Lebens.

Leben soll gelingen, und der Mensch soll sich ein schönes Leben machen, wie oben ausgewiesen. Insofern ist katholische Erwachsenenbildung auch von den Weiterbildungsangeboten, die nicht expezit theologische Themen aufgreifen, religiöse Bildung. Erwachsenenbildung in kirchlicher Trägerschaft qualifiziert Menschen für die Teilhabe an Politik, Gesellschaft, Staat und Kirche. Als offene Angebote ermöglicht sie Begegnungen der Generationen, Menschen verschiedener Herkunft, unterschiedlicher Lebensstile und Milieus, verschiedener Religionen. Sie übt Toleranz ein und verstärkt die Einsicht in die umfassenden Rechte zur Menschenwürde. Kirche erfüllt durch „ihre Erwachsenenbildung" einen Öffentlichkeitsauftrag. Damit die Rede von Gott nicht an den Rand gedrängt wird, bietet sie ein Forum der kritischen Auseinandersetzung und der persönlichen Positionsbestimmung.

Bildung ohne Glauben ist wie das Brot ohne Salz.

Glauben ohne Bildung ist wie ein Haus ohne Fundament.

Christwerden durch Teilhabe

Dieter Emeis

1. Gemeindekatechese

Dem geläufig gewordene Doppelwort Gemeinde-Katechese geht eine Entwicklung im Gefolge der bundesdeutschen Synode in Würzburg voraus. Zwei zunächst noch nebeneinander herlaufende Initiativen fanden zusammen:

(1) In dem Beschluss „Die pastoralen Dienste in der Gemeinde" wurde die Gemeinde als konkreter Ort des Kircheseins ins Bewusstsein gehoben. Dazu wurde als Ziel formuliert, dass die Gemeinde insgesamt Subjekt ihrer Sendung ist und dass alle ihre Gaben einzubringen haben. Damit kamen Anstöße zur Wirkung, die auf A. Kirchgässner mit seinem Buch „Prinzip Gemeinde" (1962) zurückgehen. Sie verbanden sich mit Impulsen aus dem II. Vaticanum, durch die die Bedeutung der Ortskirchen herausgestellt wurde. Auch wenn dabei zunächst an die bischöflichen Ortskirchen gedacht war, war doch ein Prozess in Gang gesetzt, Kirche möglichst konkret zu denken und die Versammlung von Christen an einem Ort als Vergegenwärtigung von Kirche in denBlick zu nehmen. Diese Ortskirchen wurden „Gemeinde" genannt.

(2) In einer anderen Kommission der Synode wurde bewusst; dass bei der Frage der Glaubensweitergabe nicht nur an den Religionsunterricht der Schule zu denken ist. Zum einen darf das Lernen im Glauben nicht nur an die Heranwachsenden delegiert werden. Auch Erwachsene bleiben im Glauben Lernende. Zum anderen löste sich meistenorts die enge Verbindung zwischen Schule und Pfarrei auf. Der schulische Religionsunterricht bildete lange Zeit hindurch eine Einheit mit dem pfarrlichen Leben. Lehrerinnen und Lehrer sorgten sich zusammen mit den Priestern der Pfarrei gemeinsam um das Hineinwachsen der Kinder in das Leben der Kirche. Je mehr die Schule zu einer von der Lebenswelt des Glaubens getrennten Lernwelt wurde, desto deutlicher trat die Notwendigkeit zutage, auch in der Lebenswelt des Glaubens, also in der Gemeinde neu Lenprozesse anzulegen. Dies drängte sich besonders bei

den Sakramenten und hier zuerst bei der Frage der Erstkommunion auf. Die Mitfeier der Eucharistie sollte dort gelernt werden, wo sie anschließend weiter gefeiert wird. Das aus diesen Überlegungen hervorgegangene Arbeitspapier hatte den Titel „Das katechetische Wirken der Kirche". Es lag nahe, dass diese beiden Impulse der Synode in dem Doppelwort „Gemeinde-Katechese" zusammenfanden, auch wenn es anfangs noch wegen der negativen Erfahrungen mit dem herkömmlichen Frage-Antwort-Katechismus Widerstände gegen das Wort „Katechese" gab. Inzwischen zeigte der Erwachsenenkatechismus von Holland, dass Katechese auf einem hohen didaktischen Niveau nicht nur möglich, sondern auch bereits realisiert war.

2. Gemeinde als Voraussetzung und Ziel der Katechese
Schon früh wurde mitbedacht, dass die Verwirklichung der Gemeinde als Lebens- und Lernort intensive Erneuerungsprozesse braucht. (1) Sollte der Glaube in der Gemeinde erlernbar werden, dann setzte dies voraus, dass er so in ihr gelebt wird, dass davon Anziehungskräfte ausgehen. Dabei ist an die drei Grundfunktionen der Gemeinde zu denken. Die Diakonie muss so gelebt werden, dass davon Motivationen des Lernens ausgehen und Kompetenzen vermittelt werden. Die Martyria im Sinne des einander und anderen bezeugten Glaubens braucht eine Lebendigkeit und Sprache, die etwas von dem Licht des Evangeliums aufleuchten lässt. Die Liturgie muss so gefeiert werden, dass die Hofffnung, in der die Christen leben dürfen, gegenwärtig wird. Schon in den 60er Jahren des verg. Jahrhunderts betonten B. Dreher, A. Exeler und K. Tilmann, dass die Katechese nur mitteilen kann, was von den Erwachsenen überzeugt und überzeugend gelebt wird. Und dabei ist nicht einseitig, an die Eltern zu denken. Das Glaubenszeugnis der Eltern braucht das Umfeld einer lebendigen Gemeinde, in die Eltern ihre Kinder entlassen können, damit sie Glaubensgemeinschaft nicht nur als Familiengemeinschaft kennenlernen. (2) In dieser Perspektive kommt die Gemeinde als Ziel der Katechese in den Blick. Nach der Synode gab es die Erwartung, dass dort, wo das Konzept der Gemeindekatechese aufgegriffen wird, Impulse der Gemeindeerneuerung wirksam werden. Und tatsächlich wurde die Gemeindekatechese zu einem Ort, an dem – mancherorts viele – Er-

wachsene bereit waren, sich als Subjekte gemeindlichen Lebens einzubringen und für ihre Aufgaben als ehrenamtliche Katechetinnen und Katecheten zu lernen. Diese Entwicklung hält bis heute an, auch wenn die Reichweite der darin angestoßenen Erneuerung nüchterner und realistischer eingeschätzt wird.

3. Erfahrungen mit der Verwirklichung von Gemeinde und Katechese

(1) Der Synodenbeschluss über die Gemeinde ging noch davon aus, dass alle Christen der herkömmlichen Pfarreien für die Mitgestaltung und Mitverantwortung des Lebens der Gemeinde zu gewinnen sind. Es zeigte sich, dass eine Minderheit in den Pfarreien durchaus bereit und fähig ist, gemeinsames Christsein mit anderen zu leben. Eine Mehrheit aber will versorgt werden und verweigert sich Zumutungen, mit anderen Gemeinde zu werden. Dass diesem Phänomen unverfügbare gesellschaftliche Prozesse zugrundeliegen, wird inzwischen allgemeiner bewusst. In modernisierten Gesellschaften leben Menschen immer weniger in relativ geschlossenen Milieus, in denen sie ihren Lebensentwurf und ihre Lebenspraxis miteinander teilen. Sie leben in einem Plural von Lebenswelten und können sehr individuell entscheiden, welche Bedeutung die eine oder andere dieser Lebenswelten für sie haben soll. Für die Bereitschaft, mit anderen zusammen Kirche zu sein, müssen Menschen so von ihrer Berufung zum Christsein ergriffen sein, dass sie der gelebten Glaubensgemeinschaft Vorrang einräumen. Zu einem Taufbewusstsein in diesem Sinne finden nur Minderheiten in den herkömmlichen Pfarreien. Mehrheiten wollen wohl die Verbindung zur Kirche nicht ganz aufgeben. Sie wollen sich auch etwas von der Kirche für ihr Leben – vor allem für ihre Kinder - geben lassen. Sie nehmen den zeitlich begrenzten Kontakt in katechetischen Projekten auf. Danach aber gilt ihr vorrangiges Interesse den Lebensmöglichkeiten in anderen Zusammenhängen.

4. Orientierung am Prozess des Christwerdens

Diese Realität muss man zulassen und gleichzeitig dem katechetischen Auftrag der Kirche treu bleiben. Eine weltkirchliche Orientierungshilfe bietet dabei, wie die Enzyklika Evangelii Nuntiandi Stufen im Prozess des Christwerdens beschreibt. Ein Blick darauf lässt erkennen, was gegeben sein muss, damit es zu einer Weitergabe lebendigen Glaubens kommen kann.

(1) Menschen müssen Christen begegnen, an denen ihnen die anziehenden Lebensmöglichkeiten christlichen Glaubens an Gott nahekommen. Von ihnen müssen sie das Lebenszeugnis erhalten, das sie aufmerken lässt und sie dazu motiviert, den Grund christlich gelebter Hoffnung kennenzulernen.

(2) Dies geschieht im Wortzeugnis. Dabei ist zunächst an die Auskunft von Christen im Gespräch mit den Menschen gedacht, die beginnen, sich für das Christsein zu interessieren. Christen erzählen, wie es ihnen mit ihrem Glauben ergeht, warum er ihnen ganz wichtig ist und wie er ihnen leben hilft. Bezeugt wird dabei, wie im Glauben ein Licht leuchtet in einer Welt, die vielfältig vom Dunkel bedrängt wird.

(3) Durch das Lebens- und Wortzeugnis von Christen kann in Menschen das Verlangen aufleben, Anteil am Glauben der Christen zu bekommen. Wo Menschen diesem Verlangen nachgeben, kann man von einer fundamentalen Bekehrung sprechen. Das Verlangen ist von Gott selbst als Berufung zum Glauben gewirkt.

(4) Der nächste Schritt ist, dass die zum Glauben Berufenen bei einer Gemeinschaft von Christen darum bitten, dass diese sie an ihrem Glauben teilhaben lässt. Im Erwachsenenkatechumenat wird dann mitgeteilt, wie Christen ihren Glauben leben, feiern und bekennen. Die Gemeinschaft zwischen den Glaubenden und denen, die daran teilhaben wollen, wächst.

(5) Wenn in dieser Gemeinschaft das Elementare christlichen Glaubens geteilt wird und der Wunsch der Zugehörigkeit zur Kirche gefestigt ist, wird die Aufnahme in den Sakramenten von Taufe, Firmung und Eucharistie gefeiert. Die Lernzeit des Katechumenates f[hrt zur Feier der Eingliederung in die „Gemeinschaft am Heiligen" (gemeint ist die Feier der Eucharistie). Nach der Enzyklika zeigt sich das Gelingen der Teilhabe am Glauben der Kirche dann, wenn die neuen Christen sich an der Sendung der Kirche zum Lebens- und Wortzeugnis beteiligen. Durch das Christwerden werden neue Träger des Evangeliums gewonnen. Sie tragen das empfangene Licht unter die Menschen. Dieser idealtypische Weg des Christwerdens hat Erwachsene im Blick. Die Skizze lässt zugleich erkennen, was bei Kindern das Hineinfinden in kirchliches

Leben ermöglicht. (1) Kinder müssen dem anziehenden Lebens- und Wortzeugnis erwachsener Christen begegnen können. Zuerst wird dabei an die Eltern zu denken sein. An Eltern, an denen die tragende und inspirierende Kraft des Glaubens erfahrbar wird. Zugleich muss an Eltern die Bedeutung von Gemeinschaft mit anderen Christen aufgehen können. Das Zeugnis der Eltern ist erg'nzungsbedürftig. Und Kinder müssen in der Ablösung von Ihren Eltern Glaubensr'ume finden, in denen sie eine mit ihren Eltern begonnene Glaubensgeschichte fortsetzen können.

(2) Wenn Kinder durch Erfahrungen mit ihren Eltern oder auch mit anderen Erwachsenen (z. B. Lehrerinnen und Lehrer) und anderen Kindern (Freundinnen und Freunden) bereit werden, in christlicher Glaubensgemeinschaft zu leben, brauchen sie einen Ort, an dem man ihnen Anteil gibt an dem, was die Christen miteinander verbindet. Manches kann im Religionsunterricht der Schule möglich werden. Vor allem dann, wenn die Schule nicht nur als Lernwelt, sondern auch als Lebenswelt gestaltet wird und in einer Schulpastoral Raume eröffnet werden. in denen Glaubensgemeinschaft erfahren werden kann. Gleichwohl bleibt die Schule eine Welt, aus der die Heranwachsenden entlassen werden. Für die Fortsetzung und Entfaltung einer begonnenen Glaubensgeschichte brauchen sie andere Orte der Teilhabe am Glauben, Leben und Feiern der Kirche. Diese Einsicht lässt suchen nach „Glaubensorten" oder „Glaubensmilieus", die Kindern wie Erwachsenen eine Teilhabe ermöglichen, durch die sie Christen werden.

5. Die Gemeinde im Plural christlicher Versammlungen

Die Rede von der „Gemeinde als Lernort des Glaubens" bleibt für diese Suche zu allgemein. Es muss näher benannt werden, was bei dieser Wendung mit „Gemeinde" gemeint ist. Es kann gedacht sein an die Minderheit derer, die in der Pfarrei miteinander geteiltes Christsein leben. Wo und wie findet sich diese Minderheit? Nahe kommen sich die Christen in der Regel in kleineren Gemeinschaften. Darum spricht man gelegentlich von der Gemeinde als Gemeinschaft von Gemeinschaften. Die Gemeinde ist dann die Ebene des Kircheseins an einem Ort, in der kleinere Gemeinschaften zu der jeweiligen Ortskirche zusammenfinden - vor allem zur Feier der sonntäglichen Eucharistie. Lebendige Sonntagsgemeinden können für die, die Zugang zum „Geheimnis des Glaubens" gefunden haben, die Glaubensmilieus sein, in denen sie ihr christliches Leben zusammenfassen und neu inspirieren lassen. Inzwischen zeigt sich, dass sich auch unabhängig von den pfarrlichen Ortskirchen Christen zusammenfinden, die sich gegenseitig in ihrem Glauben starken und anregen und ihr Miteinander als gelebten Glauben erfahren. Dabei ist nicht nur an die neuen geistlichen Gemeinschaften zu denken, sondern auch an diakonale Projektgruppen, die in ihrer Praxis aus ihrem miteinander geteilten und gebeteten Glauben leben. Es gibt also Glaubensmilieus gleichsam zwischen den Gemeinden. Eine weitere Beobachtung wird wichtig: Für die Erfahrung von Kirche und damit auch für das Hineinwachsen in eine christliche Glaubensgeschichte gewinnen Zusammenkünfte oberhalb der Ebene der Gemeinden an Bedeutung: Versammlungen von Jugendlichen einer Region, eines Bistums oder sogar der Weltkirche; Wallfahrten verschiedener Gruppen zu Orten, mit denen fundamentale Glaubenserinnerungen verbunden werden; weiträumige Treffen von Vereinen und Verbänden, von Messdienern und Chören und anderes mehr. Die katechetische Aufmerksamkeit für die Gemeinde ist und bleibt wichtig, sie darf sich aber nicht auf die Gemeinde verengen. Theologisch wird dies bestätigt, wenn man der Herkunft des griechischen Wortes für Kirche im Neuen Testament nachgeht. „Ekklesia" ist in der griechischen Fassung des Alten Testaments die Benennung für die Versammlung des Gottesvolks, um die Wegweisung und die Zusage der mitgehenden Nähe Gottes zu empfangen. Wenn dieses Wort im Neuen Testament für die Kirche gewählt wird, kommt darin zum Ausdruck, dass Kirche die Versammlung von Menschen ist, die Gott durch das Evangelium als sein neues Volk zusammenruft. Diese Wirklichkeit der von Gott zusammengerufenen Versammlung ist nun sehr vielfältig. Es gibt die Versammlung von zwei oder drei Christen im Namen Jesu. Es können sich Christen vor Gott in Gruppen und Kreisen versammeln lassen. Das Lied „Gott ruft sein Volk zusammen" denkt an die sonntägliche Zusammenkunft zur Feier der Eucharistie. Nach oben können weitere Ebenen der Versammlung folgen bis hin zu weltkirchlichen Versammlungen etwa auf dem Petersplatz oder auch beim Weltjugendtag in Köln. Die Gemeinde ist eine Versammlungsebene von Kirche in einem Plural von Versammlungen, denen allen die Verheißung der Nähe des Auferstandenen gilt. Alle diese Versammlungen werden eigene Chancen und Grenzen haben, das Mitleben mit der Kirche f[r andere zu eröffnen und es erlernbar zu machen, wenn Menschen vom Ruf zum Glauben erreicht wurden.

6. Katechumenale Orte

Beim Nachdenken über das Lernen des Menschen wird unterschieden, was Menschen durch das Teilnehmen am Leben einer Kultur lernen oder was sie im organisierten Lernen – also in Schulen – lernen. Gelernt wird nicht nur, wo das Lernen geplant und organisiert wird. Das gilt auch für das Lernen im Glauben. Bei den vorhergehenden Überlegungen wird deutlich, dass alles kirchliche Leben eine katechetische Dimension hat – das Lebens- und Wortzeugnis von Christen und ihre vielfältigen Versammlungen, die Feier der Liturgie und die diakonale Zuwendung zum Nächsten in seinen unterschiedlichen Nöten, die Vergegenwärtigung der Geschichte Gottes mit Menschen in Büchern, Bildern und Liedern usw.. Dieses unorganisierte Lernen am kirchlichen Leben geschieht in Impulsen, sich überhaupt auf Kirche einzulassen. Es wirkt dann weiter im lebenslangen Lernen im Glauben durch das Mitleben mit der Kirche, wobei dieses Mitleben auch Zeiten und Orte bewussten Weiterlernens kannte und kennt. Davon zu unterscheiden ist das Handeln, das geplant und gezielt auf das Erlernen des Christseins gerichtet ist. Dieses geschieht im Katechumenat, also bei Erwachsenen in der Zeit, in der sie nach der Annahme ihrer Taufbitte in das Glauben, Leben und Feiern der Christen eingewiesen werden. Dabei geht es um ein ganzheitliches Lernen, das sowohl Informationen als auch die Einübung leibhaftigen Symbolhandelns, sowohl den Umgang mit Freude und Trauer als auch das Vertrautwerden mit biblischen Erinnerungen umfasst. Besondere Bedeutung haben die mit diesem Lernen verbundenen Liturgien, in denen das Geschenk und die Antwort des Glaubens gefeiert werden. Wie Erwachsene einen solchen Ort organisierten Lernens brauchen, so auch die Kinder. Wenn sie am Leben glaubender Eltern teilhaben, lernen sie zunächst unorganisiert fundamentale Grundvollzüge des Glaubens. Diese können dann im organisierten Lernen der Katechese aufgenommen werden. Manchmal kann der schulische Religionsunterricht ein katechumenaler Ort sein. Die Gemeinde selbst ist kein katechumenaler Ort, ist aber herausgefordert, Lernwilligen einen katechumenalen Ort anzubieten – seien es Erwachsene, Kinder oder Jugendliche. Dabei kann das Zusammenwirken mit anderen über die Grenze der Gemeinde hinaus wichtig oder sogar notwendig werden. Wo der Erwachsenenkatechumenat eingeführt ist, stellt sich nach der Lernzeit die Frage, wo die Erwachsenen das Christsein, in das sie hineingewachsen sind, anschließend zusammen mit anderen weiterleben können. Sie können nicht auf die Dauer in der katechumenalen Gruppe bleiben. Hier kommt erneut in den Blick, dass für das Christwerden Glaubensorte gebraucht werden – in den Gemeinden wie auch zwischen ihnen, unter der Gemeindeebene wie auch über ihr. Das gilt ähnlich dann auch für die katechetischen Zeiten mit Kindern und Jugendlichen. Die Erstkommunionkinder brauchen eucharistische Versammlungen zur Feier des Herrentages, in denen die Anfänge ihres eucharistischen Lebens weiterwachsen können. Die Firmlinge müssen Aufnahme finden in Glaubensräumen, in denen sie ihr Teilhabe an der kirchlichen Sendung leben können. So ist die Katechese in ihrer Wirksamkeit abhängig von einem gemeindlichen bzw. kirchlichen Leben, das sie eröffnen und in das sie abgeben kann.

Ankerpunkte

Erfahrungen von Heilung und Heil als zentrale Kategorien der Glaubensweitergabe

Carl Möller

Es ist Grundlage christlichen Glaubens, den Menschen nicht nur die Heilsbotschaft des Glaubens im Wort zu verkünden sondern durch die Tat zu bezeugen. Die Umsetzung des Glaubens im Alltag muss bzw. darf sich daran messen lassen, wie der Mensch auf dem Weg der Nachfolge Jesu in seinem geistlichen Reifungsprozess voranschreitet, der vor allem in der Verarbeitung, im Annehmen und im Heilen der jeweiligen Lebensverwundungen eines Menschen besteht. So erfährt der Mensch auch die Heilung der Gebrochenheiten seines Menschseins durch Gott, den Schöpfer allen Lebens.

Die Glaubwürdigkeit der Weitergabe des Glaubens steht im Spannungsverhältnis zwischen Gelingen und Scheitern dieses Auftrags Jesu für die Welt. Er selbst ist nicht nur Heilszeichen in der Welt, sondern auch konkreter Heiler der menschlichen Gebrechen wie z. B. Taubheit, Lahmheit, Blindheit etc. gewesen. Er hat es wie kein zweiter verstanden, den Menschen zu Heil und Heilung zu führen. Dieser Botschaft sind wir als Kirche bis heute verpflichtet. Ein Auftrag, der sich insbesondere auf unterschiedliche Bereiche pastoralen Handelns der Kirche bezieht.

Hier ein Beispiel bezogen auf die Frage nach Heilung im Rahmen des Wachstums innerhalb geistlicher Begleitung.

Ein Hilfesuchender, der in einer Lebenskrise steckt, ringt darum, mir auf die ihm gerade noch mögliche Art und Weise seine Schwierigkeiten zu vermitteln. Es stellt sich mir die Frage, ob es gelingt, Kontakt herzustellen, empathisch zu sein und so Impulse für einen Wandlungsprozess bei dem Ratsuchenden freizusetzen, den es dann eventuell noch zu begleiten gilt. Gefragt ist also meine Fähigkeit, mich und die Welt, in der ich gerade lebe, zurückzustellen, um mit dem Menschen zu sein, der sich mit seiner Bitte um Hilfe an mich wendet und jemanden braucht, der authentisch für ihn da ist, in diesem Fall für eine 56-

jährige Ordensfrau, die vor ca. 30 Jahren in einen sogenannten tätigen Orden eingetreten ist.

Heute lebt sie in einem kleinen Konvent und erlebt in sich immer dann eine tiefe Traurigkeit, wenn sie - vor allem von ihren Ordensoberen – getadelt wird. Sie zieht sich in sich selbst zurück, geht in die Kapelle, um Gott von ihrer Trauer mitzuteilen, und greift schließlich noch zur Gitarre. Mit diesem Mechanismus ist sie seit Jahren vertraut: *„Ich will immer alles gut machen"*, sagt sie, *„und ich will das aus tiefster Überzeugung."* Sie will dies, so bekräftigt sie, nicht nur, um die Anerkennung der Oberen zu erhaschen. Nein, sie ist seit ihrer Kindheit davon überzeugt, dass das so richtig ist: „Man hat eben alles gut zu machen". Diese Botschaft ihrer Kindheit fand Bestätigung in ihrer Ordenserziehung und wurde daher in ihrer Grundhaltung auf die Ordensoberen übertragen. Es gelingt nun im Gespräch mit ihr, diese Zusammenhänge bewusst werden zu lassen. Die Ordensfrau tastet sich dabei schrittweise an ihre Abwehr heran, die sie gegen die Botschaft, *„alles gut machen zu müssen"*, richtet. Sie entdeckt schließlich ihre Wut gegen jene, die dieses von ihr verlangt haben. Auf die Frage, warum sie diese Wut bisher nie geäußert habe, antwortet sie geradezu entsetzt: *„Ich darf doch weder gegen meine Eltern noch gegen meine Oberen wütend sein!"*

Diese Wut hat sie sich also nie gestattet. Das Frömmigkeitsideal, das sie von Kindheit an übernommen hat, u. a. enthalten im 4. Gebot: *„Du sollst Vater und Mutter ehren, auf dass es dir wohlergehe, und du lange lebst auf Erden"*, hatte das innere Verbot verursacht: *„Niemals darfst du deine Wut äußern".* Der Begriff ‚Ehre' wurde als bedingungsloser Gehorsam und Akzeptanz von widerspruchslosem Verhalten interpretiert.

So richtete sie ihre Wut stets nach innen. Es entstand immer wieder eine für sie unbegreifliche Trauer, mit der sie nun nicht mehr leben wollte. Die neuen Erfahrungen in einem kleinen, für sie ungewohnt aufgeschlossenen Konvent hatte dazu geführt, ihr Problem zunächst zu benennen, um dann nach einem Modus zu suchen, von dieser stets wiederkehrenden Traurigkeit befreit zu werden. Das Gespräch konnte ihr die Wut, die sie seit Jahren in sich trug, bewusst machen. Hierdurch befreit, fasste sie den Entschluss, diese Wut künftig zunächst einmal in ihrem Konvent zu äußern und zu beobachten, ob dann die Traurigkeit ausbliebe, was in behutsamen und durchdachten Schritten auch gelungen ist.

Dieses Beispiel zeigt eine erste wichtige Veränderung im Verhalten der Ordensfrau auf, die nun am Beginn eines umfassenden Wandlungsprozesses der inneren Heilung steht. Sie bewegt sich immer mehr fort von der depressiven Verstimmung hin zu mehr Erfahrung von Lebensfülle.

Es zeigt aber auch, wie verblendend und krankmachend religiöse Normen und Gesetze sein können, gleichwohl es immer auch Orientierung und Struktur geben muss.

Der Fall der Ordensfrau legt eine praktzierte Seelsorge offen, die den Menschen nicht die von Jesus zugedachte Heilung vermittelt, sondern nicht selten zu erheblichen psychischen Störungen und Erkrankungen geführt hat. Die Psychologie beschreibt sie teilweise als ‚Ekklesiogene Neurosen'.

Den Erkenntnissen der modernen Psychologie und Psychiatrie ist es u. a. zu verdanken, dass solche Zusammenhänge aufgedeckt werden konnten, und der Ruf nach einer sogenannten „Heilenden Seelsorge" auch unter den Pastoralpsychologen immer lauter geworden ist.

So stellt der Wiener Pastoralpsychologe Isidor Baumgartner seinem Buch **„Heilende Seelsorge in Lebenskrisen"** folgende Zeilen von Jörk Zink voran:

Ich wünsche dir nicht
dass du ein Mensch sei'st
rechtwinklig an Leib und Seele
glatt und senkrecht wie eine Pappel
oder elegant wie eine Zypresse.
Aber das wünsche ich dir,
dass du mit allem, was krumm ist an dir
an einem guten Platz leben darfst
und im Lichte des Himmels,
dass auch
was nicht gedeihen konnte,
gelten darf
und auch das Knorrige
und das Unfertige
an dir und deinem Werk
in der Gnade Gottes Schutz findet.

Zu dieser Aussage formuliert Baumgartner folgende Frage:

„Hast du das Gefühl, dass du mit allem, was an dir gebrochen, halbherzig, dunkel und unfertig ist, einen guten Platz in deiner Glaubensgemeinschaft gefunden hast, dass all' dem, was in dir nicht reifen, sich nicht entfalten, sich nicht zu einem gelungenen Leben wandeln konnte, sich Räume der Annahme und Geborgenheit eröffnet haben in jener Gemeinschaft, die du vielleicht nicht immer, aber doch noch, vielleicht noch gerade, vielleicht auch nur bis vor kurzem deine Kirche, deine Gemeinde nennst oder genannt hast?" (Isidor Baumgartner, Heilende Seelsorge in Lebenskrisen, Freiburg 1998, S. 148 ff)

Diese Frage möchte ich – wie folgt – umformulieren:

„Hast du in deiner Glaubensgemeinschaft, deiner Kirche wenigstens ein Stück jener Heilkraft erfahren, welche dir durch Jesu Leben in Wort und Tat verheißen ist. Hast du in den Repräsentanten des Glaubens einen Widerschein des Heils, der Heilszusagen Jesu aufleuchten sehen?

Oder gehörst du zu denen, die zwar die Heilkraft des Glaubens noch erahnen, aber ihr Ringen in Gleichgültigkeit und Resignation haben einmünden lassen?"

Es gibt zu viele Menschen, die jahrelang innerhalb von Kirche und Gemeinde ihren Glauben zu leben versucht haben und sich dort in ihren teilweise doch sehr tiefen Lebensverwundungen nicht angenommen gefühlt haben: zu viele fühlen sich ausgegrenzt.

Inneres Gekränkt- und Gebrochensein, Daseinsangst und Sinnmangel ebenso wie äußerlich sichtbare Gebrochenheiten durch gesellschaftliche und kirchliche Ausgrenzung in den allseits bekannten und oft benannten Bereichen wie z. B. als Geschiedene, Widerverheiratet-Geschiedene, Leben in vorehelicher oder außerehelicher Partnerschaft, Homosexualität, Suchtschädigung usw. zeigen deutlich die grundlegende Erlösungs- und Gottesbedürftigkeit des Menschen, die tragende Antworten gerade im Denken und Handeln der Kirche und ihrer Gläubigen finden sollten.

„Wo Religion in den Dienst lebensverneinender und leibfeindlicher Kräfte gestellt wird, führt sie unweigerlich in Krisen und Konflikte, die manchmal nur noch dadurch gelöst werden können, dass sich der Glaubende um seines gesunden Menschenverstandes willen in die Glaubenslosigkeit rettet; es sei denn, es gelingt ihm ... auf eine neue, tiefere Erfahrensebene durchzudringen, wo trotz wiedergefundener Lebensbejahung eine authentische Lebenserfahrung gemacht werden kann." (T. Raab, Hilft Psychologie glauben? Freiburg 1998 S. 12)

Die Praxis zeigt allerdings oft das Gegenteil. Unzählige Menschen legen mir in Gesprächen ihre Verwundungen offen, mit denen sie in der Kirche zu wenig Raum des Vertrauens und Verstehens finden, oder die sie eindeutig durch die Kirche und ihre Repräsentanten, ob nun durch LaienseelsorgerInnen, Priester oder Ordensleute, erlitten haben.

Aber auch jenen, die auf der Suche nach authentisch religiösen Erfahrungen sind, werden zu wenig Räume eröffnet, in denen sie in diese von Gott selbst geschenkte Gnade des Glaubens hineinwachsen könnten.

Wo, so fragen sich heute auch viele Theologen, ist eine Seel-Sorge, in der die Menschen wieder erfahren, dass der Gott Jesu Christi einer ist, der mit mir durch alle Dunkelheiten meiner Biographie in Liebe geht, die mich ganz annimmt und so zu einer in der Tiefe meines Inneren befreienden und tröstenden Erfahrung wird.

Es gilt, die große Sehnsucht der Menschen nach Lebenshäusern ernst zu nehmen, in denen Menschen durch Krisen hindurchgehen und daran wachsen dürfen, um mit sich selbst und ihren Mitmenschen Frieden schließen zu können. Diese Lebenshäuser sollten in erster Linie die Pfarrgemeinden sein mit dem Haus Gottes, der Kirche, in ihrer Mitte. Dazu bedarf es dringend der Neukonzipierung der Inhalte der unterschiedlichsten Gemeindegruppen hin zu mehr geistlich-geistiger Tiefe, die der Sehnsucht der Menschen entspricht, wieder konkreter und vertiefter aus dem Geheimnis des Glaubens zu leben. Die Fokussierung gilt für alle katechetischen Ansätze in Gemeinden, die gesamte Sakramentenkatechese ebenso wie für die Intensivierung von Glaubenskursen und profilierten Angeboten zur Einübung in geistliches Leben, sprich: Durchdringung der Seelsorge durch Mystagogie. Die Katechese impliziert dann den seel-sorgerischen Auftrag. Die Vorbereitung durch die Katechese führt zu einem vertieften Erleben der Rituale unseres Glaubens, die auf eine erneuerte Sinndurchdringung warten. Der sinn-volle Einsatz der in den Ritualen enthaltenen Symbole führt zu stinn-stiftenden Momenten sowohl der Initianten als auch aller am Ritual Beteiligten. Das stellt den Menschen unmittelbar auf die Spur des Heils im Glauben. Das würde eine Seelsorge bedeuten, die zunächst sich befreit von einengenden normativen und zu dogmatischen Aspekten, um unvoreingenommen für die Seele des Menschen, eines suchenden und ringenden Gemeindemitgliedes beispielsweise, zu sorgen. Mit Offenheit und Wachsamkeit schaut sie auf die neuesten Entwicklungen im interdisziplinären Dialog, auf die Begegnung der Humanwissenschaften mit der Theologie ebenso wie auf die interreligiöse Auseinandersetzung.

Seelsorgerinnen und Seelsorger in Gemeinde und Gesellschaft würden jenes Profil widerspiegeln, das Rolf Zerfaß schon vor Jahrzehnten so formuliert hat und in dem ich nicht Überforderung sondern nur positive Herausforderung entdecken kann:

„Ein Seelsorger ist ein Mensch, der ansprechbar und einsatzbereit, verschwiegen und verlässlich, verantwortungsbewusst und aufrichtig ist. Er versteht etwas vom Leben und seinen Aporien, verschanzt sich nicht hinter Paragraphen, hat selber ein Gewissen und wagt, auch andere auf ihr Gewissen hin anzusprechen.

Alle diese Eigenschaften haben mit der ‚Persönlichkeit' des Seelsorgers zu tun, d. h. sie wurzeln in einer Dimension, die weder durch sakramentale Weihe noch durch pastoralpsychologische Gesprächstechnik ersetzbar ist; sie ist vielmehr ... die Voraussetzung dafür, dass jemand ein Amt in der Kirche übernimmt. ... Wahre Seelsorge darf nicht als Betreuung oder gar als Bevormundung des anderen begriffen werden, sondern nur als Begleitung, d. h. als der Versuch, an seiner Seite zu bleiben: „Ich werde da sein als der, der ich da sein werde (Ex 3,7)." (Rolf Zerfaß, Menschliche Seelsorge, Freiburg 1985[2], S. 98f)

Resultierend aus den Lebensbewegungen des eigenen geistlichen Weges, aus den heilenden Erfahrungen, die Geschenke der Liebe Gottes sind, entwickelt sich der Seelsorger zu jemandem, der zunehmend die „Geister zu unterscheiden" gelernt hat. Er weiß um die zerstörerischen Mächte ebenso wie um die lebensfördernden, heilenden Kräfte der Religion. Er verkörpert die Grundhaltung Jesu, dass das Gesetz den Menschen zu dienen hat und nicht umgekehrt.

Die zerstörerischen Mächte, die in jeder Religion verankert sind, müssen analysiert, erkannt und bekämpft werden. Es bedarf weiterer grundlegender Schritte weg von einer Seelsorge, die krank macht, weil sie den Menschen in seiner Individualität und in seinen Verwundungen nicht ernst- und annimmt. Heilende Seelsorge sucht den Weg der Versöhnung des Menschen mit sich selbst, mit den Mitmenschen und mit Gott.

Schon die Katechese innerhalb des Modells einer heilenden Seelsorge wählt die heilende Zuwendung Jesu allen Leidenden gegenüber zur Grundlage ihres Handelns und stützt sich primär auf die lebensfördernden Aspekte der biblischen Botschaft.

Es ist eine wesentliche Erfahrung unzähliger Seelsorger, dass die Ratsuchenden als Schlüsselfrage ihrer Krise in der Regel die Sinnfrage stellen. Wie schon Carl Gustav Jung, der Begründer der Analytischen Psychologie als Ergebnis seiner therapeutischen Erfahrung festgehalten hat:

"Unter all meinen Patienten jenseits der Lebensmitte, d.h. jenseits der 35, ist nicht ein einziger, dessen endgültiges Problem nicht das der religiösen Einstellung wäre ... Und keiner ist wirklich geheilt, der seine religiöse Einstellung nicht wieder erreicht." (C.G. Jung, Ges. Werke Bd. 11, Olten, Freiburg, ²1973, S 263).

Diese Aussage impliziert zunächst, wie dicht die humanwissenschaftlichen Erkenntnisse insbesondere die Psychologie und die Theologie in ihrer eigentlichen religiösen, d. h. ans Transzendente rückbindenden Kraft beieinanderliegen und eher zu einer sich gegenseitig befruchtenden Kooperation als sich einander ausgrenzenden Auseinandersetzung gerufen sind, ohne dass sich die Theologie von der Psychologie verführen lässt. Diese ja nicht neue Forderung nach einer besonderen Betonung eines ausschließlich gütigen, liebenden Gottes ist in weiten Bereichen der Glaubensvermittlung in den letzten Jahren umgesetzt worden. Dass es gleichzeitig dabei wiederum zu einem einseitigen Gottesverständnis gekommen ist, mag zwar als Reaktion auf die Strenge und Kälte dunkler Gottesbilder verständlich sein, erspart aber nicht die Notwendigkeit einer kritischen Distanz jener Auffassung gegenüber, die das Gottesbild geradezu weich gespült hat.

Hierauf verweist Ludger Schulte in seinen ‚Gottes Einfällen', wenn er diese Tendenz der nachkonziliaren Zeit in Frage stellt. „Denken wir nicht viel zu brav von Gott? Zu „selbst" - verständlich? und als Antwort Franz Kamphaus zitiert:

Glauben wir zu sehr „an einen Gott, der zu uns passt und der uns passt?" Der passende Gott ist allemal durch das Kreuz Jesu als Götze entlarvt. Nein, wir haben mit einem Gott zu rechnen, der uns oft gar nicht passt, der uns quer kommt, der uns nicht einfach nur ein Inne-werden unseres Selbst vergönnt, ohne jedes Erschrecken, der uns nicht nur jubeln, sondern auch schreien lässt. Dieser Gott kann nicht wegre-formiert werden, um das Christentum verträglicher zu machen. Wer die Gottesfurcht preisgibt, der wird durch Menschenangst überrollt." (Franz Kamphaus, Wenn Gott in die Quere kommt, Freiburg 2000, 98 ff)

Sowohl das Ringen mit Gott in der existentiell zu stellenden Frage: „Wer bist Du?" und „Wer bist Du vor allem für mich?" als auch die zahl-reichen Wandlungen in den Antworten Gottes im Laufe meines Lebens sind die entscheidenden Impulsgeber für eine Theologie des Weges als Basis eines geistlichen Lebens; Herausforderung also, eben nicht in voreiligen Antworten, in die statische Enge von Fundamentalismen zu verfallen.

Glaube geht!

So ist es für Ludger Schulte wichtig, die Attribute eines liebenden Got-tes aus der ‚Glaubenskuschelecke' herauszuholen und auf die Gefahr einer allzu subjektiv angepassten Individualisierung hinzuweisen.

„Liebe will den anderen wirklich. Deshalb handelt die ganze Bibel auf jeder Seite von der Liebe Gottes fast ohne das Wort zu gebrauchen. Es geht um Liebe, nicht um Marmelade. Diese Bibel handelt von einem dramatischen Ringen Gottes mit dem Menschen und des Menschen mit Gott. Das geht an die Substanz. Das ist Selbsteinsatz bis zum Letz-ten." (Ludger Schulte, Gottes Einfälle, Frankfurt a.M. 2006, S. 19)

Glaube bewegt!

Für ein Leben, das aus dem christlichen Glauben heraus nach Gestal-tung drängt, das sich ausstreckt nach einem ‚Leben in Fülle', Jesu Ver-heißung gemäß, bedarf es des Wachsens und Reifens hin zu einem gesunden Selbstbewusstsein, um diesem Ringen als Glaubender überhaupt standzuhalten; es bedarf der Fähigkeit, sich dem Wagnis der Freiheit zu stellen, auf der Basis der Freiheit die Entschiedenheit im Glauben überhaupt leben zu können; erst dann entwickeln sich aufrechte Demut und hingebende Ehrfurcht.

Die Umsetzung einer Seelsorge, die den Menschen wieder zum Erleben von Heil und Heilung im Glauben führt, vollzieht sich nicht, ohne einer tiefgreifenden, kontinuierlichen Wandlung als Lebensprozess durch den Tod hindurch zuzustimmen. Die Vermittlung dieser Grundsätze muss bereits in der Glaubenserziehung der Kinder beginnen, sich in Schule, Unterricht und Erstkommunionkatechese fortsetzen. Das Vertrauen in diesen großen Wandlungsprozess allen Lebens auf Gott hin will schon früh im Alltag eingeübt sein. Um das Prinzip der Wandlung anhand der Lebensgeschichte Jesu Christi selbst kennen zu lernen und für den Menschen erfahrbar zu machen, können in Unterricht und Katechese mystagogische Elemente zum Einsatz kommen, wie z. B. die Bibelimagination, die man durchaus als Fortentwicklung einiger Elemente der ignatianischen Exerzitien bezeichnen kann oder auch das sogenannte bibliodramatische Gespräch, welches zu einer sehr persönlichen und bereichernden Erfahrung mit biblischen Texten führen kann, ohne in persönlichen stecken bleiben zu müssen.

Das Einüben eines täglichen Exerzitiums ist eines der wesentlichsten Elemente der geistlichen Begleitung, um durch konkretes geistliches Tun, angelehnt an die Struktur mönchischen Gebetslebens, sich dem Geheimnis des Glaubens zu nähern und den Alltag auf Gott hin zu fokussieren.

So werden endlich vermehrt wieder Räume geschaffen, in denen Glaubenserfahrung zur konkreten Erfahrung von Heilung wird.

Glaube geht
Glaube bewegt
Glaube wandelt ... Schritte des Glaubens, die nur möglich sind, weil der Kern gleichzeitig beständiger verlässlicher Urgrund des Glaubens, der Fels in der Wandlung ist.

Compassion

als diakonische Basiskompetenz und religionspädagogisches
Lernziel

Vera Krause / Hermann Steinkamp

Der Begriff „Compassion" erlebt in den letzten Jahren eine ebenso
unverhoffte wie bemerkenswerte Konjunktur. In der religionspädagogischen Diskussion[1] wird er als Gegenakzent zur kognitiv-instru-
mentellen Ausrichtung schulischer Lernzielkataloge behauptet und
eingefordert. Gleichzeitig taucht auch in einem neueren diakoniewis-
senschaftlichen Diskurs[2] die Frage auf, ob Compassion als eine diakonische Basiskompetenz zu gelten habe und daher in der Ausbildung
bestimmter Berufsgruppen einen zentralen Ort bekommen sollte.

(Aus-)Bildung wurde in der Tradition der europäischen Kultur vor-
rangig über Wissen und Fertigkeiten definiert. Dies galt über Jahrhunderte als so selbstverständlich, dass erst die Ambivalenzen der elek-
tronischen Revolution, die Überschwemmung mit Informationen und
„Wissen" aller Art sowie die Probleme ihrer humanen Bewältigung uns
diese Schlagseite unseres Bildungsverständnisses vor Augen führen.
So wurde auch Intelligenz bis in die jüngste Vergangenheit fast ausschließlich als kognitive Kompetenz definiert. Erst spät wurde die Psychologie darauf aufmerksam, dass es so etwas wie emotionale Intelligenz gibt, die für unser Zusammenleben und die Entwicklung unserer
Gesellschaft (unserer Kirche) mindestens genau so wichtig erscheinen.
Auch diese späte Erkenntnis wird zur Konjunktur des Begriffs Compassion beigetragen haben, insofern er den fehlenden Gegenakzent
benennt: die Fähigkeit, sich in andere Menschen hineinzuversetzen,
an ihrem (gebrochenen) Leben Anteil zu nehmen, mit ihnen zu fühlen, ihr Leid zu „verstehen" und, wenn nötig und möglich, es zu teilen.
Dieser Gedanke ist bereits in der Präambel der Pastoralkonstitution
des Zweiten Vatikanischen Konzils indirekt formuliert: „Freude und
Hoffnung, Trauer und Angst der Menschen, besonders der Armen
und Bedrängten aller Art, sind auch Freude und Hoffnung, Trauer und

Angst der Jünger Jesu" (GS 1). Man kann den Satz im Sinne des Compassion-Gedankens verstehen: dass Christen das Leben der Menschen teilen, in ihrer Freude wie in ihren Nöten, vor allem das der Armen und Bedrängten – und auch dort, wo sie selbst davon (anscheinend) nicht betroffen sind; dass Christen alle Menschen zu Mit-Menschen, zu ihren Nächsten werden lassen, auch die, die nicht „dazu" gehören – was immer auch die Trennlinie ausmacht: Religionszugehörigkeit, moralischer Anspruch, politische Gesinnung, Behinderung, Krankheit, sozialer Status, Nationalität, Lebenskultur ...

Im Umkreis der Diakonie setzt die Diskussion um Bedeutung und Stellenwert von Compassion bei einer sehr konkreten Frage an: Welche Mitarbeiter/innen brauchen die Kirchen, braucht Diakonie in der Zukunft? Diese Frage wird in den letzten Jahren immer häufiger gestellt, meist mit einem besorgten Nebenton: Können wir von Sozialpädagoginnen oder Heimerziehern, von Ärzten oder Therapeutinnen noch jene spezifische Motivation erwarten, gar eine Spiritualität, die „das Christliche" nicht nur in der Begegnung mit dem Patienten, der Heimbewohnerin, in der täglichen liebevollen Zuwendung lebt, sondern ggf. auch in der Öffentlichkeit diakonischer bzw. karitativer Einrichtungen sowie in der politische Debatte zur Sprache und zum Tragen bringt? Wie ist damit umzugehen, dass die Zahl derjenigen ständig zunimmt, die bei der Diakonie „nur" einen Arbeitsplatz (und nichts weiter) suchen? Kompetentes Personal, ohne Zweifel, aber eben nicht mehr an jenem „Stallgeruch" zu erkennen, den man mit Orten wie Bethel, Hephata oder Kaiserswerth verbindet? – Nehmen wir die Ausgangsfrage mit herüber in die Handlungsfelder der Religionspädagogik, auch der außerschulischen: Was für Religionslehrer oder Katechetinnen, Hochschullehrerinnen oder Priester brauchen wir in der Zukunft? Mit welchen Ressourcen der eigenen religiösen Tradition kann ein vernehmbarer Beitrag zu der Art von (religiöser) Bildung geleistet werden, die zur verantwortlichen Gestaltung eines gemeinsamen guten Lebens aller – dem „Leben in Fülle" (Joh 10,10) – befähigt?

Compassion als diakonische Basiskompetenz, als religionspädagogisches Lernziel: Hier geht es neben Spiritualität, Ethik, sozial-politischer Sensibilität oder guter Gesinnung um ein weiteres, nämlich um Kompetenz, um Basiskompetenz gar – also unverzichtbar und insofern einzufordern! Wenn dies so ist, dann müsste sie erlernbar wie lehrbar sein und einen Platz in den Curricula der Schulen, Ausbildungsstätten, Universitäten und Priesterseminare bekommen, in letzter Konsequenz „Prüfungsstoff" werden.

1. Compassion - zur Konjunktur eines vieldeutigen Begriffs

Als Auslöser der gegenwärtigen Konjunktur des Begriffs „Compassion" kann das Buch des amerikanischen Theologen Matthew Fox gelten, das 1990 unter dem Titel „A spirituality named Compassion" veröffentlicht wurde und erstmals 1994 in deutscher Übersetzung erschien: „Mitfühlen, Mitdenken, Mitfreuen. Compassion – Die neue Verantwortlichkeit des Menschen an der Schwelle zum nächsten Jahrtausend". Der ehemalige Dominikaner umreißt darin die psychologischen, ökonomischen, politischen und ökologischen Dimensionen einer „neuen Spiritualität" in einer „Welt der wechselseitigen Abhängigkeiten, in der es so etwas wie privates Heil nicht mehr gibt" (Klappentext). Der Begriff Compassion klingt dabei für angelsächsische Ohren ähnlich unverdächtig wie seine Bedeutung in den lateinisch-iberischen Sprachen eindeutig ist (z. B. spanisch: compasión, portugiesisch: compaixao). Die deutsche Übersetzung bereitet dagegen offenkundig Schwierigkeiten: „Mitleid" oder „Mitgefühl" sind mit Assoziationen belastet, denen der deutsche Titel „Mitfühlen, Mitdenken, Mitfreuen" zwar zu entkommen versucht, aber dabei eher auf das Dilemma hinweist, wie schwierig es ist, e i n geeignetes Wort zu finden. Darum benutzen viele das Wort Compassion unübersetzt. Ein weiteres Problem deutet sich in der Kennzeichnung von Compassion als „neue Verantwortlichkeit" an, d. h. die deutsche Übersetzung dessen, was Matthew Fox „Spiritualität" nennt, gerät zur „Ethik".

Der folgende Versuch, Compassion (auch noch) als „Kompetenz" zu verstehen, erhöht die Komplexität des Begriffs, erweitert aber seine Bedeutung um einen Aspekt, der uns unverzichtbar erscheint: Compassion ist die Haltung, dass man v.a. das gebrochene Leben, welcher Art und aus welchem Grund auch immer, nicht unberührt hinnimmt. Diese Haltung kann man lernen und kompetent in engagierter Mitmenschlichkeit – beruflich wie privat – zum Ausdruck bringen. Man kann zu Compassion ermutigen und Erfahrungsräume öffnen, die nicht sentimentale Betroffenheit für den Moment auslösen, sondern nachhaltig zu selbstständigem, begründetem, sozial-verantwortlichem Handeln führen können. Das soll vorab anhand zweier Prozesse veranschaulicht werden, die in den letzten Jahren unter dem Begriff „Compassion" in Gang gekommen sind und erfreulich viel Aufmerksamkeit erhielten:

1.1 Compassion – Sozialverpflichtetes Lernen und Handeln[3]

Als „Compassion-Projekt" starteten vor einigen Jahren (1994 erstmals beschrieben und vorgestellt[4]) zunächst Schulen in kirchlicher Trägerschaft der Erzdiözese Freiburg eine Initiative, die die Entwicklung und Stärkung sozialverpflichteter Haltungen unter Schüler/innen zum Ziel hatte. Ausgang des Compassion-Projekts war die Wahrnehmung eines sozial-moralischen Defizits: dass eine zunehmende Individualisierung der Lebenseinstellungen, Lebensentwürfe und Lebensformen eine Entsolidarisierung der Gesellschaft fördere und Prosozialität verdränge. Die Initiatoren des Compassion-Projekts schlossen sich damit im Kern der Analyse von Helmut Klages[5] an, der einen Wandel von einer Pflicht- und Akzeptanzmoral zu einer Moral sieht, in der soziale Regeln nur noch so lange „gelten", wie sie den Interessen des Einzelnen nützlich sind; diesen Wertewandel bezeichnet Klages als eine der „Grundtatsachen des modernen Lebens". Das Compassion-Projekt will diese Entwicklung der Moderne nicht einfach ungeschehen machen. Das wäre Ausdruck einer rückwärtsgewandten Pädagogik – und schlichtweg weltfremd. Vielmehr geht es um soziale Haltungen, ohne die keine Gesellschaft auf Zukunft hin bestehen kann. Es geht um die Frage nach der Chance wie den Möglichkeiten sozialen (moralischen) Lernens, durch die die Notwendigkeit sozialverpflichteter Haltungen entdeckt und eingesehen werden können.

Diesem Ziel dient ein für alle Schüler/innen verpflichtendes, in der Regel zweiwöchiges Praktikum in einer sozialen Einrichtung, das eng verzahnt ist mit vor- und nachbereitendem Fachunterricht. Dieser begleitende Unterricht[6] macht einen ganz wesentlichen Teil des Compassion-Projekts aus: Hier werden ethische, gesellschaftliche, religiöse, philosophische, biologische, ästhetische, medizinische, sozial-politische oder historische Themen und Fragen aufgegriffen; hier können die Schüler/innen ihre Erlebnisse und Erfahrungen – oder im Vorfeld des Praktikums ihre „Befürchtungen" – verstehen, bewerten und gewichten lernen, um sie schließlich in Handlungsdispositionen zu überführen. Das Compassion-Projekt verbindet also die erlebnispädagogische Maßnahme des Praktikums mit reflektierendem Unterricht. Dahinter steht die Einsicht, dass erlebnispädagogische Maßnahmen allein nicht zwangsläufig zu neuen (ethischen) Haltungen führen. Vielmehr basieren selbstständige ethische Haltungen aus Einsicht und Vernunft. Gefühle stellen sich ein oder nicht. Gefühle, selbst ein Hochgefühl des Helfens, wechseln oder verpuffen gar, ebenso wie Erlebnisse, die nicht erinnert, reflektiert und im Gedächtnis verankert werden, so eine Grundannahme des Projekts. Deshalb geht es beim Compassion-Projekt nicht um die Erzeugung von Gefühlen in bestimmten sozialen Kontexten, sondern um ihre Bewertung und die Einschätzung ihrer Handlungsbedeutsamkeit.

Das Compassion-Projekt ist mehr als „nur" ein Gegen„akzent" zur einseitig kognitiven Wissensvermittlung in der Schule. Es verändert die Schulorganisation, den Ablauf eines Schuljahres sowie den Unterricht. Es öffnet auf Lebenswelten hin, die in der Schule – und meist auch im direkten Umfeld der Jugendlichen – so nicht vorkommen: die Welt kleiner Kinder, alter Menschen, kranker Menschen oder so genannter „behinderter" Menschen; die Welt armer Familien, asylsuchender oder obdachloser Menschen; die Welt von Suchtkranken – und deren Angehörigen. Compassion wendet den Blick also weg von den Gewinnern hin zu den Verlierern der Gesellschaft. Compassion will die Schüler/innen nicht zurüsten für die globalisierte Wettbewerbsgesellschaft, sondern sie ermutigen, die aktuelle Situation der Gesellschaft als Herausforderung anzunehmen, um nach den besseren Möglichkeiten menschlichen Handelns zu fragen.

Längst hat das Compassion-Projekt vielfache Beachtung und Zustimmung in allen Schulformen gefunden, auch im staatlichen Schulwesen. Und längst gehen die einzelnen Initiativen auch von Vertreter/innen verschiedenster Fächer aus, der Religionsunterricht nimmt oft nur noch die Koordination wahr. – Wie steht es also um die Chancen der Lernbarkeit von Compassion, der Möglichkeit eines Kompetenzgewinns im Bereich der emotionalen Intelligenz und des (sozialen) Umgangs miteinander? „Ganz gut!", so die Erkenntnisse des Compassion-Projekts[7], die im laufenden Text wenigstens kurz zur Sprache kommen werden.

1.2 Compassion – Weltprogramm des Christentums[8]

Unabhängig von der Entwicklung des Schulprojekts Compassion, aber etwa zeitgleich, hat Johann B. Metz in seinen Wiener Vorlesungen Compassion das „Schlüsselwort des Christentums" genannt und an diesem Begriff die theologische Dimension entfaltet, die in dem hier vorgestellten Projekt praktisch wird. Metz erinnert daran, dass im Entdecken, im „Sehen" von Menschen, die im alltäglichen Gesichtskreis unsichtbar bleiben, die Sichtbarkeit Gottes beginnt. In Jesu uneingeschränkter Solidarität Armen und Leidenden gegenüber, begründet sich deren Autorität. Diese religiöse Sinngebung kann, muss aber nicht mit dem Compassion-Projekt in Verbindung gebracht werden (das zunächst für die Arbeit an freien katholischen Schulen konzipiert wurde). Denn es geht in diesem Projekt sozialen Lernens nicht um die Vermittlung eines bestimmten Weltbildes oder einer religiösen Überzeugung, sondern um Haltungen, wie sie grundsätzlich jeder Mensch einem anderen Menschen gegenüber einnehmen kann.

Metz und andere Vertreter der politischen Theologie betonen die Universalität von Compassion. Compassion gelte jedem Menschen und sei so etwas wie die Mitgift des Christentums für die entstehende Weltgemeinschaft. Als „Weltprogramm des Christentums" propagieren sie den Gedanken, dass die Aufmerksamkeit für Leid und Not in allen großen Weltreligionen eine zentrale Rolle spielt und zu einer gemeinsamen Basis weltweiter Zusammenarbeit werden könnte. Metz betont dabei die Leidempfindlichkeit der biblischen Gottesrede. Wer diese Gottesrede wach halte, der werde auch wach für die Leidensgeschichten in der Welt. Am Beispiel der gelungenen Kooperation von Buddhisten, Christen und Muslimen während der Tsunami-Katastrophe 2005 in Südasien wurde diese Chance offenkundig. Es hat den Anschein, als sei die Möglichkeit ethischer und spiritueller Konvergenzen über das Compassion-Motiv noch größer als beim „Weltethos-Projekt", das ja bekanntlich im fernöstlichen Raum an Grenzen stößt. Umso wichtiger erscheint es den Initiatoren, diese – offenkundig auch politische – Chance einer weltweiten Zusammenarbeit der Religionen zu nutzen und zu propagieren, und zwar im Sinne einer Gegenbewegung zu den ökonomischen Exzessen der neo-liberalen Globalisierung, einer Kampfansage an die Religion des Kapitalismus.

2. Compassion als Kompetenz und Lernziel

Wenn im Folgenden Compassion vor allem unter den Aspekten einer (Basis-)Kompetenz und eines religionspädagogischen Lernziels erörtert wird, so bleiben alle anderen bis hierher erwähnten Aspekte im Blick, um in ihrer Verzahnung mit dem Kompetenz-Aspekt reflektiert zu werden. Wir unterscheiden hier drei Dimensionen der Compassion-Kompetenz:

- eine erkenntnistheoretische,
- eine professionell-praktische und
- eine politische.

2.1 Eine andere Perspektive: Mit-Betroffenheit

Ein bislang vernachlässigter Aspekt von Compassion, der menschlichen Fähigkeit zum Mit-Fühlen, Mit-Leiden u. Ä., betrifft bereits den Akt der Wahrnehmung, unser alltägliches „Sehen". Dass Menschen die (nahe wie ferne) Wirklichkeit niemals objektiv wahrnehmen, sondern immer schon aus einem bestimmten Blickwinkel, d.h. perspektivisch und deshalb immer auch „parteilich", ist wenig umstritten. Diffiziler sind die jeweils konkreteren Fragen, welcher Art denn diese oder jene Wahrnehmungs-Verzerrung sei bzw. welches Interesse eine konkrete Wahrnehmung steuert. Das gilt insbesondere für die Wahrnehmung von Not und Leid anderer Menschen[9] oder auch für die Wahrnehmung ihrer „Andersheit", ihrer Marginalität, ihrer Behinderung[10].

Der Versuch etwa, als Nicht-Behinderte über behinderte Menschen und über angemessene Hilfesysteme zu sprechen, steht immer in der Gefahr, in der Position derer zu verharren, aus der *über* „die anderen", die Behinderten, geredet wird: von außen, distanziert, fremdbestimmt, aus Sicht der vermeintlich Gesunden, die wissen, was die anderen, die Behinderten, brauchen, insofern – buchstäblich – äußerst subjektiv. Ein durch Compassion gesteuerter Perspektivenwechsel kann einen möglichen Weg aus dieser Gefahr aufzeigen.[11] Die Perspektive der Mit-

Betroffenheit lässt die Lebenssituation behinderter, „auffälliger" Menschen und das für sie zur Verfügung gestellte Hilfesystem nicht länger als Thema „der anderen" wahrnehmen. Vielmehr geht diese Form „diakonischer Wahrnehmung" davon aus, dass die Mechanismen, die Behinderung in unserer Gesellschaft definieren, nicht nur behinderte Menschen betreffen, sondern Bedingungen konstituieren, unter denen wir alle leben. Eine solche Analyse der Praxis geschähe nicht aus der Distanz der Außenperspektive, sondern wüsste sich mit ihr verknüpft und in sie verstrickt.

Wenn Schüler/innen an „Compassion-Schulen" in soziale Einrichtungen gehen, betreten sie in der Regel Räume, die sie in ihrem Alltag so nicht betreten. Sie begegnen Menschen, denen sie in ihrem Alltag so nicht begegnen: Menschen, die – aus welchen Gründen auch immer – auf Hilfe anderer angewiesen sind. Nur wenn die Perspektive der Mit-Betroffenheit von Anfang an in den schulischen Reflexionsprozess einbezogen wird, wird es möglich sein, dass die Jugendlichen entdecken lernen, wie verschieden Leben sein können, dass es normal ist, verschieden zu sein und dass diese Vielfalt menschlicher Lebensbedingungen jeden Menschen gleichermaßen betreffen kann: Schönheit oder Missbildung, Glück oder Leid, Gesundheit oder Krankheit sind nie so verteilt, dass die einen alles Gute und die anderen alles Schlechte „haben". Es kann erschütternd sein, wie weit weg junge Menschen von allem sein können, was nicht zu ihrem direkten Umfeld gehört. Unkenntnis, Angst oder die unreflektierte Übernahme der Ansichten von Freunden oder Familie lassen auf Abstand gehen. „Was ich nicht wusste", sagte eine Schülerin, die zwei Wochen einen Jungen betreut hatte, der aufgrund einer Muskelkrankheit extrem kleinwüchsig war, große Bewegungsschwierigkeiten hatte und kaum seine Beinmuskulatur bewegen konnte, „was ich nicht wusste, war, dass das Menschen sind wie ich." Zwei Wochen lang hatte sie geduldig mit dem Jungen Fußball gespielt. Zum Abschied hatte er seine Geige hervorgeholt und für die Schülerin gespielt. „Der hat spielen können, wie ich noch nie jemanden habe spielen hören!"[12]

Das Bewusstsein der Mit-Betroffenheit hütet die Würde eines jeden anderen. Sie bewahrt vor eigentlich unbeteiligtem Mitleid von oben herab, vor einem Verständnis von Mitleid als Selektions- und Herrschaftsvokabel. Die Mit-Betroffenen sortieren die Kleinen, die Alten und Kranken, die Armen und Süchtigen nicht aus, sondern verbünden sich mit ihnen, um gemeinsam für die Verbesserung der Lebensbedingungen zu streiten.

Die nicht unproblematische Wahrnehmung von Behinderung, Devianz, Nicht-Normalität hat in jüngerer Zeit der französische Historiker und Philosoph Michel Foucault eindrücklich vor Augen geführt[13]. Seine durch hohe Kohärenz von sozialwissenschaftlicher Analyse und gesellschaftsethischer Reflexion geprägte „Wahrnehmung der Wirklichkeit" versteht sich dabei als „kritische Arbeit des Denkens an sich selber"[14]. Zu Recht erinnert er etwa am Beispiel seelisch kranker Menschen daran, wie die neuzeitliche Psychiatrie mit der „Abschiebung" der „Irren" an die Ränder der Städte begann, wo sie dem Blick der vermeintlich „Normalen" entzogen waren. Damit konnten sie diese nicht mehr an ihre eigenen „Schatten" erinnern, an die seelischen Untiefen in uns allen, an das „Andere der Vernunft", das unser aller Fühlen und Verhalten mehr oder weniger bestimmt – und das wir alle allzu leicht vergessen oder zu verdrängen suchen.[15] Dieses Beispiel einer Rezeption Foucaultscher Analysestrategien, das sich an bekannten Vorbildern in angelsächsischen Sozialarbeitswissenschaften (z. B. der *Disability Studies)* orientiert, kann als wegweisend angesehen werden auch für andere Themen und Gegenstände diakonischer wie religionspädagogischer Forschung und Praxis (z. B. Arbeitslosigkeit, Drogenabhängigkeit, Schulverweigerung, Gewalt).

2.2 Compassion als Handlungskompetenz: Empathie

Die bislang bekannteste Variante des komplexen Begriffs Compassion stellt das Empathie-Konzept der humanistischen Psychologie dar, konkretisiert z. B. in der therapeutischen Variable des „einfühlenden Verstehens" der Gesprächstherapie nach C. Rogers[16]. Diese Form der „engagierten" Zuwendung zum Gegenüber ist mittlerweile weit über die Grenzen humanistisch-psychologischer Theoriebildung und Praxis hinaus bekannt und in vielerlei methodische Konzepte (z.B. partnerzentrierter Gesprächsführung) integriert, sodass sie – als Basiskompetenz – auch von ehrenamtlichen Mitarbeitern (z. B. der Telefonseelsorge) erwartet, erlernt und praktiziert wird. Ohne an dieser Stelle das komplexe Phänomen Empathie erörtern zu können, erscheinen zwei Anmerkungen zur behaupteten „Basiskompetenz Compassion" v. a. für den Bereich des Arbeitsfeldes Diakonie notwendig:

- Empathie stellt zweifellos eine (professionelle) Kompetenz dar, die sich zumindest analytisch von dem spirituellen Aspekt von Compassion unterscheiden lässt. So käme wohl auch niemand auf die Idee, das Erlernen bzw. den Nachweis der Kompetenz „einfühlendes Verstehen" mit Verweis auf eine spirituelle Komponente zu problematisieren oder gar zu verweigern.

- Die Tatsache, dass auch psychologisch und therapeutisch nicht geschulte „Laien" diese Kompetenz erlernen können, und zwar oft leichter und effektiver als diplomierte Psychologen, deutet darauf hin, dass es sich um eine Mitgift unserer Gene oder einen Effekt frühkindlicher Sozialisation handelt, der bei dem einen mehr, beim anderen weniger gut ausgeprägt ist. Ob die erst relativ späte Entdeckung und Förderung der „emotionalen Intelligenz", d. h. die noch immer dominierende Bestimmung menschlicher Intelligenz durch kognitive Fähigkeiten, damit zusammenhängt, mag hier offen bleiben.

Die alltägliche Erfahrung, dass manche Menschen uns aufmerksamer, einfühlsamer zuhören als andere, ist schon in der Antike in die Sprache eingegangen: Sympathie. Wir erleben Menschen in unterschiedlichem Maß „sympathisch", d. h. mit-fühlend. Wichtig in unserem Zusammenhang sind allerdings die Erkenntnisse der jüngsten Alexithymie-Forschung, die besagen, dass mehr als zehn Prozent der Bevölkerung unter so etwas wie „Gefühlsblindheit" leiden, übrigens dreimal so viele Männer wie Frauen. Die Betroffenen sind nicht in der Lage, Emotionen bei sich und anderen wahrzunehmen. Sie sind folglich auch nicht fähig, darüber zu kommunizieren. Ursachen sind in der frühkindlichen Sozialisation oder in traumatischen Erfahrungen zu suchen. Ob und inwieweit die Grunddisposition zur Einfühlung in andere allerdings deformiert, verlernt, verschüttet werden kann (z. B. durch die Überflutung mit Bildern von Leid und Gewalt, wie sie uns fast täglich in den Medien erreichen), darüber gibt es derzeit nur Vermutungen, ebenso wie Chancen der Therapie noch kaum erforscht sind.

Auch in diesen Zusammenhängen wird deutlich, wie wichtig es ist, vor allem jungen Menschen Erfahrungsräume zu öffnen, in denen sie soziale Fähigkeiten entdecken können, die bisher verschüttet waren und/oder weder gefordert noch gefördert. „Wissen Sie, ich will Banker werden, da brauche ich solche sozialen Sachen nicht", so ein Schüler vor Beginn der Compassion-Initiative an seiner Schule, „ich ging also in einen Kindergarten, weil ich dachte, das ist die leichteste Art, das Praktikum hinter mich zu bringen. Nicht so hart wie ein Alten- oder Behindertenheim." Nach drei Tagen warteten jeden Morgen drei Kinder auf ihn, weitere kamen hinzu. Die Aufgabe forderte den Jugendlichen in nicht gekannter und nicht erwarteter Weise – und er ließ sich fordern. „Zum ersten Mal in meinem Leben hat jemand jeden Tag auf mich gewartet. Das habe ich weder in der Schule noch Zuhause je so erlebt", so der Schüler im Nachhinein. Sein totales Desinteresse wandelte sich in engagierte Zuwendung. Die Kinder wurden der Grund, warum er sich jeden Morgen motiviert auf den Weg machte. – Eine Schule, die ihm diesen Grund nicht liefert, muss sich nach ihrer Berechtigung fragen lassen.

Offenkundig wird die Rede von einer diakonischen Basiskompetenz wie eines religionspädagogischen Lernziels Compassion nicht leichter: Wenn Menschen, womöglich dauerhaft, „gefühlsblind" sind, soll man sie dann zum Psychologiestudium, zur Therapieausbildung zulassen, können sie Sozialarbeit lernen oder Religionslehrer/in werden?

2.3 Compassion und politische Sensibilität

Ein dritter Aspekt der behaupteten Basiskompetenz Compassion betrifft eine im engeren Sinne politische Kompetenz, deren Beschreibung bei dem eingangs erwähnten „Weltprogramm des Christentums" ansetzt, der Frage nämlich, warum eine „große Koalition" der Weltreligionen gerade zum gegenwärtigen Zeitpunkt der Weltgeschichte so dringlich erscheint.

Im Hintergrund dieser Frage steht die gegenwärtige politische und ökonomische Weltsituation, die hier nur angerissen werden kann: Die Globalisierung als von neo-liberaler Ökonomie gesteuerter (Dschungel-)Kapitalismus. Der Staat als Kontrollinstanz der Ökonomie funktioniert nicht mehr, wie es eine Standardplausibilität der Soziologie immer behauptete. Weil Staaten untereinander in Konkurrenz geraten, federn nationale Regierungen allenfalls noch die schlimmsten Folgen der ökonomischen Dynamik für die Globalisierungsverlierer – Arbeitslose, Rentner, Kranke etc. – ab. Ferner: Der Zusammenhang von weltweitem Drogenhandel und wachsender Drogenabhängigkeit muss (auch) unter dieser Perspektive betrachtet werden; die politische Macht der afghanischen Landlords ist nur so wirklich zu verstehen, ähnlich wie die ausweglose Entscheidungssituation lateinamerikanischer Regierungen, deren Bevölkerung überwiegend vom Kokainanbau lebt. So wie die Polizei den Kampf gegen die Drogenmafia weltweit längst verloren hat, so haben einzelne Nationalstaaten den Versuch aufgegeben, sich der Kriminalität von Firmen zu erwehren, die Standortsubventionen kassieren und danach ihre Produktion ins nächste Land verlagern.

Politisch-religiösen Gruppen und einzelnen christlichen Kirchen (Reformierter Bund) erscheint dieser große Zusammenhang so diabolisch, dass seit einigen Jahren eine Prozess in Gang gekommen ist mit dem Ziel, die Kritik an der neo-liberalen Globalisierung zum *processus confessionis* zu erklären: d. h., für Christen wird diese Kritik zur „Glaubenssache", sie ist nicht länger nur (private) „Ansichtssache", sie erfordert das Bekenntnis zu Gott als dem Widersacher des Götzen Kapital.

Die tägliche (professionelle!) Bemühung, diese Zusammenhänge wenigstens insoweit zu durchschauen, dass man ihre Auswirkungen in den Lebensgeschichten, den sozialen Abwärts-Karrieren und Krankheitssymptomen konkreter Menschen, aber auch in den scheinbar unaufhaltsamen Verarmungsprozessen ganzer Völker, identifizieren kann, das ist als diakonische Basiskompetenz zu bezeichnen. Zu ihr gehört unverzichtbar ein reflektiertes – d. h. Selbstreflexion einschließendes – Wissen um die Effekte der gezielten Betäubung durch Fernsehen und Massenmedien, deren allgegenwärtiges Entertainment längst jene Funktion des Opiums übernommen hat, die Karl Marx ehedem der Religion zuschrieb (manche fundamentalistischen Formen – nicht nur der Mullah-Regime – üben diese Funktion natürlich tatsächlich aus).

Eine so charakterisierte politische Kompetenz des fundierten politischen Durchblicks und Urteils kann sich „zusätzlich" aus einer spirituellen Quelle speisen, etwa der „biblischen Option für die Armen", die Christen dazu anstiftet, täglich die Bibel und die Zeitung „mit den Augen der Armen" zu lesen, „Hunger und Durst nach Gerechtigkeit" zu entwickeln u. Ä. Das schärft die weitergehende Frage nach einer explizit *diakonischen* Qualität einer Basiskompetenz Compassion nochmals an – und verfremdet sie zugleich. Ihren spezifischen Compassion-Charakter und zugleich ihre Glaubwürdigkeit bekommt die Option für die Armen hierzulande durch eine Grundhaltung, die der schwedische Theologe Per Frostin einmal als „Umkehr in der Metropole" gekennzeichnet hat. Verbunden ist damit die Einsicht, dass wir Menschen im „reichen Norden" der Weltgesellschaft die Option für die Armen nur dann glaubwürdig im Mund führen können, wenn wir sie auch leben, d. h. wenn wir zur „Umkehr" bereit sind. Diese Umkehr entsteht aus Selbstreflexion und Einsicht in die eigene Betroffenheit (vgl. 2.1), dass wir in die „strukturelle Sünde" weltweiter Ungerechtigkeit verstrickt sind. – Die Möglichkeit, die so verstandene politische Kompetenz Compassion noch anders als aus berufsethischen Motiven zu entwickeln, nämlich aus spirituellen: Bedeutet das, dass wir diese Form der Compassion deshalb von Mitarbeiter(innen) der Diakonie bzw. der Caritas nicht einfordern dürften, nur weil sie sich als a-religiös oder konfessionslos verstehen?

Die Compassion-Initiative an Schulen greift diese (empathisch-)politische Bedeutung von Compassion auf, indem sie sich nicht nur als pädagogisches Projekt, sondern zugleich als bürgerschaftliches Engagement versteht, das die engagierten Schulen bzw. ihre Träger als Staatsbürger in die (Welt-)Gesellschaft einbringen.

3. Berührbarkeit – Kompetenz und Spiritualität des Samariters

Damit sind wir zurück bei den offenen Fragen. Sie spitzen sich nochmals zu, wenn wir von einer *diakonischen* Kompetenz sprechen und diese in einer religiös-spirituellen Dimension von „Compassion" zu identifizieren suchen. Auch wenn, wie wir gesehen haben, das Phänomen in anderen Religionen ebenfalls zu finden ist, werden wir ihre theologischen Motive zunächst in der (jüdisch-)christlichen Tradition aufspüren, d. h. biblisch zu ergründen suchen (s. 1.2).

Im Neuen Testament begegnet das mit Compassion bezeichnete Phänomen auf Schritt und Tritt. Drei markante Beispiele seien hier vorab genannt, bei denen auch der Begriff des Mit-Leids (biblisch: des Erbarmens, der BarmHERZigkeit) ausdrücklich ins Spiel kommt:

- Mk 1,41 (Heilung eines Aussätzigen): Jesus hatte Mitleid mit ihm; er streckte die Hand aus, berührte ihn und sagte: Ich will es – werde rein!
- Mt 14,14 (Speisung der Fünftausend): Jesus fuhr mit dem Boot in eine einsame Gegend. Aber die Leute in den Städten hörten davon und gingen ihm zu Fuß nach. Als Jesus ausstieg und die vielen Menschen sah, hatte er Mitleid mit ihnen und heilte die Kranken, die bei ihnen waren.
- Lk 15,20 (Gleichnis vom verlorenen Sohn): Der Vater sah ihn schon von weitem kommen, und er hatte Mitleid mit ihm. Er lief dem Sohn entgegen, fiel ihm um den Hals und küsste ihn.

Wenn auch nicht explizit unter diesem Begriff, so durchzieht das Motiv des Mit-Leidens, der Berührbarkeit und des Einfühlens wie ein roter Faden die Erzählungen um Jesus von Nazaret. In der Praxis Jesu spielen v. a. die Phänomene Leiden und Mit-Leiden eine so zentrale Rolle, dass J. B. Metz den entscheidenden Unterschied zwischen diesen Anfängen der Jesusbewegung und der späteren Entwicklung des Christentums als eine Transformation von einer „leidempfindlichen zu einer sünden-empfindlichen Praxis" charakterisiert: Die Fixierung auf das individuelle religiöse Heil wandte den Blick (auch des Dritten Auges, den liebevollen, sorgenden) zunehmend vom Nächsten weg und lenkte ihn auf das normativ gott-gefällige, d. h. möglichst sündenfreie Leben.[17]

Die unüberbietbare theologische und christlich-spirituelle Deutung von Compassion findet sich indessen in der Samariter-Erzählung (Lk 10, 25-37), die man gleichsam als eine narrative Buchstabierung des Phänomens und des Begriffs Compassion bezeichnen könnte. Die Meister-Erzählung der christlichen Diakonie ist so oft und unter verschiedensten Perspektiven (der Einheit von Gottes- und Nächstenliebe, der „richtigen" Praxis, dem Unterschied von religiösem Wissen und ethischem Handeln usw.) ausgelegt worden, dass wir hier keine weitere Interpretation versuchen, sondern lediglich zwei Pointen der Erzählung herausarbeiten möchten, die unmittelbar Compassion betreffen.

3.1 Zu-wendung

Was passiert in der zentrale Szene der Zuwendung des Samariters zu dem, der da zusammengeschlagen, beraubt und halbtot am Weg liegt? Was passiert ihm, das den anderen, die ebenfalls des Weges kommen, nicht passiert?

„Von Mitleid gerührt", so oder ähnlich wird meist der Augenblick übersetzt, in dem der Mann aus Samarien den unter die Räuber Gefallenen wahrnimmt. Damit wird zunächst die Emotion gekennzeichnet, die der Überfallene bei dem Vorübergehenden auslöst, und zugleich konkretisiert durch den Kontrast zu den beiden „Anti-Helden" (W. Dirks), die den Halbtoten ebenfalls sehen und vorübergehen, der Priester und der Levit. Der Kontext, der dadurch hergestellt wird, ist zweifelsfrei Ethik: der Gute und die Herzlosen. Eine einfache exegetische Information macht die Sache komplizierter: Priester und Levit durften den Blutenden nicht berühren, so sahen es jedenfalls ihre religiösen Reinheitsgebote vor. Sie wären nach getaner Hilfeleistung nicht mehr befugt gewesen, die religiösen Handlungen im Tempel zu vollziehen (ihr Nicht-Handeln ist also nicht mit Alexithymie zu begründen). Doch damit ist der Widerspruch nicht aus der Welt! Welche Funktion haben Kultgesetze, wenn sie verhindern, dass Menschen ihren humanen Impulsen entsprechend handeln, in diesem Fall: einem Überfallenen und Schwerverletzten beistehen? Unversehens kommt Religionskritik ins Spiel. Immunisiert sich der Tempel mit Hilfe solcher Gesetze womöglich grundsätzlich gegen das Leid auf den Straßen? Jedenfalls sind Tempel und Kult offensichtlich nicht per se Orte von Compassion.

„Was muss ich tun, um das ewige Leben zu gewinnen?" Mit dieser Frage eines Gesetzeslehrers beginnt bekanntlich die Rahmengeschichte der Samariter-Erzählung. Die Gegenfrage Jesu: „Was steht im Gesetz? Was liest du?", setzt einen Dialog in Gang, der bis heute nicht beendet ist: den Dialog über das Verhältnis von religiösem Wissen (Orthodoxie) und „richtigem Handeln" (Orthopraxie), mehr noch: über den Graben zwischen beidem. Warum handeln Menschen nicht so, wie sie „eigentlich" handeln sollten? Welche Trägheiten, Abwehrmechanismen, Ängste u. Ä. hindern uns, zu handeln (wie wir sollten)? Welche Funktion haben in diesem Zusammenhang Kultgesetze? Dienen sie als Dispens von einem Handeln, den unser Mitgefühl uns nahe legt, dem aber ein Widerstand im Weg ist? In der Samariter-Erzählung äußert sich vielleicht ein solcher Widerstand in der weiteren Frage des Schriftgelehrten: „Wer ist mein Nächster?" Jesus antwortet erneut nicht auf die Frage des Gesetzesmannes, sondern erzählt statt dessen die Geschichte, mit der er sich gleichsam ins Menschheitsgedächtnis hineinerzählt hat: „Ein Mann ging von Jerusalem nach Jericho hinab ..."

Am Ende der Erzählung nimmt Jesus die Frage wieder auf. Es ist scheinbar dieselbe Frage nach dem „Nächsten", doch tatsächlich ist es eine ganz andere. Denn es ist nicht mehr die normativ-ethische Frage danach, wem ich alles zu helfen verpflichtet bin (und wem nicht), sondern die zutiefst zwischenmenschliche Frage danach, wer einem anderen zum Nächsten *geworden* ist. Dadurch enthält die Frage, wie Jesus sie stellt, den Hinweis auf die entscheidende Pointe: Derjenige, der hilft, wird zum Nächsten, zum Beschenkten! Nicht mit diesem oder jenem, sondern mit Gottesnähe, mit erfülltem (ewigem) Leben – denn das war die eigentliche Ausgangsfrage, die das Gespräch zwischen dem Gesetzeslehrer und Jesus in Gang brachte, in deren Mitte die Samariter-Erzählung steht.

Diese theologische Deutung nötigt zu einem weiteren Versuch, den Akt, das Phänomen Compassion zu verstehen. Worin besteht, wenn schon nicht in gängigem Wissen und Können – der Mann aus Samarien war weder Sozialarbeiter, Krankenpfleger, noch Therapeut oder Priester – die „Kompetenz" des Samariters? Das, was sich da auf dem Weg von Jerusalem nach Jericho vollzieht, ist nicht Ausdruck eines zuverlässig funktionierenden „Mitleids" des ethisch guten Menschen, des Starken, Gesunden. Hier geht es einem Menschen „durch und durch" (wie die Basisbibel übersetzt), hier wird einer „erschüttert", lässt sich „anrühren", Andeutungen von passivischen Zuständen also. Im griechischen Urtext steht der Begriff „esplagchnisthe", der in vielen anderen neutestamentlichen Erzählungen stets Jesus selbst und seinem Tun gehört oder von ihm in seinen Gleichnissen (z. B. vom verlorenen Sohn) gebraucht wird. Was ist es also, was das Tun des Samariters ausmacht? „Berührbarkeit" müsste man übersetzen, Berührbarkeit, die einen zum Nächsten werden lässt für den, der am Boden liegt. „Antenne" für ein Widerfahrnis, hier: für das unverdienbare, unerwartbare Geschenk der Gottesbegegnung. „Berührbarkeit" als die Kompetenz des Samariters, das scheint uns *die* theologisch adäquate Bestimmung bzw. spirituelle Bedeutung von Compassion zu sein.

Ausdruck von Kompetenz und (religions-)pädagogischer Verantwortung wäre die Sorge darum, eine solche Berührbarkeit – wie eine Antenne – einzuüben, zu erhalten, sie vor Deformation zu schützen, sie ggf. wieder herzustellen, wo sie verschüttet, beschädigt oder verloren wurde. Immerhin steht mit der Erhaltung und Pflege dieser Berührbarkeit viel auf dem Spiel: In der Samariter-Erzählung geht es um nicht mehr und nicht weniger als um Leben und Tod.

3.2 Der Samariter – Mann eines fremden Volkes

Diese mögliche Bedeutung (für den Glaubenden) schließt jedoch eine existenziell dichte Erfahrung des gleichen Phänomens durch andere, durch Nicht-Glaubende keineswegs aus. Man kann die Samaritererzählung (über die Grenzen der Religionen hinweg) als existentiell-spirituelle Sinn-Deutung von Erfahrungen/Widerfahrnissen interpretieren, die sich in Zusammenhängen gelebter Compassion ereignen. Und in diesem Zusammenhang hat die Erzählung noch eine zweite Pointe Compassion betreffend, die hier als abschließender Gedanke wie als Ausblick dienen soll.

Wir haben uns als Christen, Diakonik-Dozentinnen und Religionspädagogen so sehr mit der Figur des Samariters identifiziert, dass er uns wie ein Symbol „guter christlicher Praxis" vertraut ist. Der barmherzige Samariter ist eine Art Logo, die *unser* Spezifikum ausmacht, wenn nicht gar ein Mehr christlicher Diakonie auf den Punkt bringt, etwas, das uns von anderen unterscheidet. Doch wir müssen uns – gegen solche liebgewordenen Denkgewohnheiten – immer wieder neu daran erinnern, dass der Samariter einer aus dem fremden Volk war, aus dem religiös minderwertigen, dem verachteten Nachbarvolk. Die Erzählung enthält beiläufig den Hinweis, dass wir Christen Compassion (auch) von anderen lernen können, von Türken und Tamilen, von Muslimen und Hindus. Weltweit wie im Binnenraum einer Schule könnten wir miteinander erfahren, dass Compassion kein christliches Sondergut ist, sondern ein Geschenk des Himmels an alle Menschen, die guten Willens sind, den Menschen *Seiner* Gnade.

Literatur

Foucault, Michel: Wahnsinn und Gesellschaft, Eine Geschichte des Wahns im Zeitalter der Vernunft, Frankfurt 1969 (stw 39).

Fox, Matthew: Mitfühlen, Mitdenken, Mitfreuen. Compassion – Die neue Verantwortlichkeit des Menschen an der Schwelle zum nächsten Jahrtausend, Bern-München-Wien 1994.

Funke, Dieter: Das Schulddilemma. Weg zu einem versöhnten Leben, Göttingen 2000.

Klages, Helmut: Wertorientierungen im Wandel. Rückblick, Gegenstandsanalyse, Prognosen, Frankfurt-New York 1984.

Kuld, Lothar und Gönnheimer, Stefan: Compassion. Sozialverpflichtetes Lernen und Handeln, Stuttgart-Berlin-Köln 2000.

Kuld, Lothar: Compassion. Raus aus der Egofalle, Münsterschwarzach 2003 (Münsterschwarzacher Kleinschriften 138).

Kuld, Lothar und Gönnheimer, Stefan: Praxisbuch Compassion. Soziales Lernen an Schulen. Praktikum und Unterricht in den Sekundarstufen I und II, Donauwörth 2004.

Metz, Johann B.: Mit der Autorität der Leidenden. Compassion – Vorschlag zu einem Weltprogramm des Christentums, Süddeutsche Zeitung 24./25./26. 12.1997, Feuilleton-Beilage, 57.

Metz, Johann B.: Gotteskrise. Versuch zur „geistigen Situation der Zeit", in: Ders. u.a., Diagnosen zur Zeit, Düsseldorf 1994, 76-92.

Metz, Johann B., Kuld, Lothar und Weisbrod, Adolf (Hrsg.): Compassion. Weltprogramm des Christentums. Soziale Verantwortung lernen, Freiburg-Basel-Wien 2000.

Rogers, Carl Ransom.: Die nicht-direkrive Beratung, München 1972

Rogers, Carl Ransom: Die klientenzentrierte Gesprächspsychotherapie, Frankfurt 1983

Rösner, Hans-Uwe: Jenseits normalisierender Anerkennung. Reflexionen zum Verhältnis von Macht und Behindertsein, Frankfurt 2002(Campus Forschung).

Schäper, Sabine: Ökonomisierung der Behindertenhilfe, Münster 2006.

Sonntag, Susan: Das Leiden anderer betrachten, München-Wien 2003.

Steinkamp, Hermann: Wer besteht wessen Freiheit?, in: Wege zum Menschen, 53. Jg., Heft 3/2001, 134-146.

Weisbrod, Adolf, Kuhn, Franz und Hirsch, Friedrich: Compassion – Ein Praxis- und Unterrichtsprojekt sozialen Lernens: Menschsein für andere, in: Engagement.

Zeitschrift für Erziehung und Schule 1994, H. 2-3, 26-307. Als Sonderdruck zu beziehen über die Zentralstelle Bildung der Deutschen Bischofskonferenz, Kaiserstr. 163, 53113 Bonn.

Anmerkungen

[1] Vgl. einführend: J. B. Metz, L. Kuld, A. Weisbrod (Hrsg.): Compassion – Weltprogramm des Christentums. Soziale Verantwortung lernen, Freiburg-Basel-Wien 2000.

[2] Vgl. H. Steinkamp, Compassion als diakonische Basiskompetenz, Mskr. unveröff. (Münster 2006).

[3] Vgl. J. Rekus: Compassion. Ein erlebnisbezogenes Bildungskonzept, in: J. B. Metz, L. Kuld und A. Weisbrod (Hrsg.): Compassion. Weltprogramm des Christentums. Soziale Verantwortung lernen, Freiburg-Basel-Wien 2000, 75-88 und L. Kuld: Dimensionen der Compassion-Initiative, in: J. B. Metz, L. Kuld Lothar und A. Weisbrod (Hrsg.): Compassion. Weltprogramm des Christentums. Soziale Verantwortung lernen, Freiburg-Basel-Wien 2000, 89-94.

[4] Vgl. A. Weisbrod, F. Kuhn, F. Hirsch: Compassion – Ein Praxis- und Unterrichtsprojekt sozialen Lernens: Menschsein für andere. In: Engagement. Zeitschrift für Erziehung und Schule 1994, H. 2-3, 26-307. Als Sonderdruck zu beziehen über die Zentralstelle Bildung der Deutschen Bischofskonferenz, Kaiserstr. 163, 53113 Bonn.

[5] Vgl. H. Klages: Wertorientierungen im Wandel. Rückblick, Gegenstandsanalyse, Prognosen, Frankfurt-New York 1984.

[6] Vgl. L. Kuld, S. Gönnheimer: Praxisbuch Compassion. Soziales Lernen an Schulen. Praktikum und Unterricht in den Sekundarstufen I und II, Donauwörth 2004.

[7] Das Compassion-Projekt wurde in einem groß angelegten Modellversuch von 1996-1998 wissenschaftlich begleitet. Vgl. L. Kuld, S. Gönnheimer: Compassion. Sozialverpflichtetes Lernen und Handeln, Stuttgart-Berlin-Köln 2000.

[8] Vgl. einführend: J.B. Metz: Mit der Autorität der Leidenden. Compassion – Vorschlag zu einem Weltprogramm des Christentums, Süddeutsche Zeitung 24./25./26. 12.1997, Feuilleton-Beilage, 57.

[9] Vgl. S. Sonntag: Das Leiden anderer betrachten, München-Wien 2003.

[10] Vgl. M. Foucault: Wahnsinn und Gesellschaft. Eine Geschichte des Wahns im Zeitalter der Vernunft, Frankfurt 1969 und H.-U. Rösner: Jenseits normalisierender Anerkennung. Reflexionen zum Verhältnis von Macht und Behindertsein, Frankfurt 2002.

[11] Vgl. S. Schäper: Ökonomisierung der Behindertenhilfe, Münster 2006.

[12] Vgl. L. Kuld: Compassion. Raus aus der Egofalle, Münsterschwarzach 2003, 11ff.

[13] Z.B. in seiner Genealogie des Wahnsinns, s.o.

[14] Vgl. M. Foucault: Der Gebrauch der Lüste, Sexualität und Wahrheit, Bd. 2, Frankfurt 1989, 15f. Zur theologischen Rezeption vgl.: P. Hardt: Genealogie der Gnade. Eine theologische Untersuchung zur Methode Michel Foucaults, Münster 2005, bes. 30f.

[15] Vgl. H. Steinkamp: Wer besteht wessen Freiheit?, in: Wege zum Menschen, 53. Jg., Heft 3/2001, 134-146.

[16] Vgl. einführend: C.R. Rogers: Die nicht-direkrive Beratung, München 1972 und ders.: Die klientenzentrierte Gesprächspsychotherapie, Frankfurt 1983.

[17] Vgl. J.B. Metz: Gotteskrise. Versuch zur „geistigen Situation der Zeit", in: Ders. u.a., Diagnosen zur Zeit, Düsseldorf 1994, 76-92.

Katholischer Kindergarten und Weitergabe des Glaubens

Friedrich Ostermann

Niemand wird sich dagegen wehren, dass in einem Katholischen Kindergarten auch Kinder in die Welt des Glaubens eingeführt werden, aber die meisten Eltern werden in der Weitergabe des Glaubens keine vorrangige Bedeutung für die Erziehung ihrer Kinder sehen. Sie erwarten von einem Kindergarten die Befähigung ihrer Kinder für eine moderne Wissensgesellschaft durch Wissen und Selbstbewusstsein. Weil sie aber vielleicht in ihrem Berufsleben haben erfahren müssen, dass Wissen und Selbstbewusstsein nicht reichen, möchten sie ihren Kindern auch noch eine soziale Kompetenz vermittelt wissen. Aber die Weitergabe des Glaubens wird zunächst nicht ihr großes Anliegen sein.

Gleichzeitig werden dieselben Eltern ihre Kinder gerne in einer kirchlichen Schule anmelden, wie es die Zahlen belegen, weil sie von einer solch kirchlichen Schule aufseiten der Lehrer ein größeres Engagement erwarten sowie eine bessere Disziplin und darin begründet auch bessere Leistungen. Dass das größere Engagement der Lehrer und die bessere Disziplin sowie auch die besseren Leistungen ihren tiefsten Grund haben in einer Atmosphäre der Freiheit und Verantwortung vor Gott und dem Nächsten, das wird nicht ohne weiteres gesehen.

Was für die Schule gilt, gilt ganz gewiss auch für den Kindergarten. Die Bedeutung des Glaubens und gläubigen Verhaltens und dessen Einübung ist zunächst weithin nicht im Blick. Anders kann es sein bei russlanddeutschen Mennoniten. Für sie ist zunächst die Katholische Kirche die größte Verirrung des Christentums. So schicken sie meistens ihre Kinder in die Gemeinschaftsschulen. Sie sind dann erschrocken, dass Religion dort kaum noch eine Rolle spielt; abgesehen von den beiden Religionsstunden, die aber gegenüber anderen Stunden am ehesten ausfallen. Und so wechseln sie für ihre Kinder nicht selten die

Schulen, und die nachwachsenden Kinder werden sofort in die Katholische Schule geschickt. Sie haben ein lebendiges Gespür dafür, dass geglücktes und verantwortungsvolles Leben letztlich aus Kräften des Glaubens gespeist wird. Ihnen geht es schon um eine gläubige Grundstimmung in den Schulen und gewiss auch in den Kindergärten. Deutsche Eltern erfahren auch in unseren Schulen und Kindergärten diese menschliche Grundstimmung, führen sie aber nicht ohne weiteres auf eine gläubige Verwurzelung zurück.

Wenn nun die Weitergabe des Glaubens im Kindergarten gelingen soll, dann muss man zunächst einmal den Eltern helfen, die Spur des Glaubens im Katholischen Kindergarten zu entdecken.

Diese Spur des Glaubens nehmen sie wie selbstverständlich dadurch wahr, dass sie als Eltern und dass ihre Kinder als Personen ernst genommen werden. Eltern sind für uns zunächst und vor allem Eltern und nicht Einheiten für die Reproduktion der menschlichen Gesellschaft. Als solche gehen sie ein in die Politologie und Soziologie, vielleicht sogar auch in die Psychologie. Ihre Kinder sind nützliche oder auch weniger nützliche Produkte und Produzenten eben dieser Gesellschaft, die man schließlich nicht mehr eine menschliche Gesellschaft nennen kann. Dann gilt das alte lateinische Sprichwort: „Homo homini lupus" – Der Wolf des Menschen ist der Mensch selbst.

Dieses Defizit in unserer Gesellschaft wird immer mehr verspürt, sodass man über die Weitergabe des Glaubens heute neu nachdenken kann.

Der Glaube spielt zunächst in der Gesellschaft keine Rolle, aber immer mehr wird diese Tatsache – ohne es benennen zu können – als defizitär erlebt. Das Defizit würde man nicht als Schwund des Glaubens benennen, aber wohl als Schwund der Solidarität und der Verantwortung.

Wie geht das mit der Weitergabe des Glaubens in dieser Gesellschaft?
Sie beginnt mit etwas ganz Einfachem: Mit der Erfahrung von Liebe und Geborgenheit, da unsere Gesellschaft immer mehr von Hektik und Stress bestimmt ist und man sich im Tiefsten nach dem anderen sehnt: nach Oasen der Ruhe und des Angenommenseins. Will ich den Glauben im Kindergarten weitergeben, dann muss er zunächst und vor

allem eine Oase der Ruhe und des Angenommenseins werden; für die Kinder wie auch für die Eltern. Am Beginn des Industriezeitalters war der Kindergarten eine Kinderverwahranstalt. Gegen diesen Namen hat man sich immer mehr gewehrt, und es wurde aus der Verwahranstalt ein Kindergarten, in dem sich Kinder wie Pflanzen entfalten durften.

Der Name Kindergarten ist Programm. Hier darf man sich, wie in einem guten Garten, einfach entfalten. In diesem Garten ist die Liebe lebendig.

So ist die Weitergabe des Glaubens zunächst die Liebe zur Schöpfung. Die Welt, in der wir leben, wird durch die Kinder immer mehr entdeckt. Es wird entdeckt, wie schön und interessant sie ist. Spielend darf man erfahren, was möglich und nicht möglich ist und an jedem Tag gibt es etwas Neues zu entdecken und zu sehen. Man hört Märchen und Geschichten, singt Lieder und tanzt und spielt vielleicht sogar auch Theater. Nach der Erfahrung liebender Annahme ist die Freude an der Schöpfung der zweite Schritt in der Weitergabe des Glaubens im Kindergarten. Damit ist die Weitergabe noch nicht am Ziel.

Katholischer Kindergarten und Weitergabe des Glaubens bedeutet dann auch, immer mehr den zu entdecken, der in Liebe die Welt geschaffen hat. Den Schöpfer zu preisen und ihn zu feiern. Nicht nur über ihn zu reden, sondern ihn auch zu verherrlichen. Nicht zuletzt durch Kerzen und Blumen und mit gemalten Bildern von seinen Werken der Schöpfung. Weitergabe des Glaubens im Kindergarten übersieht nicht das Leid und das Elend und den Tod in der Welt. Sie kann nicht einfach nur die Schönheit der Schöpfung feiern. Sie sieht die ganze Wirklichkeit und sucht nach einer Antwort. Und sie erzählt die alte Geschichte von der Liebe Gottes zu seiner Schöpfung, zu seinem Volk Israel und zu allen Menschen. Sie erzählt in den Jesus-Geschichten, wie nah uns Gott sein möchte und feiert seine Nähe im Hören seines Wortes, im antwortenden Gebet und nicht zuletzt im staunenden Besuch des Hauses Gottes. Das Wort, das Zeichen oder Symbol, die fromme Geste und besonders das Lied und die Musik und nicht zuletzt auch die Schönheit der Bilder, führen mehr und mehr zum liebenden Geheimnis Gottes. Er ist es nämlich, der uns durch seinen Sohn, der am Kreuz gestorben ist, ganz deutlich zeigt, dass er uns im Elend dieser Welt niemals verlässt und dass er das Böse und den Tod durch seine Liebe besiegt hat.

Gibt es eine frohere Botschaft?

Sie hat nicht ihren Anfang in unseren Phantasien, sondern in den Ereignissen, die uns Menschen völlig überrascht haben. Katholischer Kindergarten und Weitergabe des Glaubens, das bedeutet auch, dass die Weitergabe des Glaubens einmündet in die liebende Antwort auf die anderen Kinder, auf die Menschen hin. Die Liebe Gottes, die Liebe Jesu Christi ist das Motiv für das liebende Handeln der Kinder. Nur die Liebe und die Güte kann zur Liebe motivieren, kein Gebot, kein Gesetz; darum wird die Welt durch den Verstand allein zwangsläufig vielleicht immer erfolgreicher, aber gleichzeitig immer kälter. Auch das Herz will angesprochen sein und das gerade in unserer modernen Welt. Der Katholische Kindergarten und die Weitergabe des Glaubens, das ist ein Dienst an unserer Gesellschaft, an ihrer Vermenschlichung, die zu allen Zeiten immer bedroht war.

Deutlich wird, dass diese Vermenschlichung ohne die Eltern nicht gelingen kann. Die meisten Eltern sind ganz gewiss nicht nur guten Willens, sie lassen sich für ihre Kinder sehr viel gefallen. Aber das Gesetz der modernen Gesellschaft nimmt sie derart in die Mangel, dass sie sich diesem Druck nur in Gemeinschaft erwehren können. Sie brauchen vielerlei Hilfen und Unterstützung, die in den Gemeinden auch angeboten werden durch die Caritas, durch andere Verbände, durch Beratungsstellen und Bildungsstätten. Sie alle müssen auf neue Weise im Kindergarten präsent sein, sodass man dann auch anstatt von Kindergärten vom Katholischen Haus der jungen Familien sprechen kann.

Nicht in Verwahranstalten, nicht in Wissensanstalten, nicht in Trainingslagern für soziale Kompetenz kann das Menschsein gelingen. Wir brauchen alle das Haus der jungen Familie – für die jungen Familien, vor allem für ihre Kinder. In diesem Rahmen kann der Glaube weitergegeben werden, die Liebe zu Gott und den Menschen gewagt werden.

Wie vollzieht sich Weitergabe des Glaubens im Kindergarten?

Nach dieser einführenden Betrachtung ist es einsichtig, dass zunächst einmal Eltern und Erzieherinnen ihre Glaubenssituation erkennen und die notwendigen Konsequenzen ziehen müssen. Darum wird es notwendig sein, auch über diese grundlegenden Fragen miteinander ins Gespräch zu kommen und wieder in gläubiges Tun hineinzuwachsen: in das Gebet, in das Lesen der Heiligen Schrift, in die Feier der Liturgie, in das liebende Engagement.

Die gläubige Erziehung im Kindergarten ist primär eine Entdeckungsreise: Entdeckung der Natur, Entdeckung von Kultur und Technik, Entdeckung des Nächsten und Entdeckung Gottes. Bei diesem Bemühen kommt uns die Entdeckerfreude unserer Kinder sehr zu statten. Sie müssen wir gezielt stützen und fördern, denn sie schafft im Grunde hörende, sehende und denkende Menschen. Die frontale Belehrung kann immer nur eine abstrakte Zusammenfassung von Erfahrenem und Erkanntem sein. Auf diese Zusammenfassung können wir schließlich nicht verzichten; ganz gewiss nicht in der Schule.

Was gilt es nun zu entdecken?

Als ich zum ersten Mal das Wort Waldkindergarten hörte, habe ich gedacht: wieder eine neue Spinnerei. Dann habe ich mir das ganze Programm näher angesehen und verstanden, dass dort – in einer von Technik bestimmten Welt – etwas sehr Wichtiges geschieht. Es wird dort die Erde und das Wasser, es werden die Gräser und die Blumen, die Bäume, die Käfer und Insekten und die Tiere und die Vögel, vielleicht sogar auch die Fische, entdeckt und mit großer Freude wahrgenommen. Es wird nicht einfach gelehrt, sondern erfahren, und dafür braucht man natürlich Zeit.

Ganz gewiss müssen unsere Kindergärten nicht Waldkindergärten werden, aber Waldtage, die wären sicherlich sehr erstrebenswert. Sie sollten für uns natürlich dann auch in ein Staunen einmünden, das uns letztlich zu dem führt, den wir nicht begreifen, aber dem wir alles verdanken. Mich hat es wiederholt überrascht, dass auf meine Frage im Kindergarten: Was haben wir in diesem Kindergarten nicht selbst gemacht und auch nicht unsere Eltern und die Erzieherinnen? – die Jüngsten sehr spontan sagten „die Luft". Sie waren offensichtlich noch sehr ursprünglich dem Grundvollzug von Leben nahe, und so konnte ich sehr leicht auf den zu sprechen kommen, der uns die Luft zum Atmen schenkt, die kein Mensch gemacht hat.

Wie schon erwähnt, gehört zu uns Menschen auch die Gestaltung der Schöpfung, und so gilt es eben auch – wie am Anfang der menschlichen Entwicklung – Grundformen der Weltbeherrschung zu entdecken und die vielen Erkenntnisse, die bis zu unserer heutigen technischen Welt führten, ein wenig zu erahnen. Vielleicht durch Besichtigungen, durch Betrachten angemessener Bilderbücher, angemessener Filme, vielleicht auch in dem Versuch, mit Lego dieses oder jenes nachzubauen. Vielleicht überrascht es Sie, dass ich Legosteine im Rahmen der religiösen Erziehung im Kindergarten auch nenne. Sie gehören mit dazu, weil sie uns unsere Möglichkeiten und Grenzen erfahrbar machen.

Nun gibt es nicht nur die Natur und die Technik. Es gibt die Schrift und das Bild, die Sprache und die Musik, es gibt die bildende Kunst überhaupt. Die Märchen und die Geschichten führen auch Kinder ein in die Kultur, und auch das einfachste Lied, instrumentale Spiel weckt kreative Kräfte. Modellieren und vielleicht sogar das Schnitzen bereitet den Kindern sehr viel Freude. Wer schöpferisch tätig wird, erahnt ein wenig besser was es heißt, dass wir an Gott, den Vater, den Schöpfer des Himmels und der Erde glauben. Dann ist Gott nach kurzer Zeit nicht mehr der alte Mann mit dem Rauschebart, den Weihnachtsmännern ähnlich, sondern der großartige Schöpfer von allem was ist; dann sind Berichte vom Schöpfer nicht mehr leere Worte, sondern Worte mit einem erfüllten „Schwingungsgehalt" und dann gilt es ganz entscheidend, den anderen und die vielen anderen zu entdecken.

Das größte menschliche Problem ist und bleibt das Kreisen um sich selbst und dabei den anderen gar nicht erst wahrzunehmen. Zu Achtung, Rücksicht und Hilfsbereitschaft können wir letztlich nur in vielen, vielen menschlichen Begegnungen geführt werden. Natürlich muss auch darüber geredet werden, aber entscheidend ist die Erfahrung des anderen und auch die Erfahrung dessen, den wir kaum verstehen. Die kindliche Unbekümmertheit, die sich gerne allem Fremden zuwendet und die uns allen ursprünglich geschenkt und später dann verkümmert, sollten wir ganz hoch einschätzen und sogar in diesem Punkt vom Kind lernen. Gegenüber den Kindern auch die Lernenden und Hörenden zu sein, ermöglicht eine andere Form von Erziehung, die weiß was sie will, aber sich nicht in Druck und Leistungsforderung erschöpft. Die Öffnung für den anderen bedeutet auch Öffnung für die vielen anderen, mit denen wir in Gemeinschaft leben. Es ist schon wirklich religiöse Erziehung, wenn es zu klaren Absprachen unter den Kindern kommt, die dann auch verbindlich eingehalten werden müssen. Auf diese Weise lernen wir nicht nur den anderen, sondern auch das Leben mit den vielen anderen immer besser kennen.

Es kann für unsere getauften Kinder nicht primär um soziale Kompetenz gehen. Uns geht es ganz entscheidend um Nächstenliebe. Sie sagen vielleicht: „Dies ist letztlich nur ein anderer Name für dieselbe Wirklichkeit." Das stimmt im Hinblick auf äußere Abläufe, aber nicht im Hinblick auf den Vollzug und die Motivation.

Der Amoklauf in Emsdetten zeigt sehr deutlich, dass wir uns öffnen müssen für die Nähe der Menschen. Ist nicht ein Amoklauf ein Aufschrei in einer kalten, funktionalen Welt ohne Herz? Wir möchten nicht nur ein gut funktionierendes gesellschaftliches Leben organisieren, wir möchten ein Leben mit Herz ermöglichen.

Sie werden sich vielleicht schon fragen, was alles das mit religiöser Erziehung zu tun hat. Ich möchte sagen, alles das ist religiöse Erziehung, da religiöse Erziehung eine ganzheitliche Erziehung ist, die darum auch noch über sich hinausschaut zu dem Ursprung des Lebens und auch zu dessen Ende. Da dürfen wir mit den Kindern staunend anbetend vor dem großen Geheimnis stehen; vor dem Geheimnis, das wir niemals ergründen können, das aber den wunderschönen Namen hat: Jahwe – ich bin der, der da ist für euch. Den wir darum auch unseren Vater nennen oder auch Vater und Mutter, denn das Mütterliche ist in der Bibel auch immer wieder von Gott hervorgehoben, und damit ist das entscheidende Wort gefallen: die Bibel. Sie ist nach einem Wort von Søren Kierkegaard „der Liebesbrief Gottes an uns Menschen". Der Liebesbrief dieses großes Geheimnisses, das uns alle umgibt, in das hinein wir die Worte Abba – guter Vater – stammeln. Die Bibel erzählt von der Erschaffung der Welt und dem Bund Gottes mit dem Volk Israel. Von den Auseinandersetzungen dieses Volkes mit der Umwelt, mit den vielen Göttern, von den Irrwegen dieses Volkes, von der Sehnsucht nach Rettung und Erlösung.

Alles das wird im eigentlichen Sinne nicht gelehrt, sondern erzählt – oder vielleicht auch besser gesagt – gelehrt durch Erzählung. Mich hat es immer überrascht, wie selbstverständlich die Kinder die biblischen Erzählungen von Märchen unterscheiden. Für sie sind sie wie von selbst Zeugnisse der Liebe Gottes, während die Märchen für sie wohl Hilfen sind, das Gute und das Böse sorgfältig zu unterscheiden.

Der Höhepunkt, natürlich der Rede von Gott, ist die Jesus-Geschichte. Seine unbegreifliche Menschwerdung, seine Bergpredigt und seine vielen Gleichnisse über das Reich Gottes, sein Verhalten zu den Armen, den Kranken, den Ausgestoßenen und auch zu den Reichen, seine Liebe bis zum Tod am Kreuz und seine Auferstehung von den Toten und seine Herrschaft über die ganze Schöpfung zur rechten Gottes des Vaters. Alle biblischen Erzählungen wollen von Kindern gemalt, besungen und gespielt werden. Dazu werden uns im Kindergarten unendlich viele Chancen geboten, bis hin zu Aufführungen bei Festen und Elterntagen. Ohne die Feier des Glaubens können die Herzen der Kinder nicht bewegt werden, und das fromme Spiel und Singen der Kinder kann auch unsere Herzen wieder bewegen, die Verhärtungen lösen.

Hier nun ist sicherlich auch von der Kirche als Gotteshaus zu sprechen, denn alles Wirkliche hat in unserer Welt auch seinen Ort, und sonst ist es doch in der Gefahr der Verflüchtigung. Die Kirche zu entdecken, das Kirchenjahr mit zu feiern, die Bilder der Heiligen zu verehren und von ihnen zu erzählen, die Entdeckung auch des religiösen Brauchtums zu Weihnachten, zu Ostern und auch an St. Martin oder auch am Aschermittwoch, an Lichtmess – alles das hilft, dass junges Leben mehr und mehr verwurzelt ist in der Liebe Gottes.

Ich weiß nicht mehr, wo ich dieses Wort gelesen habe, aber vergessen habe ich das Wort nicht: „Wir sind total vernetzt, aber nirgendwo verwurzelt." In der Vernetzung geraten wir immer mehr in die Sklaverei. In der Verwurzelung werden wir frei und gebrauchen das Netz nicht als Halt, sondern als fantastische Hilfe, unsere Lebensaufgabe zu meistern. Ich wollte keine religionspädagogische Theorie entwickeln; nur einen Weg in die Welt des Glaubens zeigen, der, so hoffe ich, von allen verstanden und gegangen werden kann. Um solche Wege hat Professor Schladoth in seiner ganzen Lehrtätigkeit gerungen und gute Wege aufgezeigt. Weil er von diesem Bemühen bestimmt war und vieles erreichte, hatte ich den Mut, in seiner Festschrift einen Weg in die Welt des Glaubens zu zeigen, der für Eltern und Erzieherinnen und für die Kinder – so hoffe ich lediglich – gangbar ist.

Leben und glauben im Hospiz

Schwester Diethilde Bövingloh
Mauritzer Franziskanerin

Zum Thema Sterben und Tod hat unsere Gesellschaft ein ambivalentes Verhältnis. Auf der einen Seite wird die letzte Lebensphase negiert und der Tod möglichst aus dem öffentlichen Leben ausgeklammert, so als fände er gar nicht statt. Auf der anderen Seite haben sich Initiativen wie die Hospizbewegung gebildet, die sich der Herausforderung stellen, Menschen eine möglichst selbstbestimmte und individuell gestaltete letzte Lebensphase zu ermöglichen. Sie machen das Tabuthema Tod wieder öffentlich.

Viele Menschen, die erahnen, dass der Tod sie in absehbarer Zeit ereilen wird, begeben sich gerne in die professionelle Obhut einer Klinik, wo sie erwarten, dass die Ärzte alles tun werden, um das Leben zu verlängern und den Tod hinauszuzögern, auch wenn ihnen bewusst ist, dass die Medizin keine Heilung mehr herbeiführen kann. Diese todkranken Menschen, oft auch deren Angehörige, wollen den nahenden Tod nicht akzeptieren. Sie können sich nicht von den liebgewordenen Menschen verabschieden, nicht „loslassen" von den Aufgaben, die ihr Leben ausmachten.

Auf der anderen Seite verfügt die moderne Medizin über ständig wachsende Möglichkeiten, das Leben um einige Zeit zu verlängern, allerdings unter Umständen zu Lasten der Lebensqualität. Die Diskussion darüber, ob die moderne Medizin alles ausschöpfen soll, was ihr technisch möglich ist, ist in vollem Gange.

Damit stellen sich für die behandelnden Ärzte und die Pflegenden neue ethische Fragen nach der Würde und der Einmaligkeit des Menschen und seinem Recht auf Lebensverlängerung oder auch Lebensverkürzung. In früheren Zeiten traten diese Fragen nicht in dem Maße auf, weil der Glaube an die Medizin noch nicht so absolut und die technischen Möglichkeiten noch nicht so ausgereift waren.

Menschen, die verantwortlich mit ihrem Leben umgehen, verfassen immer häufiger Patientenverfügungen, in denen sie beschreiben, wie man mit ihnen im Falle einer unheilbaren und zum Tod führenden Krankheit verfahren soll. Die Stellungnahmen sind sehr unterschiedlich. Einige verweisen darauf, dass sie sich in ihrem Leben und Sterben in Gottes Hand wissen und deshalb keine künstliche Lebensverlängerung wünschen. Etwa jeder dritte Patient, der heute zur Krankenhausaufnahme kommt, hat so eine Verfügung bei sich. Die Ärzte sind dankbar dafür, den Willen des Patienten zu erfahren, besonders, wenn er in einem Zustand ist, in dem er sich selbst nicht mehr adäquat äußern kann. Bei aller Diskussion um die juristische Bewertung der Patientenverfügungen haben diese sich inzwischen zu einem bewährten Instrument entwickelt, das die Autonomie des Kranken bis zu seinem Lebensende ermöglicht. Sie sind fester Bestandteil der ethischen „Fallbesprechungen", bei denen alle am Behandlungsprozess Beteiligten, einschließlich der Seelsorger, den mutmaßlichen Willen des Patienten in Erfahrung bringen möchten. Das Ergebnis ist nicht selten, dass der Patient mit entsprechender palliativmedizinischer und pflegerischer Versorgung aus dem Akutkrankenhaus entlassen wird, um in Ruhe seine ihm noch geschenkte Zeit zu erleben und sich den existenziellen und spirituellen Fragen des Lebens stellen zu können.

Hospize – Orte ganzheitlichen Lebens
Für Menschen mit infauster Prognose, das heißt, medizinisch lässt sich eine Heilung der Grunderkrankung nicht mehr erreichen, bietet sich die palliative Versorgung an. Sie kann mit professioneller Hilfe zu Hause durchgeführt oder in geeigneten, familiär strukturierten Institutionen, etwa in Hospizen, erfolgen. Diese todkranken Menschen befinden sich im Sterbeprozess, die Krankheit führt unweigerlich zum Tod, wenngleich der Zeitpunkt noch offen ist.

Das Sterben ist eine Lebensphase, die es ermöglicht, sich bewusst auf den Tod vorzubereiten, sie kann auch eine Reifungsphase sein, die den Menschen fähig macht, sein irdisches Leben gleichsam „abzurunden". In dieser Phase benötigen Sterbende Begleitung durch Menschen, die einfach für sie da und bereit sind, sich auf ihre Wünsche einzulassen und alles für sie zu übernehmen, wozu sie selbst nicht mehr in der

Lage sind.

Hospize sind Orte, an denen es sich die haupt- und ehrenamtlichen Mitarbeiter/innen zur Aufgabe machen, sterbende Menschen und deren Angehörige auf der letzten Wegstrecke so zu begleiten, dass sie diese Lebensphase im Rahmen ihrer noch verbleibenden Zeit möglichst aktiv und selbstbestimmt gestalten können. Das Leitbild des Johannes-Hospizes in Münster drückt das folgendermaßen aus:

„Sterben ist Leben vor dem Tod. – Wir achten den Willen des Kranken. – Wir klären ihn umfassend auf, um ihm Entscheidungen möglich zu machen. - Wir sorgen für ihn da, wo er unsere Hilfe wünscht und braucht. – Wir suchen zu erspüren, was dem Kranken wichtig ist. – Wir bemühen uns um Wahrhaftigkeit in der Begegnung, sodass unser inneres Sein und unser äußeres Tun übereinstimmen. – Der Mensch ist einzigartig und kostbar. Jeder von uns verdient die Aufmerksamkeit und Wertschätzung des anderen.“

Wünsche und Bedürfnisse der Sterbenden

Johann Christoph Student bezieht die Bedürfnisse sterbender Menschen auf vier Dimensionen. Ambulante und stationäre Hospizdienste versuchen, darauf ihre individuelle Antwort zu geben:

1. *Die soziale Dimension* – der Wunsch, an einem vertrauten Ort sich geborgen zu fühlen inmitten vertrauter Menschen. Hospize sind ähnlich aufgebaut wie familiäre Wohnungen. Sie sind ausgestattet mit Küche, Wohnzimmer und Garten, die für alle, Bewohner wie Begleitpersonen, offen stehen. Die Sterbenden werden als Gäste, als Bewohner gesehen, die hier ihre letzte Wohnung bezogen haben. Angehörige und Besucher sind stets gerne gesehen. Sie werden gebeten, all das für ihre Angehörigen zu tun, was sie möchten und wozu sie in der Lage sind. Die Mitarbeiter/innen des Hauses übernehmen nur die Aufgaben, die die Angehörigen selbst nicht leisten können. Sie verstehen ihre Arbeit als komplementären Dienst.

2. *Die körperliche Dimension* – der Wunsch, keine Schmerzen und keine Atemnot zu erleiden. Die Sorge um das körperliche Unwohlsein

ist für viele Menschen mit dem Sterben verbunden und macht ihnen Angst. Da ist die Palliativmedizin gefragt, die Thomas Binsack so beschreibt: *„Gleichsam wie ein schützender und wärmender Mantel sorgt die Palliativmedizin für Wohlbefinden und Beschwerdefreiheit in schweren Zeiten einer Erkrankung. Auch beim Sterben wird der Patient medizinisch begleitet. Das Behandlungsziel ist hier ein anderes geworden. Nicht mehr Heilung oder langfristige Besserung, sondern im Vordergrund steht die Linderung."* In diesem Sinne gestalten sich auch die Pflege und die Betreuung.

3. *Die psychische Dimension* – der Wunsch, ‚letzte Dinge' noch regeln zu können, unbewältigte Probleme aufzuarbeiten, Versöhnung anzubieten und zu erfahren und sich im wahrsten Sinn des Wortes zu verabschieden. Man zieht eine Bilanz seines Lebens und entdeckt vielleicht bisher noch unbeantwortete Fragen, erinnert sich an früheres Fehlverhalten, das zunehmend belastet und das Sterben erschwert. Aber auch *„liebe letzte Worte"* (Tagore) wollen gewechselt werden mit Angehörigen und Freunden, um Dank zu sagen und auf Überzeugungen hinzuweisen, die für das persönliche Verhalten bestimmend waren. Schön ist es, wenn der Sterbende ein geistliches Vermächtnis, das sich auf die Summe seiner Erfahrungen bezieht, weitergeben möchte. Der Aufenthalt in einem Hospiz sollte Raum dafür schaffen, dass der Sterbende das „Zeitliche segnen" kann, es zu segnen vermag, d.h. nochmals freundlich sein Leben bedenkt und auch den Angehörigen für ihr weiteres Leben Gutes wünscht. Dies alles meint der Wunsch, „in Frieden scheiden" zu dürfen.

4. *Die spirituelle, religiöse Dimension* – der Wunsch, die Frage nach dem Sinn des Lebens und des Sterbens offen stellen zu können und die Frage nach dem ‚Danach' mit all ihren Beängstigungen ausdrücken zu dürfen. *„‚Spiritualität' hat es demnach mit der Tiefendimension des Lebens zu tun, mit grundlegenden Fragen unseres Daseins, die sich in aller Dringlichkeit auftun, wenn der Abschied vom Leben, vor allem, was die persönliche ‚Welt' ausmacht, gekommen ist. Sich ihnen zu stellen, ist ein wesentliches Moment unseres Reifungsprozesses."* (Paul Schladoth) Dabei spielt der Glaube eine bedeutende Rolle. Gemeint ist nicht lediglich ein Glaubenswissen, sondern vor allem das Vertrauen zu Gott, das Festhalten an seiner Treue zu uns.

Die Rolle des Begleiters besteht vor allem darin, dem Sterbenden zu helfen, seine eigenen Antworten zu finden. Vorformulierte Redewendungen helfen hier nicht weiter, sie können sogar den Weg verschließen. *„Wir suchen zu erspüren, was dem Kranken wichtig ist. Immer wieder stellen wir ihm unser Fachwissen und unsere Erfahrung zur Verfügung und helfen ihm so zu wägen, zu wählen und zu entscheiden."* (Leitbild des Johannes-Hospizes)

Das Hospiz als Gasthaus auf dem Weg in eine andere Welt

Seit dem Mittelalter gibt es von Christen und Christinnen getragene Hospize; zuerst als Herberge für Wanderer und Pilger gedacht, die fern ihrer Heimat Unterkunft, Pflege, Betreuung und Begleitung oft bis zur Vollendung ihres Lebens erwarteten. *„Weil das menschliche Leben als Pilgerfahrt zu deuten ist, verstehen sich die heutigen Hospize als eine Herberge, die Kranken auf ihrem letzten Pilgerweg einen Lebensraum bieten, der es ihnen ermöglicht, in Würde zu leben ‚bis zum letzten Augenblick'. Ein Hospiz ist ‚ein Gasthaus auf dem Weg in eine andere Welt'."* (Paul Schladoth)

Die moderne Hospizbewegung nahm ihren Ausgang in den 1970er Jahren von England aus und erreichte wenig später Deutschland. Das erste Hospiz in Westdeutschland war das ‚Hospiz zum hl. Franziskus' in Recklinghausen (1986). Zuvor hatte der Priester Heinrich Pera in der DDR mit den wenigen Mitteln, die ihm zur Verfügung standen, die Hospizbewegung in Halle ins Leben gerufen. Nach der Wende gründete er in Verbindung mit dem dortigen St. Elisabeth-Krankenhaus das erste stationäre Hospiz. Hospize entstanden aus der christlichen Grundhaltung ihrer Gründer und Gründerinnen, dass Gott uns die Sorge anvertraut für die Schwachen, für kranke und sterbende Menschen. Ihnen galt Jesu besondere Liebe und Aufmerksamkeit. Inzwischen erkennen die katholischen und evangelischen Kirchenleitungen in der Hospizarbeit eine wichtige karitativ/diakonische Aufgabe und unterstützen die oft von engagierten Christen und Christinnen ausgehenden Initiativen.

Für die von kirchlichen Institutionen getragenen Hospize gilt als Voraussetzung, dass die hauptamtlichen Mitarbeiter/innen gläubige Christen sind und die Einrichtung aus dem Geist Jesu Christi führen und gestalten. Das bedeutet keineswegs, dass hier nur Christen Aufnahme finden. Die Häuser sind offen für alle Sterbenden, denn auch Jesu Liebe galt uneingeschränkt allen Menschen. In einigen dieser Hospize sind haupt- oder ehrenamtliche Seelsorger und Seelsorger/innen tätig.

Die Hospizidee hat sich weit über den kirchlichen Rahmen hinaus verbreitet. So existieren kirchliche Hospize in guter Nachbarschaft zu denen anderer freigemeinnütziger Träger. In der Stadt Münster gibt es z. B. das von den beiden christlichen Kirchen getragene ‚Johannes-Hospiz' und das ‚LEBENS-Haus', das vom Hospizverein gründet wurde. Beide Hospize nahmen ihren Dienst 1999 fast gleichzeitig auf und werden von den Bürgern und Bürgerinnen der Stadt gleichermaßen gut angenommen. Das Verbindende ist der Wunsch, Sterbenden einen würdevollen letzten Lebensabschnitt zu ermöglichen, selbstbestimmt und frei von der Sorge, hilflos und allein sterben zu müssen. Damit setzt die Hospizbewegung ein deutliches Zeichen gegen den lauter werdenden Ruf nach einem selbstbestimmten Todeszeitpunkt, wie er von Befürwortern der aktiven Sterbehilfe vertreten wird. In der Hospizbewegung hat diese Vorstellung keinen Platz.

Intention der Seelsorge: Das Sterben im Licht des Glaubens zu sehen
Seelsorge wird in der Hospizbewegung in einem sehr weiteren Sinne verstanden und praktiziert. Der ganzheitliche Ansatz der Pflege schließt den seelsorglichen Dienst mit ein. Somit sind auch die Pflegenden in die Pastoral mit einbezogen. Sie stellen sich den Fragen und Zweifeln der Gäste, halten deren Unsicherheiten aus und sind auch dann da, wenn Ängste und Sorgen überhand nehmen. Sie nehmen sich selbst weitgehend zurück, sind aber im richtigen Augenblick präsent. Das ist in der Praxis oft viel schwerer durchzuhalten als ständig aktiv zu sein. Wenn die Begleiter/innen authentisch und wahrhaftig sind, können die Ratsuchenden an ihnen ablesen, worauf es letztendlich ankommt.

Im Gästebuch des Johannes-Hospizes ist der Eintrag eines Angehörigen zu lesen, der vornehmlich an das Pflegepersonal gerichtet ist: *„Mutter Teresa hat einmal gesagt: ‚Seid lebendiger Ausdruck der Güte Gottes: Güte in Eurem Gesicht, Zärtlichkeit in Euren Augen, Liebe in Eurem Lächeln, Wohlwollen in Eurem Gruß'. Sie alle, die Sie Marianne* *schon viele Wochen so liebevoll betreuen, sind lebendiger Ausdruck der Güte Gottes! Güte, Zärtlichkeit, Liebe und Wohlwollen hat Marianne hier im Hospiz erfahren dürfen."* Diese Erfahrung ist sicher ein Vorgeschmack der großen Liebe und Güte Gottes, mit der er den Sterbenden bald empfangen wird.

Nicht alle Sterbenden stellen offen die Fragen nach dem Sinn des Lebens, des Sterbens und nach dem, was nach dem Tod kommt. Manche versuchen, die Realität zu verdrängen und lenken sich ab, z. B. durch Fernsehen oder unbedeutenden Smalltalk. Auch die Abwehr des Sterbenmüssens ist von den Begleitern zu respektieren, wenn sie die Autonomie des Gastes nicht verletzen wollen. Sie nehmen sich nicht das Recht heraus, ungebeten in sein Inneres einzudringen, bleiben aber hellhörig für die kleinen Botschaften, die oft in einem anderen Gewand daherkommen.

Fragen, die für sterbende Menschen relevant, sind: Wer bin ich? Wer steht zu mir? Was geschieht mit mir im Sterben, und was kommt nach dem Tod? Das sind zutiefst religiöse Fragen, die bedrängend sein können. Gläubige Menschen erbitten die Antwort gerne von einem Seelsorger. Wenn er dann aber zum Besuch kommt, tritt oft ein großes Erschrecken ein. Sein Besuch gilt als Anzeichen dafür, dass das Ende in greifbare Nähe gerückt ist. In der katholischen Kirche wurde der Priester früher erst in der Sterbestunde gerufen, um die „letzte Ölung" zu spenden. Diese Erfahrung sitzt noch tief in den Menschen und konnte noch nicht ganz überwunden werden durch die neuere theologische Sicht, dass die Krankensalbung ein „wirksames Zeichen der Nähe Gottes" ist, die den Gläubigen in Krankheit und Sterben zugesprochen wird. Da bedarf es eines vorsichtigen Aufeinander-Zugehens, das leider manchmal unter einem gewissen Zeitdruck steht, weil dem Sterbenden nur noch wenig Zeit bleibt.

Viele Kranke kommen heute aus einer säkularisierten Umwelt, ohne spirituelle Erfahrung und mit nur geringer oder keiner Kirchenbindung. Trotzdem erfahren sie das seelsorgliche Gespräch als befreiend, vor allem dann, wenn die Lebensgeschichte des Kranken mit einbezogen wird und sie im Lichte des Glaubens beurteilt wird.

Die stützende Kraft des Gebetes

Sterbende, die kirchlich sozialisiert sind und bisher aktiv am gemeindlichen Leben teilgenommen haben – dies trifft primär für ältere Menschen zu – schöpfen Kraft aus dem persönlichen Gebet, aus der persönlichen Zwiesprache mit Gott oder aus dem Gebet, das sie gemeinsam mit anderen verrichten. Erfahrungsgemäß nimmt die Zahl der praktizierenden Gläubigen zusehends ab. Manche haben schon lange nicht mehr gebetet. Es ist ein Trugschluss zu meinen, im Alter und in der Krankheit nehme man sich mehr Zeit zum Beten. Die geringer werdenden Kräfte erschweren die Konzentration. Tritt im Angesicht des Todes der Wunsch auf, wieder zu beten, dann helfen am besten die bekannten Gebete aus der Vergangenheit. Sie lassen den abgerissenen Faden wieder aufnehmen. Dabei handelt es sich oft um Kindergebete. Sie können mit dem Sterbenden gemeinsam gebetet oder ihm auf seinen Wunsch hin vorgesprochen werden. Das lässt sich noch vertiefen durch das Ritual des Segnens, das nicht allein dem Priester vorbehalten ist, vielmehr jeder Gläubige praktizieren kann und deshalb auch sollte. Das Vertrauen darauf, dass Gott da ist und seine schützende Hand über uns hält, drückt das folgende Gebet aus: *„Ich habe Angst vor dem Tod, kann nicht damit umgehen, werde mich damit auseinandersetzen. Herr, hilf mir dabei!!!"* (Eintrag ins Gästebuch des Johannes-Hospizes)

Die Möglichkeit, in einem Andachtsraum still zu verweilen, Musik zu hören oder kurzen meditativen Andachten beizuwohnen, kann den Zugang zum Gespräch über das eigene Leben im Licht des Glaubens erleichtern. Dabei handelt es sich um so genannte niedrigschwellige Angebote, die nicht überfordern sollen. Wichtig ist, dass regelmäßig offene Angebote gemacht werden, an denen sowohl die Bewohner/innen des Hauses als auch die Angehörigen und die Mitarbeiter/innen teilnehmen können.

Sakramente – Zeichen der Nähe Gottes

Die Kirche hat die Fürsorge für die kranken und sterbenden Menschen immer als ihren genuinen Auftrag angesehen. Jesus Christus will den Kranken besonders nahe sein, ihnen Trost und neue Zuversicht schenken. Im Sakrament der Krankensalbung hilft Jesus Christus dem Kranken durch die Kraft des Heiligen Geistes, er richtet ihn auf und vergibt ihm seine Sünden. Früher war es der Wunsch wohl aller Katholiken, nicht ohne die Krankensalbung zu sterben. Sie wurde oft erst in der Todesstunde und auch noch danach gespendet. In den Nachrufen hieß es dann: ,Er/Sie starb, versehen mit den Gnadenmitteln unserer heiligen Mutter Kirche'. Das hat sich heute gewandelt. Die Krankensalbung ist ein Baustein innerhalb der seelsorglichen Betreuung und wird dann gespendet, wenn der Kranke sich mit der Realität seiner unheilbaren Krankheit auseinandergesetzt hat. Wie wiederum die Erfahrung zeigt, werden Sterbende danach ruhiger und entspannter. Sie geben sich gelassener in die Hand Gottes. Es ist deshalb sinnvoll, die Krankensalbung wirklich zu einer Feier zu machen, an der auch die Angehörigen und die Betreuer/innen teilnehmen. Das trägt zur Linderung des Abschiedsschmerzes bei.

Wenn Sterbende das Bedürfnis haben, sich vor dem Tod mit ihren Unzulänglichkeiten und Verfehlungen zu versöhnen, bietet die Kirche ihnen das Sakrament der Buße an. Durch die Feier der Eucharistie, möglichst im Krankenzimmer oder in einem Andachtsraum gefeiert, kann der Kranke ganz besonders eins werden mit Jesus Christus. Er erhält neue Kraft für den letzten Abschnitt seines Weges. Sollte er nicht an der Eucharistiefeier teilnehmen können, dann kann ihm das Angebot der Krankenkommunion gemacht werden. Die evangelische Kirche bietet ihren Mitgliedern die Feier des Abendmahles an.

Das Hospiz - Ort der Trauerpastoral

Zur Fürsorge für die Sterbenden gehört auch die Sorge um die Zurückbleibenden, um die Angehörigen und Freunde und Freundinnen. Wer einen lieben Menschen, mit dem er eine *„gemeinsame Welt"* (Paul Zulehner) aufgebaut hat, durch den Tod verliert, wird in den Sterbeprozess einbezogen. „Trauer" ist ein schmerzhafter Vorgang, der oft längere Zeit währt und erst dann zum Abschluss kommt, wenn der Trauernde sich in der Lage sieht, frühere Beziehungen wieder zu aktivieren und neue aufzubauen. Der Trauerprozess beginnt im Angesichte des Sterbens, dann, wenn das Ende sich unausweichlich anzeigt und die Stunde des Abschieds bevorsteht.

Die Hospizmitarbeiter/innen nehmen nach Möglichkeit an diesem Trauerprozess teil, sie stellen sich den Emotionen und Fragen der Angehörigen, sie halten mit ihnen die Situation aus, vermitteln den Kontakt und das Gespräch zwischen den Angehörigen und den Sterbenden. Sie machen es ihnen damit möglich, so oft und so lange bei ihrem Angehörigen sein zu können, wie sie es wünschen und verkraften.

Ein 22-jähriger Hospizbewohner beschreibt seine Situation in dem Buch ‚Leben im Hospiz' wie folgt: *„Mein Vater, mein Mutter und mein Bruder, den ich sehr gerne habe, kommen täglich. Und die Freunde besuchen mich hier sogar lieber als im Krankenhaus, so mein Eindruck. Meine neue Bleibe ist so etwas wie 'ne sturmfreie Bude, so könnte man sagen. Ich glaube, wenn ich hier eine Party geben möchte, hätte kein Mensch etwas dagegen. Nicht, dass ich das noch möchte oder könnte, aber so ist das hier halt."*

In dieser letzten Zeit des Beisammenseins wird oft Rückschau gehalten und eine Lebensbilanz gezogen. Beziehungen wachsen und reifen in einer ungeahnten Intensität. Neben Schmerz und Trauer werden auch Glück und Frieden erfahren. In dieser Situation kann das Leben für alle Beteiligten eine neue Tiefe und Wertschätzung bereithalten.

Die Angehörigen werden dazu ermutigt, ihren Gefühlen Ausdruck zu verleihen, auch und gerade, wenn das Leben verloschen ist. Für die Verabschiedung nach dem Ableben haben die Hospize spezielle Abschiedsrituale, die unterschiedlich sein können. Immer steht dabei aber der persönliche Abschied im Vordergrund. Das beschreibt die Krankenschwester Waltraud Krüskemper mit den Worten: *„Wenn einer unserer Bewohner stirbt, haben wir ein schönes Abschiedsritual, von dem uns Angehörige schon manchmal gesagt haben, dass es für sie wichtiger war als die Beerdigung selbst. Es findet immer am Mittag statt, wenn Schichtübergabe ist und viele vom Team im Haus sind. Die anderen, die frei haben, werden, wenn gewünscht, benachrichtigt. Verwandte und Freunde werden eingeladen. Es wird ein passendes Musikstück gespielt, und jeder der Anwesenden hat die Möglichkeit, ein Teelicht anzuzünden, um dem Verstorbenen symbolisch ein Licht mit auf den Weg zu geben. Wer das Bedürfnis hat, erzählt etwas über den Verstorbenen – oft auch in der direkten Anrede. Dabei wird manchmal noch Wichtiges gesagt, aber mitunter ist es auch richtig und gut, dass nur Stille herrscht. Zum Abschluss bilden wir dann einen Kreis, in den wir den Verstorbenen mit einbeziehen, wir fassen uns an den Händen und* *sprechen ein Gebet, singen ein Lied oder schweigen."* (in: Van der Voort: Leben im Hospiz) Immer werden die Trauernden da abgeholt, wo sie stehen. Zum Abschied von der Oma schrieb ein Grundschulkind in das Verabschiedungsbuch des Johannes-Hospizes: *„Liebe Oma Christel, ich wünsche dir alles Gute auf deiner begonnenen Reise! Auf ein Wiedersehen im Himmel. Dein Lars."*

Die Trauer eines Menschen verläuft, wie das Sterben, in mehreren Phasen. Unsere Gesellschaft gibt der Trauer nur wenig Raum, sie hat sich möglichst im privaten Raum abzuspielen. Mit der Trauerverarbeitung sind viele Hinterbliebene allein überfordert. In der letzten Zeit wird dieses Defizit vermehrt erkannt und von unterschiedlichen Menschen und Institutionen aufgegriffen. Kirchliche Initiativen nehmen sich dieser Situation an, aber auch Volkshochulen und Bestatter. Den Hospizen ist die Aufgabe der Trauerarbeit dadurch zugefallen, dass Angehörige immer wieder in das Hospiz zurückkommen, um sich an die Zeit zu erinnern, in der sie dort ein- und ausgingen. Sie trinken einen Kaffee, setzen sich still in den Andachtsraum oder suchen das Gespräch mit den Mitarbeiter/innen, die ein Stück des Weges mit ihnen gegangen sind. Einige Hospize bieten in regelmäßigen Abständen Gottesdienste an für die Hinterbliebenen, in denen besonders der Verstorbenen der letzten Wochen gedacht wird. So bieten darüber hinaus geschulte ehrenamtliche Mitarbeiter/innen des Johannes-Hospizes ein ‚Trauercafé' im Pfarrheim der Gemeinde St. Mauritz an, in dem die Betroffen Gelegenheit haben, ihre Trauer gemeinsam aufzuarbeiten.

Herausforderungen an die Sterbebegleiter/innen

Für jeden, der einen Sterbenden spirituell begleiten will, geht es zuerst einmal darum, sich seiner eigenen Endlichkeit zu stellen, und sich zu fragen, aus welchen Quellen er lebt und wie er selbst mit Schmerz und Leiden umgeht. Menschen mit christlicher Überzeugung werden sich auch fragen: Wo habe ich selbst Gott erfahren, und auf welche Weise kann ich erkennen, wie Gott im anderen wirkt? Glaube ich selbst aus einer Hoffnung, die sich über den Tod hinaus auf die Auferstehung und die Vollendung des Lebens in Gott richtet? Die Auseinandersetzung mit diesen existentiellen Fragen verändert das eigene Leben und stellt den eigenen Glauben immer wieder vor neue Herausforderungen. Es ist eigens zu betonen, dass eine Offenheit für andere Lebensdeutungen und das Hineinversetzen in die Erfahrungen des Gegenübers eine unabdingbare Voraussetzung für die Begleitung Sterbender ist. Der Glaube wird unglaubwürdig, wenn er einem anderen übergestülpt wird.

Weil die Begleiter/innen sich selbst nicht aus dem Prozess des Sterbens heraushalten können, werden sie selbst zu Beteiligten und in gewisser Weise auch zu Betroffenen. Deshalb ist es erforderlich, dass auch die Begleiter begleitet werden. Sie müssen einen „Raum" haben, der es ihnen ermöglicht, sich mit ihren Fragen und Unsicherheiten auseinanderzusetzen. Aus diesem Grund ist es fester Bestandteil der Hospizarbeit, dass auch den haupt- und ehrenamtlichen Mitarbeiter/innen professionelle Hilfe angeboten wird. Dazu dienen neben Begleitungsgruppen und Supervisionsangeboten auch Tage religiöser Orientierung und Glaubensgespräche.

Anton Rotzetter gibt allen Begleiter/innen dieses Gebet mit auf den Weg:

Jetzt will ich zu einem Kranken / Sterbenden gehen
Und Dich bitten mitzukommen
mein Gott
Mach mich frei und offen
für den Kranken, der auf mich wartet
Lass es eine gute Begegnung werden
Kraft und neues Leben für ihn und mich.

Literatur

Leitbild für das Johannes-Hospiz Münster – Unser Sein, unser Wollen, unser Tun, Münster 2006

Lamp, Ida und Meurer, Thomas: Abschied – Trauer – Neubeginn - Erfahrungen mit Tod und Trauer, Kevelaer 1997

Rotzetter, Anton: Gott, der mich atmen lässt – Gebete, 21995

Schladoth, Paul: Glaube im Alter, Münster 2005

Student, Johann Christoph (Hg.): Das Hospiz-Buch, Freiburg 1989

Van der Voort, Annet: Leben im Hospiz, Münster, 2002

Freckenhorster Kreis

Reinhold Waltermann

Wenn in einem Buch, das dem Theologen und akademischen Lehrer Paul Schladoth zu seinem 80. Geburtstag gewidmet ist, ein Beitrag über den „Freckenhorster Kreis" erscheint, mag das manchen erstaunen. Paul Schladoth ist in der Tat nie als Sprecher oder Repräsentant des Freckenhorster Kreises öffentlich in Erscheinung getreten, sodass sich sein Name für viele mit dem Kreis verbinden würde. Aber Paul Schladoth gehört zu den Begründern des Kreises, und er repräsentiert auf seine eigene Weise seit mehr als 30 Jahren die zentralen Optionen und die theologischen und pastoralen Anliegen der „Freckenhorster Kreises".

Der „Freckenhorster Kreis" wurde am 16. April 1969 von ca. 40 Priestern des Bistums Münster in der Landvolkshochschule Freckenhorst gegründet. Nach dem Ort des ersten Treffens gab sich der Kreis den Namen. Von Anfang an verstand und versteht sich der Kreis als eine offene Initiative aus der Mitte der Kirche. Zu den Initiatoren gehörten neben Hans Werners und einigen anderen Pfarrern auch mehrere Professoren der Universität Münster, darunter auch solche, die später noch in besondere kirchliche Ämter berufen wurden (Bischof Franz Kamphaus, Kardinal Walter Kasper).

Bereits im Mai 1969 verabschiedeten über 100 Priester die Gründungserklärung, in der sowohl die Gründe des Zusammenschlusses als auch die Aufgaben und Ziele des Kreises beschrieben wurden. Das Grundanliegen des Kreises war und ist es, die Reformansätze des im Dezember 1965 zu Ende gegangenen II. Vatikanischen Konzils nicht versanden zu lassen.

So beginnt die Gründungserklärung mit einer kurzen Situationsanalyse der kirchlichen Situation im Jahre 1969: „Bereits vor dem Konzil hat sich eine umfassende innerkirchliche Erneuerungsbewegung angebahnt, die vom Konzil in vielen wesentlichen Punkten aufgegriffen und bestätigt wurde. Manche Korrekturen an früheren Mentalitäten, Strukturen und an der Praxis wurden vorgenommen und eine biblische, liturgische, pastorale und ökumenische Erneuerung angestoßen .... Die Kirche verstand wieder neu, dass Unterwegssein und beständige Reform zu ihrem Wesen gehören. Deshalb darf auch das Konzil weniger als ein Abschluss denn als ein Anfang gesehen werden." Sodann wird festgestellt, dass „die durch das Konzil ausgelöste Dynamik inzwischen in eine ernste Krise geraten ist .... Es ist unverkennbar, dass die restaurativen Kreise, die die Auswirkungen des Konzils verhindern wollen, bei den kirchlichen Amtsträgern immer mehr Einfluss erhalten. Die Leitungsinstanzen der Kirche nehmen die auf dem Konzil beschlossenen Reformen nur zaghaft in Angriff. In vielen für die Kirche entscheidenden Fragen wird die innerkirchliche Diskussion nach Möglichkeit zu verhindern versucht (z. B. Reform des Eherechts, Problem des Zölibats, Verhältnis von kirchlichem Lehramt und theologischer Wissenschaft, Reform der päpstlichen und der bischöflichen Kurien); manche als notwendig erkannte Reformen und dazu notwendige Experimente werden unterbunden. In lehramtlichen Stellungnahmen, im Führungsstil und in den Verwaltungsmaßnahmen zeigt sich, in welchem Ausmaß noch heute vorkonziliare Denk- und Verhaltensweisen wirksam sind .... In dieser Situation zeigen viele Amtsträger der Kirche Unsicherheit und Angst. Sie geben kaum Zeichen der Hoffnung. Das Vertrauen in die Wirksamkeit des Geistes in allen geschichtlichen Situationen, also auch im Aufbruch und Umbruch der Gegenwart, scheint bei vielen nicht lebendig zu sein. Sie weisen nicht aufbauend in die Zukunft, sondern beharren fast ausschließlich auf bisherigen Formen und Lehrformulierungen, ohne sie zeitgemäß auszulegen. So überwiegen die besorgten und klagenden Stellungnahmen, während man das Zeugnis eines hoffend wagenden Glaubens, der sich aus der Liebe heraus mit den Problemen der Menschen solidarisch weiß, meist vermisst ..... Durch das Konzil geweckte Hoffnungen erfüllen sich nicht."

Autor/innen und Herausgeber

Ralph Bergold, Dr. theol., Privatdozent am Lehrstuhl für Religionspädagogik und Didaktik des Religionsunterrichts der Otto-Friedrich-Universität Bamberg, Direktor des Katholischen-Sozialen Instituts (KSI), Bad Honnef

Schwester Diethilde Bövingloh, Mauritzer Franziskanerin, Leiterin der St. Franziskus-Schule für Gesundheitsberufe und Vorstand der St. Franziskus-Stiftung Münster

Rita Burrichter, Dr. theol., Professorin und Studiendekanin an der Fakultät für Kulturwissenschaften der Universität Paderborn

Dieter Emeis, Dr. theol., Dr. rer. nat., em. Univ.-Professor für Pastoraltheologie und Katechetik der Westfälischen-Wilhelms-Universität Münster

Michael Faßnacht, Dipl.-Theologe, Dipl.-Psychologe, Trainer für Gruppendynamik DAGG, Supervisor BDP, Organisationsberater, freiberuflich tätig in eigener Praxis in Telgte

Hermann Flothkötter, Dipl.-Theologe, Dipl.-Pädagoge, Leiter der Fachstelle Bildungsmanagement im Bischöflichen Generalvikariat Münster

William J. Hoye, Dr. theol., em. Univ.-Professor für Kath. Theologie und ihre Didaktik an der Westfälischen-Wilhelms-Universität Münster

Hannelie Jestädt, Lehrerin, Tanzpädagogin, Referentin in der Bildungsstätte Haus Mariengrund Münster

Judith Könemann, Dr. theol., Soziologin M.A., Leiterin des Schweizerischen-Pastoralsoziologischen-Instituts (SPI) in St. Gallen

Vera Krause, Theologin, Referentin bei Misereor in Aachen

Andreas Lob-Hüdepohl, Dr. theol., Prof. für Theologische Ethik, Rektor der Katholischen Hochschule für Sozialwesen in Berlin

Karl Löning, Dr. theol., em. Univ.-Professor für Hermeneutik und Theologie des Neuen Testaments der Westfälischen-Wilhelms-Universität Münster

Carl Möller, Dr. phil., Dipl. Analytischer Psychologe, Priester, Geistlicher Begleiter, Lehrbeauftragter für Pastoraltheologie, Leiter des Fachbereichs Vergleichende Religionswissenschaften am C. G. Jung - Institut Zürich

Bernhard Nacke, Religionspädagoge, Dipl.-Pädagoge, Ordinariatsdirektor, Leiter des Katholischen Büros Mainz

Eckhard Nordhofen, Dr. phil., Leiter des Dezernates Bildung und Kultur im Bistum Limburg

Friedrich Ostermann, Weihbischof des Bistums Münster, Regionalbischof für die Region Münster und Warendorf

Hermann Steinkamp, Dr. phil, Dr. theol., em. Univ.-Professor für Pastoralsoziologie und Religionspädagogik der Westfälischen-Wilhelms-Universität Münster

Reinhold Waltermann, vic. coop., Pfarrer, Gründungsmitglied des „Freckenhorster Kreises"

Jürgen Werbick, Dr. theol., Univ.-Professor für Fundamentaltheologie an der Westfälischen-Wilhelms-Universität Münster